The Beginning of the Modern Chinese Press History

Macao Press History 1557-1840

林玉凤 / 著

中国近代报业的起点

澳 门 新 闻 出 版 史

（1557-1840）

社会科学文献出版社
SOCIAL SCIENCES ACADEMIC PRESS (CHINA)

澳門特別行政區政府文化局
INSTITUTO CULTURAL do Governo da R.A.E. de Macau

雜聞篇　癸巳年　首號

四月二十九日

聞得普天下萬國擾理該當視同一家一般因衆生
原爲神天上帝所造化的所以上帝稱爲天之大父、
而世上萬國之人該當彼此相愛如兄弟一般倘有
喜皆同樂有患當同憂分我有餘地他不足以我所
知而教不知以我鄉所有而易彼地所產凡事當存
美意推己之心度人之心可也在世人本分所爲即
二一曰敬畏愛慕天灾二曰行仁存愛待人如己是
這兩端道理包盡所有君子善人所當行之事也。
在地球內國名繁多甚難備逃言名但余略識外國
幾樣話音字義可以看其經史詩書及各處新聞篇
雜錄故此身雖住中華而能略知天下萬國之事且
士農工商各事皆可廣人之見識兼有益于身心爲、
爲君子者當虛心納言公審是合天理與否非因人
因地而棄絕言也兹著之雜聞篇是余意欲助世界
之善德衆人資其眞福而已。○天下諸國大概數之
百千萬口可能以所居之地東西南北而分別各種

《杂文篇》创刊号

说明:《杂闻篇》是澳门史上首份中文报刊、中国境内出版的第一份近代化中文报刊,1833年4月29日创刊。

图片来源:伦敦大学亚非学院图书馆馆藏。

Ioanne Bonifacius

CHRISTIANI PUERI INSTITUTIO

(1588)

Edição anastática do exemplar da Biblioteca da Ajuda em Lisboa

com um estudo prévio por

MANUEL CADAFAZ DE MATOS

CHRISTIANI
PVERI INSTITVTIO,
ADOLESCENTIÆQVE
perfugium : autore Ioanne Bonifacio
SOCIETATIS IESV.
cum libri unius, &rerũ accesione plurimarũ.

Cum facultate Superiorum
apud Sinas, in Portu Macaensi
in Domo Societatis IESV.
Anno · 1588.

《基督儿童教育》

说明：中国最早的西式金属活字印刷品，

1558 年在澳门出版。

图片来源：澳门中央图书馆馆藏。

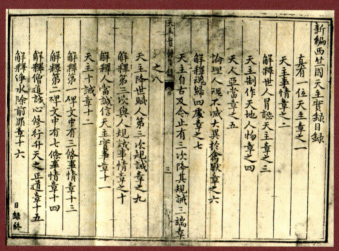

大三巴和耶稣会的印刷所
说明：图中可见当年圣保禄教堂的遗址及其周边建筑，耶稣会早期的印刷品在此刊行。
图片来源：Facade of St. Paul's Church, by William Heine, *Jesuit Convent, Macao*, 1854, 香港艺术博物馆馆藏。

《新编西竺国天主实录》目录
图片来源：罗马耶稣会档案馆馆藏，编号：*Jap. Sin.* I.189。

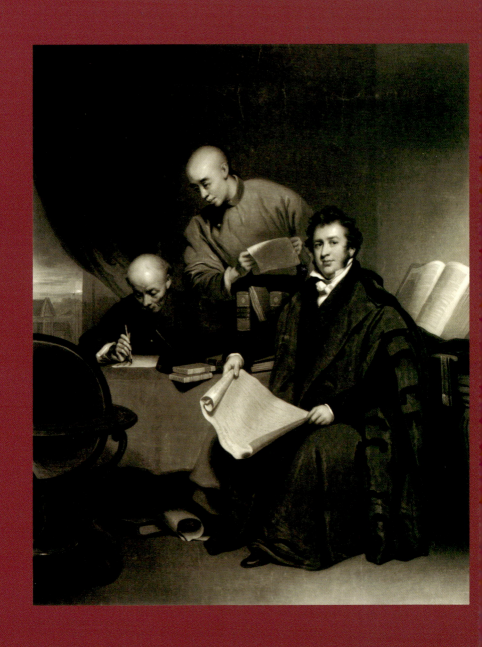

马礼逊翻译圣经的情景

图片来源：*Rev. Morrison Translating the Bible into Chinese, in 1830*，
by Charles Turner，Victoria and Albert Museum, London。

序

　　我最早对澳门新闻史有兴趣，是考研究生的时候。当年准备入学考试期间，第一次在中国新闻史的专著中读到"澳门"两个字。那是叙述 1822 年出版的《蜜蜂华报》的一段记录，当时觉得很震撼，因为从来没有想过自己出生成长的澳门，居然曾经出版过"中国领土上最早的近代化报刊"。我从小在澳门接受教育，那个年代，本土教育没有任何关于澳门历史的内容，大学本科时也没有新闻史这个学科，因为人们习惯性地认为澳门是个微不足道的小城，而《蜜蜂华报》令我开始想象澳门的过去，也令我对新闻史，尤其是中国近代新闻史充满了兴趣。这个兴趣在其后几个月迅速增大，被录取后上学的第一天，我就跟学院申请把研究方向从原来报考时填写的"广播电视"改为"新闻史"。

　　之后，硕士导师谷长岭教授鼓励我以澳门的葡语报刊史为主题展开研究，认为这个题目可以填补历史空白。我在其后几年间陆续把澳门仍有存报的葡文报刊以及相关的记载做了一次整理，硕士学位论文后来以《澳门葡语报章的发展特点》为题发表，现在是本书第四章第四节的主要组成部分。

　　因为那一次整理工作，我发现中国新闻史当中关于澳门的研究奇缺，虽然不少学者都认为这段地方史很重要，特别是近代的那一部分，对整个中国近代报业的发展有开创意义，可是，碍于语言和报刊原件不易查阅等因素，相关研究还是很难开展。决定攻读博士学位时，我认为自己身为澳门人，既有责任尝试书写这段历史，也有地利条件去完成，于是决定以澳门新闻史为题目，希望把葡文报刊以外的其他报业发展都一并研究。我的博士导师方汉奇教授在我硕士论文答辩的时候，曾经问了一个我当时无法解答的问题："澳门的报业史由葡文报刊开始，但为什么是1822年而不是更早？"为了回答这个问题，我在确定博士论文题目的时候，就决定放弃以《蜜蜂华报》为起点，将研究的时间轴定在澳门开埠前期至鸦片战争前，因为十六世纪中叶到十九世纪初的这一段澳门出版史，与中国近代报业的起点的关系最为密切，研究范围也由报刊史扩展至其他出版物，后来，我在这个基础上完成了博士论文，也就是本书的雏形。

当年论文的资料搜集工作开始以后，我就发现不少历史上曾经在澳门出版的刊物原件以及相关的原始记载根本不在澳门，而是散落在不同地方的档案馆和图书馆中，像马礼逊曾经在澳门出版的中文报刊——《杂闻篇》和中英文双语报刊 The Evangelist and Misellanea Sinica （《传教者与中国杂报》）原件都在英国，耶稣会早期在澳门的出版物在罗马和日本。为了查证《蜜蜂华报》以前澳门是否曾经出版过一份叫《消息日报》的报刊，以及十七、十八世纪澳门是否曾在出版禁令下有出版活动，我辗转各地，寻找分散在葡萄牙、西班牙、法国、德国和澳门本地的相关文献，终于明白：要把这段历史廓清，原来需要到世界各地去走一遍，因为近代史上首次大规模的东西方以至世界性的交流所产生的成果，曾经浓缩在澳门，然后又被带到世界的不同角落。

这种规模的资料搜集，超出了博士论文可以承担的范围。所以，取得学位后，我还是每年造访不同的档案馆和图书馆，希望尽量探寻所有可能的线索，不过查阅和考证的难度比想象的大，加上日常工作紧张，进展缓慢。现在大家读到的本书定稿，是在前后积累了十年的材料的基础上写成的，当中的报刊、书籍、日记原件以及部分古籍，分别来自澳门历史档案馆、澳门中央图书馆、澳门民政总署图书馆、里斯本阿儒达图书馆、葡萄牙海外历史档案馆、伦敦大英图书馆、伦敦大学亚非学院图书馆、剑桥大学图书馆、牛津大学图书馆、法国国家图书馆、罗马耶稣会档案馆和罗马国立中央图书馆。这些资料以众多不同语言写成，有些已经有印刷版本，有些仍然是手稿，我通常利用暑假到档案馆查阅资料，待到寒假才有机会细读，还要借助不同专家之力翻译部分文献。因此，本书的写作年期跨越较大，而且是以不断增补的形式写就的，我在写作时既希望考证部分可以详加叙述，又希望内容不致过于枯燥，所以各章体例视乎考证的重要性而有所差异。

本书研究的年限为 1557 年葡人正式入居澳门至 1840 年，时间跨度近三百年，多数篇幅集中在三个部分：传教士的出版活动、译报活动和葡文报刊的出版。这三部分内容以出版技术为经，以人物为纬，重点考证的是十六世纪耶稣会传教士利玛窦（Mathew Ricci）和罗明坚（Michele Ruggieri）的宗教出版活动、十九世纪天主教拉匝禄修士若阿金·若泽·赖特（Joaquim Jose Leite）的新闻编写工作、基督教新教传教士马礼逊（Robert Morrison）的宗教和新闻出版活动、林则徐和马礼逊的译报活动，以及《蜜蜂华报》出版前后的澳门出版物。

本书发现，首先，澳门这个近代中国新闻事业的发祥地，早在 1822 年《蜜蜂华报》出版以前，其实已经有多种印刷出版活动。十六世纪传教士东来以后，首先采用了中式木刻雕版印刷术进行宗教出版，两个多世纪后，直至马礼逊在 1833 年创办了中文报刊《杂闻篇》，西式印刷术才首次有效地应用在中文印刷上。而且，不管是利玛窦、罗明坚还是马礼逊，他们准备在华开教时，均认同和首先采用了中式木刻雕版印刷术印制宣教物品，这说明在中西方文化交流史上，曾经出现一段"东学西用"的历史，这是过往一直被史家忽略的一页中西印刷技术交流史。其次，本书确认了马礼逊创办的《传教者与中国杂报》与《依泾杂说》《澳门杂文篇》实为同一份刊物，是中国首份中英文合刊的报刊；又发现马礼逊曾经在 1833 年创办中文报刊《杂闻篇》，《杂闻篇》实际上是澳门史上首份中文报刊，也是中国境内出版的第一份近代化中文报刊。最后，本书也确认拉匝禄修士赖特曾经在澳门圣若瑟修院编写《消息日报》（Diário Noticioso）（或译《消息报》）。《消息日报》一共存续了三十七年，具体起止时间是 1807 年 6 月 4 日至 1843 年 10

月 3 日，其间以不定期的形式记录了共 1139 条消息，当中包括圣若瑟修院的内部消息、当时天主教中国教区和亚洲各教区的消息，以及当时的社会大事，包括发生在中国澳门和内地、亚洲以至欧洲的大事。不过《消息日报》应该只是赖特的手稿，没有正式印刷出版，所以只能算是十九世纪在澳门出现的新闻编写活动。

必须承认，在本书的写作过程中，我经常思考这种以"西方人进入中国引发某种改变"的视角是不是最佳的演绎方式，已经累积的材料是否可以有更佳的处理方法。可是，每次想到自己研究的初衷是解开历史疑团、填补中国新闻史上澳门部分的一段历史空白，我还是选择采用现有的角度切入，因为更多更重要的对历史的解读和演绎，还是需要以史为据，以事实为基础，现在采用的方法，是我唯一力所能及的填补空白的方式。

这部作品，是自己因为中国新闻史一小段对澳门的记录而追寻历史足迹的第一步。可是，这么一个小小的成果，其实是很多人灌溉的结果。从硕士开始研究澳门的葡文报刊史到今天，多年来，我一直注意收集有关澳门新闻史的史料，在这期间，有太多的朋友和同事向我伸出援手，有太多的人给我必需的启示与鼓励。在这里，我首先要感谢我的博士导师方汉奇教授。方老师严谨的学风，常常让我明白学问没有快捷方式；老师提的问题，常常让我发现问题的新角度，激发我追本溯源、查找证据的动力。我还要感谢曾经教导过我的中国人民大学的谷长岭教授、叶凤美教授、童兵教授、陈力丹教授、喻国明教授以及我的一众同学，他们都曾经在学术上启发和指导我。

我必须要感谢的，还有曾经协助我搜集资料或借出珍藏文献供我参考的澳门大学的 Glen Timmerman 教授、张集欢先生、王国强博士、梁德海先生，澳门基金会的杨开荆博士，罗马耶稣会档案馆的 Mauro Brunelho 先生，澳门耶稣会的刘哲明神父，澳门基督教宣道堂蓝中港牧师，澳门理工学院的李向玉院长，澳门历史学会陈树荣先生，澳门收藏家吴利勋先生；替我解答葡语疑问的澳门大学姚京明教授、澳门基金会吴志良博士，解答拉丁文疑问的澳门大学张

序

纪纮老师、Mario Wenning 教授，替我翻译意大利文文献的吕珠玲小姐；曾经为我提供资料线索的澳门史学者施白蒂（Beatriz Basto da Silva）女士，曾经接受我采访的已故澳门史学者文德泉神父（Pe. Manuel Teixeira），以及曾经协助我在德国查找资料的 Georg Blaha 先生；还有多年来曾经协助我整理和搜集本书资料的同事和同学：毛美斯小姐、苏颖雷小姐、钟国颖先生、梁淑祺小姐、龙诗颖小姐、陈蕴如同学及容玮霞同学。

本书能够顺利出版，还要感谢澳门大学多年来对我的研究的支持，澳门特别行政区政府文化局对此次出版工作的支持，特别感谢在出版过程中提供协助的黄文辉先生、袁绍珊小姐以及社会科学文献出版社的沈艺小姐。我还必须要感谢多年来一直在身边支持我的澳门大学传播系的同事，以及我的家人和好友。

本书的出版只是我研究生涯的一个中转站，为的是抛砖引玉，希望各方前辈读者对本书提出批评和指正，让我在下一站，可以有所进步、报答大家。谢谢！

林玉凤

目 录
Contents

第一章　导论

　　"澳门是近代中国新闻事业的发祥地"[①]，这是不少中国新闻史学者和中国近代史学者的共识。可是，相对于上海、广州及香港等继澳门之后成为中国近代报业中心的城市来说，学界对澳门新闻史的研究却明显薄弱。迄今为止，既没有对澳门开埠以来的新闻出版史进行全面研究的专著，就是公认对中国新闻事业有极大影响的近代和近代前期的澳门新闻事业史，也欠缺专门的研究。

　　追本溯源，澳门新闻史开始为人注意，当推二十世纪中期出版的中国新闻史奠基之作——戈公振的《中国报学史》。戈公振在《中国报学史》中将近代以来外国人在中国所办的报刊概括为："语其时间，以葡文为较早；数量以日文为较多；势力以英文为较优。"[②]自此以后的一段时间内，澳门新闻史为人关注的焦点，便几乎一直定格在这一段有关澳门葡语报章的论述上面。同时，1822年在澳门出版的葡文周报《蜜蜂华报》（*A Abelha da China*），也由戈公振的记述开始，拥有"中国境内出版的第一份近代报纸"、"外国人在中国领土创办的第一份外报"和"澳门有史以来的第一份报纸"这"三个第一"[③]的身份，澳门新闻史甚或中国近代报刊史也因此长期被认为是从1822年《蜜蜂华报》出版的时候开始的。尽管多年来这几乎是一种定论，但抱着怀疑态度的评论还是存在的。著名澳门史学者汤开建就曾经明确地提出："澳门早期新闻史中存在的疑窦

① 姜义华：《序》，载《镜海丛报影印本》，澳门基金会、上海社会科学院出版社，2000，第1页。
② 戈公振：《中国报学史》，三联书店，1955，第81页。
③ 程曼丽：《蜜蜂华报研究》，澳门基金会，1998，第1～4页。

是很多的。"①

自葡萄牙人在 1557 年透过贿赂明朝官员的方式正式入居澳门②以来，澳门便成为外国人在中国最早的居留地和管治地，是西方殖民扩张的一个源头，曾经是东方最重要的商业口岸，是外国人了解中国的窗口，是西方传教士进入中国的门户，是西方近代印刷术东传的驿站，是西方文明大规模输入中国的地方，是中国新闻事业的一个中心，同时，它也是供中国人"开眼看世界"的一扇大门，因此，它曾经是中国境内最重要的东西方文化交流重镇。

像澳门这样一个具有独特历史地位和功能的地方，早在开埠初期就出现了以近代西方活字印刷术进行的出版活动。澳门史的研究专著显示，早在 1588 年，天主教耶稣会神父范礼安（Alexander Valignano, S. J.）就曾经下令在澳门印刷出版博尼法西奥（Juan Bonifacio）撰写的拉丁语书籍——《基督儿童教育》③（Christiani Pueri Institutio，又译《公教儿童教育》或《天主教的青年教义》）④，该书也是西方活字印刷术传入中国后印刷的首本图书。可是，为什么在《基督儿童教

---

① 汤开建：《前言》，载汤开建、吴志良编《澳门宪报中文资料辑录 1850～1911》，澳门基金会，2002，第XXV页。

② 有关葡人东来及澳门开埠的年份及细节，目前仍有争议。葡萄牙人早在 1553 年已经踏足澳门，至 1557 年获当时的明朝地方官员允许，以缴纳年金的租借方式在澳门正式居住，因此，本书采用 1557 年澳门开埠之说，谨在此说明，不另行作注。有关葡人早期来华及其在澳门建立居留地的详情以及相关年份的不同说法，可参阅下列著作：汤开建：《澳门开埠时间考》，载汤开建《澳门开埠初期史研究》，中华书局，1999，第 82～103 页；龙思泰（Anders Ljungstedt）：《早期澳门史》，吴义雄、郭德焱、沈正邦译，章文钦校注，东方出版社，1997；吴志良：《生存之道——论澳门政治制度与政治发展》，澳门成人教育会，1998。

③ 李淑仪：《碰撞与交流——澳门中央图书馆外文古籍提要》，澳门文化局，2013，第 91～93 页。

④ 该书在中文文献中多根据张秀民《中国出版史》的译法，被称为《基督儿童教育》，澳门华人学者则多将之翻译为《公教儿童教育》（如谭志强、吴志良《中国领土上的第一份外文报纸：澳门的葡文〈蜜蜂华报〉1822～1823》）或《天主教的青年教义》（如李淑仪《碰撞与交流——澳门中央图书馆外文古籍提要》），本书从较为通行的张秀民翻译——《基督儿童教育》。原拉丁语名称及出版资料：Christiani Pveri Institvtio，adolescentiaeque perfugium：autore Ioanne Bonifacio Societátis Iesv. cum libri unius, & rerû accessione plurimarû：Cum facultate Superiorum：Apud Sinas, in Portu Macaensi：in Domo Societatis Iesu. ：Anno 1588。

育》出版后到 1822 年《蜜蜂华报》出版以前的二百多年间，澳门没有报刊出版活动？如果没有报刊，是否还有其他出版物？《基督儿童教育》出版以后是否真的没有其他宗教出版物？如果没有，当时的传教士的文字布道工作又是如何进行的？当时澳门的新闻业如何？出版业又如何？为何会在开始以后沉寂二百余年？其间真的没有出版活动抑或有其他原因？这些问题，至今还没有确切的回答。

如果我们进一步将同期西方世界的出版活动与澳门对比，当会发现这当中确是疑窦重重的。1566 年，意大利威尼斯出现了手抄报纸 Avisi，Avisi 被公认为世界上最早的近代报刊，它的出现，更被认为直接与当时威尼斯的西方商业口岸背景有关。同一时间，在历史上曾经因为一度是东方最繁荣的商业口岸而被称为"东方威尼斯"的澳门，为何在其商业活动最繁荣的十六世纪末到十七世纪中期，没有出现类似的商业资讯刊物？重要的是，这不仅是一个澳门新闻史起源的问题，也是一个港口与近代新闻业关系的问题，更是一个世界报刊起源论的问题。

因此，笔者认为，书写澳门的新闻史，不应该只是描述《蜜蜂华报》出版以来一百九十余年的报刊史，同时也应该解释：从开埠初期到 1822 年《蜜蜂华报》出版以前的两个半世纪里，澳门这个东西文化交流中心与世界贸易中心，为何在具有印刷术基础和频繁的商业活动这些近代报刊萌生的条件下没有出现报刊？当时澳门社会又存在何种社会传播活动来满足贸易、宗教以至文化交流的需要？为此，从时间跨度而言，本书的研究范围将以澳门开埠为起点，以鸦片战争为终点；从研究对象而言，本书的研究范围将以包括印刷出版活动、文化传播活动、报刊出版等近代以来的大众传播活动为对象。

第一节 澳门新闻传播史的意义

正如前述，澳门是一个具有独特历史地位和功能的地方，研究澳门新闻传播史，至少具有下列意义。

第一，根据本书的发现，《蜜蜂华报》出版以前的澳门早期传播活动，与早期西方传教士在中国进行的宗教传播活动有极其密切的关系。从天主教到基督教新教的传教士，都曾经以澳门为基地，向内地进行传教活动，而且，印刷出版曾经是这些传教士宣教的主要手段。这些西方传教士在宣教的同时，早在1588年就以带到澳门来的第一部西方铅（活）字印刷机印刷书籍，在此之前，也曾经用中国的雕版印刷术印刷过中文书籍，并将这些雕版印刷的中文书籍寄到西方，所以，在西方近代活字印刷术由澳门传入中国的同时，中国的雕版印刷术也曾经以印刷成品的形式从澳门传至西方。这些活动，过往都因为研究者以1822年出版的《蜜蜂华报》为西方近代印刷术传入的起点而被忽视。事实上，西方的近代印刷术早在十六世纪末就传入澳门，因此，研究这一段时期的澳门传播史，不仅可以使我们了解西方传教士的早期传播思想和方法，而且对我们了解近代东西方在印刷技术交流、文化交流以及这些交流如何带动其后的东西文化交流活动，都是有积极意义的。

第二，正如前述，《蜜蜂华报》究竟是不是澳门出版的首份报刊，这个定论式的表述一直有研究者质疑。目前可考的资料显示，十九世纪初《蜜蜂华报》出版以前，澳门确有大量的出版活动，不管这些活动是否足以动摇《蜜蜂华报》"三个第一"的地位，厘清这个历史疑团，对我们了解澳门新闻史的源头，也就是中国近代报刊史和外国人在华办报历史的起点，有着极其重要的意义。

第三，无论《蜜蜂华报》是不是澳门出版史上的首份报刊，澳门作为中国近代报刊策源地的地位都不会因此改变，澳门仍然是近代报刊最早传入中国的地方，也是外国人在华办报的起点。而且，自《蜜蜂华报》以后，曾经在澳门出版的葡文报刊至少有一百一十五种，这些葡语报刊的影响力，确实不如其后在中国境内出版的英语报刊，可是，它们自成体系，从办报理念到报刊的社会功能，都与同期的英语等外文报刊有所不同，可以说是在华外文报刊的一个异类，本身就具有很大的研究价值。再者，在华外文报刊史作为中国新闻史的一个组成部分，本身就具有研究价值，研究澳门的葡文报刊史，既是澳门新闻史和澳门史的一环，也是中国新闻史的一部分。研究澳门自《蜜蜂华报》至鸦片战争以前的一段报刊发展史，对丰富近代中国新闻史的整体内容是深具意义的。

第四，因为独特的历史地位和功能，澳门曾经几度成为中国的报刊出版中心。十九世纪初中期，葡语和英语报刊在澳门出版与流通，令澳门成为林则徐一类国人"开眼看世界"的地方，所以，澳门报刊史本身也是国人了解西方报刊功能和形成特有报刊功能观的重要一章，是令澳门新闻史超越澳门本土社会而成为中国近代历史重要组成部分的元素，因此，研究这段时期的澳门新闻史，也变得别具意义。

第五，澳门新闻传播史具有前述的四点重要意义，可是，一直以来对它的研究还没有完全展开。近年来对澳门新闻史的研究虽然有了明显的发展，也出现了比较重要的研究成果，但是，已有研究（有关研究将会在本章第二节"国内外研究现状"中回顾）基本上都只针对《蜜蜂华报》以来的一段历史、《知新报》的发展、林则徐编译"澳门新闻纸"活动和澳门传播业现状等几个重点，从研究对象所处的年份看，澳门新闻史的研究出现了"头重、尾轻、中间更轻"的现象，除了对《蜜蜂华报》和《知新报》有相对完整的分析以外，其他在澳门历史上甚至中国历史上比较重要的报刊，以至澳门华文报刊和英语报刊史，都可以说没有很好地被研究过。关于出现这种状况的原因，内地学者姜义华分析得很透彻："十九世纪七、八十年代以后，香港、上海一大批报刊崛起，逐渐取代了澳门新闻中心的地位。因此，在许多中国新闻事业史或中国近代报刊史的研究者的心目中，澳门报刊的地位逐渐消失。对于近代澳门曾经产生了重要影响的报刊，几乎所有研究新闻发展史的著作都语焉不详，原因之一，这些报刊搜寻不易，且长时间缺乏有心人下功夫发掘与介绍。"① 正因为如此，澳门新闻传播史本身就是一个开创性的研究领域，可以填补历史的空白。

第二节　国内外研究现状

早在十六世纪来澳的天主教传教士的书信和传教活动报告当中，就出现了关于澳门新闻传播史的记载。根据葡裔学者白乐嘉（J. M. Braga）等人著述的早期澳门新闻传播史专著②引用的资料，这些记载都以书籍出版和印刷术的内容为主，记述相对简单，目前大多保存在意大利罗马和葡萄牙的相关档案中。以澳门新闻传播史为对象的研究，现已发现的最早著述是葡萄牙学者贾比艾·法兰度（Gabriel Fernandes）所著的《澳门新闻业》（*Journalismo em Macau*）③。《澳门新闻业》为一数千字的论文，1888 年由里斯本地理学会出版，以《地理学会会刊》第 8（5）期独立增刊的形式刊出。

进入二十世纪，有关澳门新闻传播史的研究相对来说比较丰富。对澳门早期新闻传播史特别是葡语报刊史记述得比较详细的都是居澳葡人的著作。这些著作的数量不多，已知的分别有：白乐嘉在 1938 年出版的《澳门新闻出版之始》（*O Início da Imprensa em Macau*）④及其在 1963 年以葡语著述为基础写成的英语同名著作《澳门出版的开端》（*The Beginnings of Printing at Macau*）⑤，文德泉神父（Pe. Manuel Teixeira）在 1965 年出版的《远东出版的葡文

---

① 姜义华：《序》，载《镜海丛报影印本》，澳门基金会、上海社会科学院出版社，2000，第 1～2 页。

② 这些著述多以葡语和英语写成，下文再做简介。

③ Gabriel Fernandes, "Journalismo em Macau," *Boletim da Sociedade de Geografia de Lisboa*, série 8 (5) (Lisboa: Sociedade de Geografia de Lisboa, 1888).

④ J. M. Braga, "O Início da Imprensa em Macau," separate do *Boletim Eclesiástico* (Lisboa: Boletim Eclesiásticò, 1938).

⑤ J. M. Braga, "The Beginnings of Printing at Macau," *STVDIA Revista Semestral* No. 12 (Separata) (Lisboa: Centro de Estudos Históricos Ultramarinos, Julho 1963).

期刊》（*A Imprensa Periódica Portuguesa no Extremo - Oriente*）①，以及佐治·欧维士（José Augusto dos Santos Alves）在 2000 年出版的专著《澳门的公共舆论——十九世纪二三十年代的澳门报业》（*A Opinião Pública em Macau, A Imprensa Macaense na Terceira e Quarta Décadas do Século XIX*）②。另外，英国的澳门史和东方史学者博克赛（C. R. Boxer）也有一些零散的记载和研究，但其内容大部分已为文德泉和白乐嘉所吸收。

上述几部专著中，佐治·欧维士的《澳门的公共舆论——十九世纪二三十年代的澳门报业》针对的只有《蜜蜂华报》等几份早期出版的葡文报刊，可是，书中以公共舆论如何透过报刊形成的角度研究十九世纪二三十年代的澳门葡文报业，很有启发性。白乐嘉的两部作品针对的都是澳门开埠以来的图书和报刊出版活动，书中记述的年份下迄十九世纪三十年代，其对澳门早期出版史的研究，论出有据，引用了大量葡萄牙、意大利罗马和中国港澳两地的档案材料，书中订正了很多前人记述的谬误，具有重大的参考价值。文德泉神父的《远东出版的葡文期刊》是上述各著述中较为人熟悉的。该书记述了澳门、香港、上海和新加坡等地的葡语报刊出版史，以摘要的方式逐一介绍在这些地方曾经出版的葡语报刊和个别英语报刊，尤其着重介绍报刊创办人的生平，为了解澳门葡语报章的报史和报人，提供了很多第一手材料。可是，由于该书以夹叙夹议的形式写作，在叙述史实时添加了不少作者个人的感想和评论，有时评论甚至掩盖了史实，而且全书在介绍报刊时体例不统一，历来为不少研究者所诟病。贾比艾·法兰度所著的《澳门新闻业》，是最早完成的澳门新闻传播史著述，也是最早以 1822 年出版的《蜜蜂华报》为澳门新闻史起点的专论，内文以摘要的形式介绍了从 1822 年至 1867 年在澳门创刊的葡文报章。有趣的是，文中同时收入了

---

① Pe. Manuel Teixeira, *A Imprensa Periódica Portuguesa no Extremo - Oriente*（Macau: Notícias de Macau, 1965）.

② José Augusto dos Santos Alves, *A Opinião Pública em Macau, A Imprensa Macaense na Terceira e Quarta Décadas do Século XIX*（Macau: Fundação Oriente, 2000）.

当时在北京发行的"京报"①，说明当时葡人视"京报"为流通的中文报章。不过，其内容已基本上为文德泉神父的专著吸收，该文很少为后人引用。

此外，澳门土生葡人学者高美士（Luís G. Gomes）在 1987 年出版的《澳门图书目录》（Bibliografia Macaense）②虽然不是正式的澳门新闻传播史专著，可是，因为书中提供了不少澳门报刊的基本出版资料，是非常有参考价值的工具书。这些已出版的葡语专著，除了文德泉和高美士的作品以外，其他的历来都很少为中葡各方的研究者所引用。究其原因，主要是这些专著出版年份早，长时间没有再版，查找并不容易，再加上语言的隔阂，以往并没有受到足够的重视。

除了葡萄牙和澳门本土的葡裔学者外，中国内地、港澳也有学者从事相关的研究，此外还有个别英美学者参与其中。在这些学者的努力之下，以二十世纪二三十年代和八九十年代的研究成果最为突出。最早提及澳门新闻传播内容的都是以通史方式写成的中国新闻史专著，这里最具代表性的当推 1927 年出版的戈公振的《中国报学史》。戈公振以后，有关澳门早期新闻史的研究，也多以戈氏之说为蓝本。像美国学者白瑞华（Rosell S. Britton）在中国内地写成的英语中国新闻史专著《中国报业》（The Chinese Periodical Press 1800－1912）③中就直接引用了戈氏之说，林语堂所撰的英语专著《中国报刊公共舆论史》（A History of the Press Public Opinion in China）④中也部分引用了戈氏和白氏之说。必须说明的是，由于白瑞华和林语堂的著作是少数以英语写成的中国新闻史专著，对国际学界有较大的影响力，因此，戈公振的记载和论断对后来东西方的研究都有极其重要的影响力。

---

① 本书根据马礼逊的记录，将 Peking Gazette 统译为"京报"，并以引号代替书名号以示区别，详细原因请参考本书第六章第一节。

② Luís G. Gomes, Bibliografia Macaense（Macau：Instituto Cultural de Macau, 1987）.

③ Roswell S. Britton, The Chinese Periodical Press 1800－1912（Shanghai：Kelly & Walsh Limited. , 1933）.

④ Lin Yutang, A History of the Press Public Opinion in China（Shanghai：Kelly & Walsh Limited. , 1936）.

第一章　导论

1978 年以后，中国内地的新闻史研究进入了渐次繁荣的阶段，此时出现了众多中国新闻史通史类的研究成果。这些研究，基本上都将澳门纳入研究范围，内容上也多以戈氏的论断为基础再进行发掘、整理、补充与修订，像方汉奇编著的《中国近代报刊史》（1981 年），方汉奇、陈业劭与张之华主编的《中国新闻事业简史》（1983 年）以及方汉奇主编的《中国新闻事业通史》（一～三卷）。其中，三卷本的《中国新闻事业通史》在内容上有较重要的突破，书中除订正了一部分戈氏论著的谬误以外，亦大大扩充了与澳门有关的部分，像对林则徐翻译和整理的"澳门新闻纸"的工作进行了较完整的考证和分析，对马礼逊在澳门和广州的出版活动以及维新派在澳门所办的《知新报》也有比较详细的记载。不过，三卷本的《中国新闻事业通史》对与孙中山早期革命活动有密切关系的《镜海丛报》以及抗战时期的澳门报业都没有必要的叙述，这是美中不足的地方。

从二十世纪八九十年代开始，随着内地新闻史研究从通史向断代史、地方史、个案史和人物史全方位地开展，加上澳门回归在即，关注各个层面的澳门研究的学者有所增加，研究成果也较之前丰富。同时，研究澳门新闻传播史的专著和论文也有所增加。这些研究当中，较重要的分别有：收入《香港报业春秋》（1990 年）一书的钟紫论文《澳门的新闻传播事业》[1]，方积根、王光明编著的《港澳新闻事业概况》（1992 年）[2]，老冠祥、谭志强编著的《变迁中的香港、澳门大众传播事业》（1996 年）[3]，吴志良、谭志强合著的《中国领土上的第一份外文报纸：澳门的葡文〈蜜蜂华报〉（1822～1823）》（1998 年）[4]，程曼丽的《蜜蜂华

① 钟紫：《澳门的新闻传播事业》，载广东省政协文史资料研究委员会编《香港报业春秋》，广东人民出版社，1991。
② 方积根、王光明编著《港澳新闻事业概况》，新华出版社，1992。
③ 老冠祥、谭志强编著《变迁中的香港、澳门大众传播事业》，台湾行政主管部门新闻局，1996。
④ 谭志强、吴志良：《中国领土上的第一份外文报纸：澳门的葡文〈蜜蜂华报〉1822～1823》，《新闻学研究》第 57 期，第213～228 页。

报研究》（1998 年）①，林玉凤的《澳门葡文报章的发展特点》（1998 年）②，费成康的《孙中山和〈镜海丛报〉》（2000 年）③，汤开建为《澳门宪报中文资料辑录 1850～1911》一书写的"前言"（2002 年）④，查灿长的《抗日战争时期的澳门报业》（2003 年）⑤和李长森的《近代澳门外报史稿》⑥。另外，内地的学刊也刊载过不少以林则徐、维新派以及孙中山等个人和团体在澳门展开政治活动为切入点的研究文章，这些研究在不同程度上发掘了与"澳门新闻纸"、《知新报》和《镜海丛报》相关的内容。此外，近二十年来发表的澳门史研究成果，也偶有出现叙述澳门报业等媒体发展状况的内容，可是，这些研究的内容多是已有研究之说或在已有研究基础上进行增补，开拓性的内容不多，在此不再赘述。

上述研究以外，从事早期天主教或基督教在华活动研究的学者也出版过与澳门新闻传播史相关的研究内容，其中较重要的有香港学者李志刚神父的《基督教与近代中国文化论文集》（1989 年）⑦以及台湾学者苏精的《马礼逊与中文印刷出版》（2000 年）⑧。这两部专著的研究主体都是宗教活动，但对当时传教士的印刷出版活动均有详细的考据与分析，对了解以传教布道为目标的那一部分澳门新闻出版史内容，有非常重要的补充作用。

① 程曼丽：《蜜蜂华报研究》，澳门基金会，1998。
② 林玉凤：《澳门葡文报章的发展特点》，《澳门研究》第十辑，第 117～163 页。
③ 该文以"序二"的形式收入《镜海丛报影印本》，澳门基金会、上海社会科学院出版社，2000，第 1～10 页。
④ 该"前言"没有正式标题，见汤开建、吴志良主编《澳门宪报中文资料辑录 1850～1911》，澳门基金会，2002。
⑤ 查灿长：《抗日战争时期的澳门报业》，《贵州社会科学学刊》总 183 期，2003 年第 3 期，第 103～106 页。
⑥ 李长森：《近代澳门外报史稿》，广东人民出版社，2010。
⑦ 李志刚：《基督教与近代中国文化论文集》，台北宇宙光出版社，1989。
⑧ 苏精：《马礼逊与中文印刷出版》，台北学生书局，2000。

第三节 视角和框架

澳门史学者吴志良曾经这样归纳澳门史发展与澳门史研究的状况："长期以来，澳门史研究与澳门历史发展过程一样，存在着明显的双轨——华人社会一条线，葡人社会另一条线，虽偶然相遇汇合，但由于政治文化背景的巨大差异，双轨基本上保持平行。"[①]澳门新闻传播史作为澳门史的一部分，不可避免地也呈现这样一个现象。

以前面"国内外研究现状"一节所引的著述为例，澳门新闻传播史最早在中国的研究文献上是在戈公振的《中国报学史》中以"中国最早的外文报刊"的形象出现的，而在为人熟悉的葡语澳门新闻史专著——文德泉神父的《远东出版的葡文期刊》中，澳门则以"葡萄牙的远东地区"的身份出现。可以说，澳门就像文化研究中的"他者"，不论在中国新闻史还是葡萄牙新闻史中，长期以来都以一种类似"边陲"的形象出现：在中国新闻史上，它的重要性是因为"外文"——外语报刊的出版；在葡萄牙新闻史上，它的重要性是因为"远东"——葡人在远东地区的居留地。

当然，这种现象出现的原因是澳门新闻传播事业在发展过程中确实曾经受到中国内地和葡萄牙本土的政治发展影响。目前可考的在澳门最早出版的中葡文报章都是其中的代表：《蜜蜂华报》是葡萄牙革命的直接产物，《知新报》则是清末维新派在澳门出版的。就像澳门史一样，澳门新闻传播事业从一开始就受到中国内地与葡萄牙社会变革的影响，所以，书写澳门新闻传播史，必须要考量中葡两国在各个时期的发展状况及其对澳门本土的影响。可是，如果只着眼于澳门新闻传播事业与中葡两国社会事件的关系，不免会忽略新闻传播事业自身的发展特点。中国新闻史学者方汉奇在《中

---

① 吴志良：《生存之道——论澳门政治制度与政治发展》，澳门成人教育学会，1998，第34页。

国新闻事业通史》的前言中就强调，书写新闻史时要"突出新闻事业史特点"[1]的重要性。因此，本书在正视澳门新闻传播事业确实受到中葡两国社会事件直接影响的同时，也希望解答下面几个问题：除了中葡两国的政治变革以外，澳门的新闻出版业究竟还受到哪些因素的影响？它对澳门本土社会或当时的中国又有何种影响？作为媒体，澳门的新闻传播事业在澳门历史上曾经发挥过何种功能，又或是受何种功能需求刺激而出现？澳门的新闻传播事业本身有何特色？对新闻传播业本身的发展又有何种启示？

本书以澳门新闻传播史为课题，就是希望在中国历史发展与葡萄牙历史发展的两重框架中，回归根本，以澳门这个地方为主体，以新闻传播事业最终在澳门出现的面貌为主轴进行叙述。以此思路，观照澳门新闻传播史的发展与研究状况，就可以发现，除了华文—葡文或华人—葡人这两条平行线以外，传教士为了传教和文化需要而出版的中、英、葡三语的书刊，以及鸦片战争前后因为经济与社区认同需要而出现的英语报刊，也曾经在澳门有自己的发展脉络。于是，澳门的新闻出版史以至其研究的发展，就出现了四条偶然交汇但大部分时间保持平行的路线。

为此，本书在设定叙述框架的时候，基本上根据上述的中葡两国影响、澳门本土社会的发展和澳门新闻传播事业的自身特征三条线索，再结合现代传播学对媒介社会功能的定义去设定。根据本书研究，对澳门新闻事业的出现和发展影响深远的，既有华人和葡人社群两条平行线，也有早期在华的英美人士，以及西欧各国的天主教与基督教新教传教士，他们或受传教事业感召，或受文化传播驱动，或受政治利益影响，或受经济信息需求牵动，或受社区认同促使，在这众多复合的诱因下，纷纷出版刊物以满足需求，于是，澳门新闻出版史也就成为一个具多元成因与复杂影响的图谱。

从1557年到1840年的近三百年间，澳门的新闻传播史，曾经

---

① 方汉奇主编《中国新闻事业通史》（第一卷），中国人民大学出版社，1992，第16页。

受到宗教与文化、葡萄牙本土政治、社区需求和中国政治等诸种因素的直接刺激。本土华人的需要，迟至十八世纪末期才成为催生澳门华人报刊的因素，并在此后至二十世纪，一直成为主导澳门新闻出版业的因素，因此不列入本书探讨的范围。本书探讨的 1557 年到 1840 年，是一个既有单一因素在发挥作用，澳门新闻传播史的内容相对一元的时期，也是一个各种因素同时出现，澳门新闻传播史也因此而出现多元面貌的时期，如十九世纪的初中期。为此，本书将摒弃惯常的以年份作确切分期的方式，而以出版技术为经，以人物为纬，以突出各个时期澳门新闻出版业的最重要特征为目标，将鸦片战争前近三百年的历史分为下述各个主要部分：十六世纪天主教在华传播策略：印刷出版（第二章）、从传教到采访：基督教传入与澳门近代出版事业（第三章）、本土政争与澳门葡文报刊的开端（第四章）、马礼逊与中国首份中文报刊和双语报刊（第五章），以及鸦片战争前澳门的译报活动（第六章）。

　　上述分列章节的方式，是根据各个时期影响澳门新闻出版业的最重要因素及其背景和影响确立的，基本上照顾了历史的纵向发展脉络，也务求做到既能反映澳门历史的发展特点，也能反映澳门新闻传播事业的自身特点并突出其社会功能，将澳门开埠以来至鸦片战争前的新闻传播史的发展脉络尽量完整清晰地描绘出来，为后人更深入的研究和更有层次的个案分析做准备。

第二章 十六世纪天主教在华传播策略：
印刷出版

　　根据考古发现，澳门在距今四千年前已经有人类生活，但在葡萄牙人居澳以前，我们对澳门所知不多，诚如澳门史学者汤开建所言，"十六世纪以前，澳门之名不见于经传。十六世纪初，随着葡萄牙人对东方的拓展，澳门逐渐兴起，东西方记录澳门之事日繁"。这些"日繁"的对澳门的记录，因为多从澳门这个葡萄牙人的最早居留地出发，看事物的视角常常以葡人或西方人带来了什么为出发点，所以澳门一直被视为西方近代印刷术最早传入中国的门户，被视为"西学东渐"的一个起点。可是，作为中欧文明在历史上首次大规模的交流与碰撞，这种文化交流史的真正起点，应该还有另一个面向的，像东学是如何为西方人认识、了解、采用以至"西渐"的，印刷出版是认识这一面向的一个重要媒介。

第一节　十六世纪天主教来华的背景

　　鸦片战争以前，基督教 [①] 传入中国主要有唐朝、元代和明末

[①] "基督教"一词向有广义与狭义之分，方豪早在《中西交通史》中就指广义的基督教指的是英语中的"Christianity"，而不仅仅是基督教新教（Protestant），见方豪《中西交通史》（上册），台北，中国文化大学，1983，第412页。为了便于叙述和防止混淆，本书根据《中国基督教基础知识》一书中的定义，将广义的基督教，也就是凡是信奉耶稣为救世主的所有教派，包括罗马公教（Catholic）、东正教（Orthodox）和新教（Protestant）三大教派，即英语中"Christianity"一词译作"基督宗教"；将基督教旧教，也就是罗马公教（Catholic），以"天主教"统称；"基督教新教"（Protestant）则以"基督教"统称。谨作说明，不另行作注。上述定义详见世界宗教研究所研究室编《中国基督教基础知识》，宗教文化出版社，1999，第1页。

清初三个时期。唐代传入时中国称之为景教（Nestorianism），当时来华的是迦勒底教会（Chaldean Church）的聂斯托利派（Nestorians），他们经波斯来华，在长安等地传教建寺 ①。基督教在元朝传入时包括聂斯托利派和天主教教派，后者主要为圣方济各会 ②，他们被统称为"也里可温"（Erkeun or Arkaim）或十字教，经中亚陆路来华，当时元朝的色目人官员中就有不少教徒 ③。基督宗教在明末清初第三度传入，此时来华的主要是天主教徒，尤其是耶稣会（Jesuits，Society of Jesus）会士 ④。本章所探讨的"天主教传入与澳门出版事业的开端"，指的就是天主教在明末清初传入的这个时期，而研究的主体，也是这个时期进入中国的以天主教耶稣会为主体的在澳门进行的出版活动。

"明季天主教之传入中国，为一完全新创之局势，与唐宋时代之景教及元代之也里可温，毫无联系。"⑤而且，不论从背景、动机还是影响而言，这次天主教来华与之前两次均有显著的区别。从背景而言，明朝天主教东来，与当时西方国家的航海大发现和历史性的宗教改革密切相关。

以葡萄牙和西班牙为主的西方国家，自十五世纪开始便研究航海技术为其后被称为地理大发现的行动做准备，更重要的是，地理大发现这个愿望出现之初，已经伴随有商业和宗教目的。1418 年，被后世称为"领航者"（The Nagvigator）的葡萄牙王子殷理基 ⑥ ［Prince Henry（Henrique），1394—1460］在葡萄牙成立了首间航海学校以训练航海家，他曾经这样概括自己热心推动葡萄牙远航东方的原因："一，热切希望知道在非洲西撒哈拉北岸的博哈多尔角（Cape Bojador）之后，是否有其他国家的存在；二，寻找信奉基督

---

① 陈佳荣:《中外交通史》，香港学津书店，1987，第 515 页。
② 陈佳荣:《中外交通史》，香港学津书店，1987，第 515 页。
③ 方豪:《中西交通史》（下册），台北，中国文化大学，1983，第 534～554 页。
④ 陈佳荣:《中外交通史》，香港学津书店，1987，第 515 页。
⑤ 方豪:《中西交通史》（下册），台北，中国文化大学，1983，第 968 页。
⑥ 今天澳门殷王子马路纪念的就是这位王子。

的国家和安全的口岸和我们建立贸易关系，让葡萄牙人和当地人可以互惠互利；三，了解摩尔人（Moorish）[1]在非洲的影响力；四，希望知道有没有其他基督教君主和我们一起对抗信仰的敌人；五，强烈希望我们的信仰可以延伸到新的世界。"[2]所以，当年以葡萄牙为首的航海大发现，其实从一开始便有明显的来自王室的传扬基督教的强烈愿望[3]，并且其对东方的丝绸和香料等奢侈品的需求、开往东方的海路以及航海技术成就等因素[4]最终促成了其积极谋求通往东方的航海路线。

1492年，热那亚航海家哥伦布（Cristolbal Colombo）发现新大陆。1498年，葡萄牙航海家达·伽马（Vasco de Gama）绕过非洲好望角。此后，葡萄牙商船便取道好望角东来采购东方的胡椒、香料和珠宝等物[5]。1503年，阿方索·德·阿尔布克尔克（Alfonso de Albuquerque）首次抵达印度，在科钦（Cochin，又译柯枝或柯钦）建造了堡垒，他当时已带着五名天主教教士，当中两人来自多明我会（Dominicans），他们稍后即开始在印度的马拉巴尔（Malabar）开展传教工作[6]。1505年，葡萄牙委任了首位印度总督阿尔梅达（Francisco de Almeida），他的任务包括在红海建立城堡和在必要时以军事行动强迫印度人与葡萄牙贸易[7]。1509年阿尔布克尔克被委任为第二任印度总督，他在1510年成功在印度西海

---

① 即穆斯林。——引者注

② Joseph Gerson da Cunha, *The Origins of Bombay*（Asian Educational Services；Facsimile of 1900 edition, January 1, 1993）, pp. 119 – 120.

③ Joseph Gerson da Cunha, *The Origins of Bombay*（Asian Educational Services；Facsimile of 1900 edition, January 1, 1993）, p. 120.

④ 方豪：《中西交通史》（下册），台北，中国文化大学，1983，第656页。

⑤ 关于葡人东来的贸易状况详情，可参阅 Sanjay Subrahmanyam, *The Portuguese Emipire 1500 – 1700*（London：Addison Weslety Longman Limited）, pp. 65 – 87。

⑥ Joseph Gerson da Cunha, *The Origins of Bombay*（Asian Educational Services；Facsimile of 1900 edition, January 1, 1993）, p. 122.

⑦ Sanjay Subrahmanyam, *The Portuguese Emipire* 1500 – 1700（London：Addison Weslety Longman Limited）, p. 74.

岸之"果阿"（Goa）①设立根据地②，开启葡萄牙在东方的殖民地时代，又在翌年占领马六甲（Malacca）③，同时继续派出船舰到红海和南中国海探索。1514 年，阿尔布克尔克派出的欧维士（Jorge Álvares）初次抵达中国海岸④。经过近四十年在中国海岸个别城市的活动，葡萄牙人在 1557 年（明嘉靖三十六年），在当时明朝地方官员的默许下，正式入居澳门⑤。自此，葡萄牙人开辟了以其海外殖民地和居留地⑥为据点的横跨东西方的航线。

传教士东来与葡萄牙常常扯上关系，还有一个制度因素——"保教权"（Padroado）⑦。葡萄牙在宗教改革时代（Reformation，1517～1648 年）是支持罗马天主教的，当时历任葡萄牙国王都坚持自己具有被称为"保教权"的特权。保教权是葡萄牙国王根据两任罗马教皇的敕书内容，规定"任何从欧洲前往亚洲的传教士，必须取道里斯本，并获得里斯本宫廷的批准"，"葡萄牙国王不但有权建筑教堂，派传教士和主管领地内的教会，而且有权分派神甫和劳作者，到建立在葡萄牙之外的亚洲异教国家的教会去工作"⑧。1511 年，阿尔布克尔克占领马六甲后，葡萄牙即为其在东南亚的

① 方豪在《中西交通史》书中将其译为"卧亚"，又有译为"果亚"的，为方便阅读，本书均以"果阿"为"Goa"的中译，不再另行作注。
② Joseph Gerson da Cunha, *The Origins of Bombay*（Asian Educational Services; Facsimile of 1900 edition, January 1, 1993）, pp. 122 – 123.
③ 方豪在《中西交通史》书中将其译为"麻刺甲"，又译"满刺甲"，为方便阅读，本书均以"马六甲"为"Malacca"的中译，不再另行作注。
④ 方豪：《中西交通史》（下册），台北，中国文化大学，1983，第 657 页。
⑤ 汤开建：《澳门开埠时间考》，载汤开建《澳门开埠初期史研究》，中华书局，1999，第 82～103 页。又，有关葡萄牙早期在中国沿岸的情况，可参考以下著作：龙思泰（Anders Ljungstedt）：《早期澳门史》，吴义雄、郭德焱、沈正邦译，章文钦校注，东方出版社，1997；吴志良：《生存之道——论澳门政治制度与政治发展》，澳门成人教育学会，1998。
⑥ 当时澳门在法律上并不属于殖民地，只是葡人以此为他们在海外的居留地。
⑦ C. R. Boxer, "The Portuguese Padroado in East Asia and the Problem of the Chinese Rites, 1576 – 1773," *Boletim do Instituto Portuguese de Hong Kong*, No. 1（1948）, pp. 199 – 226.
⑧ 龙思泰（Anders Ljungstedt）：《早期澳门史》，吴义雄、郭德焱、沈正邦译，章文钦校注，东方出版社，1997，第 174 页。

保教权奠定了基础[1]，"1534 年（明嘉靖十三年）11 月 3 日，教宗保禄三世发布'Aeguum Reputamus'通谕，宣布在印度果阿成立主教区，统辖远东传教事务。葡王有权向教宗提出主教及神职人员人选，同时葡王也有义务支付宗教官员的工资，建筑和修复大小教堂、修道院并提供必要的宗教用品"[2]。在保教权的影响下，最早东来的传教士必须征得葡萄牙国王的首肯才能开展东方传教活动，而且，葡王实际上是天主教早期到亚洲传教的主要赞助人[3]。

  葡萄牙国王拥有的这种保教权，到十七世纪初，因为葡萄牙势力日减而受到挑战，"天主教其他派别也先后入华"[4]。1680 年 9 月，葡萄牙国王反对教皇英诺森十二世（Innocent XⅡ）派遣宗座代牧主教到亚洲，其保教权因而受到直接削弱。当时教廷裁定，"派遣宗座代牧主教，并不见得对葡萄牙国王的权利有什么损害"[5]，不过，"由于害怕失去国王的保教权，1688 年，里斯本发出一项命令，规定传教士必须经过葡萄牙王国，并向普遍的保教权宣誓，以免被逐出亚洲"，教廷虽然反对葡萄牙的这个命令，"然而，任何需要在澳门居留一段时期的布道团账房或传教士，为自身安全起见，不得不违背他们的上司而服从里斯本的命令"[6]。

  正是因为这种特殊的保教权，十七世纪初以前天主教东来的路

---

① Tara Alberts, *Conflict and Conversion: Catholicism in Southeast Asia* (New York: Oxford University Press, 2013), pp. 17 - 18.

② 顾卫民：《中国天主教编年史》，上海书店出版社，2003，第 55 页；通谕的具体内容，还可见 Tara Alberts, *Conflict and Conversion: Catholicism in Southeast Asia* (New York: Oxford University Press, 2013), pp. 17 - 18。

③ 李毓中：《葡萄牙与西班牙所藏耶稣会有关中国之史料概况》，载台湾"汉学研究网站"（http://ccs.ncl.edu.tw），文章网址：http://ccs.ncl.edu.tw/Newsletter_75/75_06.htm。

④ 赵春晨、雷春雨、何大进：《基督教与近代岭南文化》，上海人民出版社，2002，第 13 页。又，据该书同页内容介绍，从 1552 年到 1583 年期间，"除了在澳门定居的耶稣会士外，其他还有多次试图进入中国大陆而未果的耶稣会士 32 人，方济各派 24 人，奥斯汀派 2 人，多明我会 1 人"。

⑤ 龙思泰（Anders Ljungstedt）：《早期澳门史》，吴义雄、郭德焱、沈正邦译，章文钦校注，东方出版社，1997，第 175 页。

⑥ 龙思泰（Anders Ljungstedt）：《早期澳门史》，吴义雄、郭德焱、沈正邦译，章文钦校注，东方出版社，1997，第 175～176 页。

线，几乎和葡萄牙在东方建立殖民地、居留地和贸易口岸的路线相一致。他们都是从葡萄牙的口岸登船，先抵达葡萄牙在东方建立的最早殖民地印度果阿，然后开展在日本和南中国海之间的活动，经过大约十年的研究，他们最终选定澳门为进入中国的门户。

几乎在航海大发现的同一时期，欧洲大陆开始了持续超过一个世纪的宗教改革（1517～1648 年），其间出现了反对罗马天主教及教皇、"对天主教义的修正"①的新教，也出现了誓死效忠教宗的天主教耶稣会。1534 年，仍在攻读神学的依纳爵·罗耀拉（又译"依格纳修·罗耀拉"，Ignatius de Loyola，1491—1556）和另外六名同学一行七人，在巴黎蒙塞拉特（Montmartre）隐修院宣誓效忠教宗，决志创立耶稣会②。1540 年 9 月 27 日，耶稣会得到当时的罗马天主教教宗保罗三世（Paul Ⅲ）批准正式成立，罗耀拉也在翌年被选为该会的首任会长，并将耶稣会的总部设于意大利罗马③。

耶稣会的会名"Jesuits"源自西班牙语"Compania de Jesu"，意为"耶稣军旅"，"为耶稣的骑兵，它灵活机动，功能全面，随时准备到任何地方，完成教宗差遣的任何使命"④。从成立始，耶稣会便确立了一套与之前天主教教会有别的运作方式。它在管理上近乎独裁，要求希望加入耶稣会的教士"要视上级等同主基督，在与上级的意愿和判断相左时，要彻底放弃个人的意愿和判

---

① 布鲁斯·雪莱（Bruce Shelley）：《基督教会史》，刘平译，北京大学出版社，2004，第 266 页。

② Andrew Steinetz, *History of the Jesuits* (*Vol I*)：*From the Foundation of Their Society to its Suppression by Pope Clement XIV* (London：1848), pp. 229 - 230.

③ Andrew Steinetz, *History of the Jesuits* (*Vol I*)：*From the Foundation of Their Society to its Suppression by Pope Clement XIV* (London：1848), pp. 325 - 326.

④ 有关耶稣会成立的经过、目标及以上引文，参见布鲁斯·雪莱（Bruce Shelley）《基督教会史》，刘平译，北京大学出版社，2004，第 271～313 页；另见 Andrew Steinetz, *History of the Jesuits* (*Vol I*)：*From the Foundation of Their Society to its Suppression by Pope Clement XIV* (London, 1848), 以及 G. B. (Giovanni Battista) Nicolini, *History of the Jesuits：Their Rrigin, Progress, Doctrines, and Designs* (London：Henry G. Bohn, York Street, Covernt Garden, 1854)。

断"①，会内教士分为四个等级：Professed，Coadjutors，Scholars，Novices，每级均有自己的纪律、任务及誓言②，各级人员都要绝对服从上级。可是，在对外行动方面，它不要求教士像以往一样要"留在某个固定的隐修院"，而是"将会士派往四面八方"，"灵活有效地派遣会士担任各项工作，比如作传教士、中学教师、大学教授和科学家完成教会或政治使命，或作为宫廷告解神父。修会在分配工作时还充分重视人的个性，做到人尽其才。灵活机动性的特点给修会注入了异乎寻常的活力，会士随时整装待发，接受各种艰难使命"③。而且，为了影响"上层社会及那些对信仰的选择起决定性作用的阶层"，耶稣会积极在欧洲的大城市开办耶稣会学校，加上"在造就和维护天主教特有的文化和虔诚形式中，耶稣会起了十分重要的作用"④，所以，耶稣会一开始便发展得很快。

在天主教会面对宗教改革陷入危机，以及新教学说影响力日增的形势下，耶稣会"以一个新型的、灵活的、注重教育的修会，为反宗教改革和天主教内部革新，提供了有力的工具"⑤。最重要的是，作为宗教改革期间罗马天主教一支新力量的耶稣会要求会士："你必须发誓永远贞洁。你将竭尽所能救赎灵魂，以神的话语，为信仰向公众布道。"⑥其会士早在该会草创的时候，就以

---

① G. B. （Giovanni Battista） Nicolini, *History of the Jesuits：Their Rrigin, Progress, Doctrines, and Designs*（London：Henry G. Bohn, York Street, Covernt Garden, 1854），pp. 65 – 67.

② G. B. （Giovanni Battista） Nicolini, *History of the Jesuits：Their Rrigin, Progress, Doctrines, and Designs*（London：Henry G. Bohn, York Street, Covernt Garden, 1854），pp. 79 – 83.

③ 彼得·克劳斯·哈特曼（Peter C. Hartmann）：《耶稣会简史》，谷裕译，宗教文化出版社，2003，第12～13页。

④ 彼得·克劳斯·哈特曼（Peter C. Hartmann）：《耶稣会简史》，谷裕译，宗教文化出版社，2003，第27页。

⑤ 彼得·克劳斯·哈特曼（Peter C. Hartmann）：《耶稣会简史》，谷裕译，宗教文化出版社，2003，第22页。

⑥ Andrew Steinetz, *History of the Jesuits（Vol I）：From the Foundation of Their Society to its Suppression by Pope Clement XIV*（London, 1848），pp. 6 – 9.

"到远方传教"①为志愿，所以在基督宗教第三次来华时，天主教耶稣会士才可能在各种背景的综合作用下成为当时最早踏足中国的传道人。

必须指出的是，作为耶稣会来华的背景，西方人对东方物品如香料的追求以及技术革新促成的航海大发现、葡萄牙在东方的殖民扩张、宗教改革以及耶稣会四者是互有关系的。这个关系，利玛窦在来华后描述得很清楚：

> 首先，是葡萄牙人先抵中国海岸线之离岛，岛上居民叫他们为弗郎机人，这是回教徒给所有欧洲人名字。……以后他们也把欧洲的武器称为弗郎机。中国人深信这些欧洲人，生性为强悍的战士，征服世界，以整个地球为他们帝国之版图。他们转到麻六甲②及印度都以商业的借口而被征服。因此当葡国政府建议成立公使馆的时候，立刻为中国政府所拒绝，他们的怀疑是有事实根据的。但他们对财富的欲望很大，致使不能完全戒绝交易的冲动。公帑的来源及私人交易所得的利益庞大，使得当地的官员的猜忌慢慢消除。官员们从来没有禁止过交易，而且允许其增长，但不得增长得太快。不过每次交易完毕，葡国人必须立即带着所有的物品，返回印度。如此经过数年的交易，中国官员们的畏惧才慢慢地消逝。他们并允许外来的商人在附近小岛的边缘上建立一个交易站。这小岛上有为妈祖建立的雕像。这雕像仍然可以看到，这个地方叫作 MACAO（澳门）在妈祖湾上。与其称之为半岛，倒不如称之为一块突出的大石。它很快就为人居住，不但是葡国人，而且附近的居民，来购买从欧洲、印度及摩鹿加群岛运来的货品。发快财的希望吸引了不少中国商人来岛上居住，

---

① 裴化行（H. Bernard）：《天主教十六世纪在华传教志》，萧浚华译，上海商务印书馆，1936，第61页。

② 即马六甲——引者注。

不久这交易站就变成一个都市，人们开始盖房子，葡国人及中国人开始相互通婚，这小岛很快就发展为一个港口及重要的商埠。经海路发财的愿望使这些海上的商人到达世界可知道的边缘，但葡萄牙大帝国却不能扩展的比基督教会更广远。修会的会士们，不在会的神父们，每次都跟水手们上船，为的是保存他们的信德，把基督带给他们可能遇到的教外人。为了这个目的，葡王也给这个城市颁布了特权，经过教宗的许可，任命了一位主教，为更容易施行圣事，并在举行教会礼仪时更为隆重。

因此耶稣会在澳门建立了永久的居留所，并建造一座天主之母圣堂。这是在澳门建造的第一座圣堂。从成立耶稣会开始，我们的神父修士们，就同别的神父修士们在东西印度收获成熟的庄稼。澳门处于很多海港的中央。在这里他们看到绝对不可忽视的新的宗徒事业的领域，往北是中国大陆，所占的地域比摩鹿加群岛都大。向东是日本和菲律宾群岛，往西是交趾支那，柬埔寨王国、暹罗及几个别的王国。耶稣会在世界其他的地方，尤其在日本所有的成就，我们暂置不谈。我们目前的兴趣转到澳门这个弹丸之地。从这里有一小批基督的战士们，经过长久的迟延及努力，最后成功地打着基督教义的旗帜，进入了中国。目前要叙述给读者的就是他们如何地进入中国。从开发澳门起，就有常驻在那里的耶稣会士数度尝试进入中国大陆而未成功。他们可能是因困难重重，得不到进入的许可。也更可能因为日本教会空前的成功，使大家都忙于日本的教会，而忽略了中国。因此中华帝国，未成熟的庄稼，必须等到数年之后，才能开始收获。最后，在天主圣意的安排之下，大家所愿望的，终成事实。①

---

① 利玛窦：《中国之工艺》，载《利玛窦全集 1——利玛窦中国传教史（上）》，罗渔译，台北光启出版社、辅仁大学出版社，1986，第 110～112 页。

第二节　耶稣会在华传教策略：以澳门为基地，
　　　　　以出版为渠道

最早来华的耶稣会传教士是西班牙籍传教士沙勿略（Francis Xavier，1506—1552）。沙勿略是耶稣会创办人之一。1540 年 9 月耶稣会获教宗正式批准成立前几个月，葡王若奥三世（John Ⅲ）要求梵蒂冈派员前往东印度的葡萄牙殖民地传教，沙勿略应首任耶稣会会长罗耀拉之命，在当年的 3 月前往葡萄牙准备东行。翌年他和另外两位神父在葡萄牙里斯本候船前往印度时，已收到教宗上谕，被任命为教宗钦使兼东方教务巡视员 ①。

1541 年 4 月 7 日，沙勿略率领第一支耶稣会远征队从里斯本东来 ②，于 1542 年 5 月抵达葡萄牙殖民地果阿。沙勿略在抵达果阿后，除了一直向耶稣会报告工作状况，也直接致信葡王若奥三世汇报传教工作的进展 ③。他于 1545 年 9 月抵达葡萄牙在东方的另一个殖民地马六甲，之后一直在马六甲和果阿之间活动。1548 年 1 月，沙勿略从印度科钦致信罗耀拉要求之后派来的传教士必须是有能力的布道者，因为除了印度，日本和中国也很需要上帝的福音，这是沙勿略首次提出要到中国传教的想法 ④。1549 年 8 月，沙勿略抵达日本鹿儿岛，很快又转到当时的日本首都京都，他说日语很容易学会，他也很快地开始在日本进行口语布道工作。他曾经在街

---

① 顾卫民：《中国天主教编年史》，上海书店出版社，2003，第 56 页；Franco Mormando and Jill G. Thomas edited，*Francis Xavier and the Jesuit Missions in the Far East*：*An Anniversary Exhibition of Early Printed Works From the Jesuitana Collection of the John J. Burns Library*，*Boston College*（Chestnut Hill，Massachusetts The Jesuit Institute of Boston College，2006），p. 16。

② 施白蒂（Beatriz Basto da Silva）：《澳门编年史》，小雨译，澳门基金会，1995，第 8 页。

③ 沙勿略和若奥三世之间的书信往来，均收入 Henry James Coleridge，*The Life and Letters of St. Francis Xavier*（Two Volumes）（London：Burns and Oates，1872）。

④ Henry James Coleridge，*The Life and Letters of St. Francis Xavier*（Two Volumes）（London：Burns and Oates，1872），pp. 16 – 17.

头向公众演说，也曾经到王室和贵族家和他们讲道，不过情况不算很理想，因为他们常常会被驱赶 ①。沙勿略很快就发现，要影响日本，必先影响中国，原因是："日本人对中国人的智慧评价很高，不管是对他们的神秘宗教还是文化修养均是如此。他们常常用一个原则问题反对我们，问我们说，如果世界真如我们布道的那样，为何中国人会不知道这些道理？"②类似的经历和对中国状况的研究，使沙勿略到中国传教的愿望日益迫切。

1552 年 1 月 29 日，身在科钦的沙勿略致信耶稣会，说明自己计划在同年前往中国，他相信当时中国没有任何基督徒，但他希望进入中国甚至见到中国的皇帝，"因为中国是那一种帝国，只要福音的种子得以播种，就可以开枝散叶。而且，只要中国人接受基督信仰，日本人就会放弃中国人原来教导他们的学说"③。他在同日给罗耀拉的信中还提到："中国幅员广大，人民爱好和平，政治清明，全国统于一尊，臣民对皇上非常顺服。中国是一个富庶的国家，各种物产非常富饶。中国和日本相距不远。中国人民都很勤奋，聪明好学，长于政治、重视伦理道德。中国人肤色白晰（皙）、不蓄须、忠厚温良、不好私斗、境内无战争。如果在印度并无棘手的事情羁身，我计划本年（1552 年）前往中国开教，然后回日本。原来日本现行各教派，无一不来自中国。如果日本知道中国业已接受了救主的福音，自必起而追随，放弃现有各教。我很希望中国和日本都能生活在真正的信光之下，舍弃偶像崇拜，通国恭敬事奉我等主耶稣基督，普世的救主。"④

---

① Henry James Coleridge, *The Life and Letters of St. Francis Xavier* (Two Volumes) (London: Burns and Oates, 1872), pp. 335 – 337.

② Henry James Coleridge, *The Life and Letters of St. Francis Xavier* (Two Volumes) (London: Burns and Oates, 1872), pp. 300 – 301.

③ Henry James Coleridge, *The Life and Letters of St. Francis Xavier* (Two Volumes) (London: Burns and Oates, 1872), pp. 347 – 348.

④ 顾卫民：《中国天主教编年史》，上海书店出版社，2003，第 58～59 页；另见 Henry James Coleridge, *The Life and Letters of St. Francis Xavier* (Two Volumes) (London: Burns and Oates, 1872), pp. 373 – 374。

　　沙勿略这种"欲归化日本，应先往中国传教，因中国为日本书化思想之策源地"[1]的想法，还直接影响了他的传教策略，即由原来他在印度和日本重点进行的口语布道，改为以文字为工具。他在前述写给罗耀拉的信中提到，虽然日本人不能用中国话和中国人交谈，但因为中国和日本所用的文字相同，日本人可以阅读中国的经书，两者可以用文字互通，"我们已用日本语撰写了一本讲述天地起源和耶稣基督降生的奥迹的书，而且已经把它译成中国文字，我们打算把它带到中国，当我们到了中国学习当地文字时，就能向中国人展示这个样本，让他们读到用他们认识的文字所写的真理"[2]。

　　沙勿略之后试图请葡萄牙殖民地果阿总督组织正式使团进入中国[3]，方案失败后他尝试自行进入中国，最后在 1552 年 7 月抵达广东的上川岛，成为第一个踏足中国领土的传教士。可惜他的传教事业还没开展，同年 12 月就在上川岛病逝[4]。

　　虽然沙勿略希望到中国"见中国皇上，同时拿出总主教给皇上写的信，为证明我们到中国来是为宣传天国的福音"[5]的愿望落空，可是，据学者方豪的说法，沙勿略在生前寄往欧洲的报告和书札，"引起后人东来传道无限之热忱"[6]，其后来华的著名耶稣会传教士利玛窦（Matteo Ricci，字西泰，1552—1610）就称沙勿略

---

①　方豪：《中西交通史》（下册），台北，中国文化大学，1983，第 969 页。

②　这封信的中文版和英译版有差异，顾卫民的《中国天主教编年史》说的是这本日语的教理书将会译成中文（详见顾卫民《中国天主教编年史》，上海书店出版社，2003，第 59 页），Henry James Coleridge 书中的英文版则说是已经翻译好了，本文从 Henry James Coleridge 之说，详见 Henry James Coleridge, *The Life and Letters of St. Francis Xavier*（Two Volumes）（London：Burns and Oates，1872），pp. 373 - 374。

③　Henry James Coleridge, *The Life and Letters of St. Francis Xavier*（Two Volumes）（London：Burns and Oates，1872），p. 150。

④　裴化行（H. Bernard）：《天主教十六世纪在华传教志》，萧濬华译，上海商务印书馆，1936；Franco Mormando and Jill G. Thomas edited, *Francis Xavier and the Jesuit Missions in the Far East：An Anniversary Exhibition of Early Printed Works From the Jesuitana Collection of the John J. Burns Library, Boston College*（Chestnut Hill, Massachusetts The Jesuit Institute of Boston College，2006），pp. 16 - 17。

⑤　裴化行（H. Bernard）：《天主教十六世纪在华传教志》，萧濬华译，上海商务印书馆，1936，第 74 页。

⑥　方豪：《中西交通史》（下册），台北，中国文化大学，1983，第 969 页。

为"第一个耶稣会士发觉这个庞大帝国的无数百姓是具有接受福音真理的资质的"①。于是，继沙勿略以后东来的耶稣会传教士，都以中国作为他们最重要的目的地。

沙勿略秉承耶稣会那种先影响"对信仰的选择起决定性作用"的人士，再由这等人士帮助传教的策略，早在来华以前，便确认了"读书人"就是耶稣会在华传教时需要接触和影响的人。在日本的时候，他已经注意到当时的中国"拥有多数杰出的人才与高深的学士，他们积极重视学术，以为学术研究是一件顶光荣不过的事情。在那里大有学问的人都有重要的位置，都是有权柄的"②。他并由此提出到中国去的传教士"更应当有高深的学术，及绝顶的聪明，为能应付种种难以解答的问题"③。他的这种想法，对其后的耶稣会传教士有极大的影响。

葡萄牙人在沙勿略死后翌年（1553年）才抵达澳门，至1557年才在明朝地方官的许可下正式据居澳门④，随葡人定居，天主教不同教派的传教士也陆续来澳。早在1563年，已经有八位耶稣会传教士在澳门，他们当中的一部分是在澳门等待随商船出发前往日本传教的，其余的就在澳门本土活动⑤，没有真正地进入内地。正式打开在华传教之门的是其后来澳的意大利神父范礼安（Alessandro Valignani，1539—1606）和罗明坚（Michele Ruggieri，1543—1607）⑥，他们又被视为来华的先驱。

---

① 利玛窦、金尼阁：《利玛窦中国札记》，何高济、王遵仲、李申译，广西师范大学出版社，2001，第89页。

② 裴化行（H. Bernard）：《天主教十六世纪在华传教志》，萧浚华译，上海商务印书馆，1936，第69页。

③ 裴化行（H. Bernard）：《天主教十六世纪在华传教志》，萧浚华译，上海商务印书馆，1936，第69～70页。

④ 吴志良：《生存之道——论澳门政治制度与政治发展》，澳门成人教育学会，1998，第30～37页。

⑤ 裴化行（H. Bernard）：《天主教十六世纪在华传教志》，萧浚华译，上海商务印书馆，1936，第109～110页。

⑥ 费赖之：《明清间在华耶稣会士列传（1552～1773）》，天主教上海教区光启社，1997。

1573 年，范礼安被任命为"自好望角以东至日本（除菲律宾外）所有耶稣会"的传教视察员，同年 3 月，他与 40 名耶稣会士一道乘船离开了里斯本前往东方①。1578 年 7 月，范礼安抵达澳门，等待乘坐翌年的商船前往日本视察。他在澳门逗留了至少十个月，"这给他一个良好的机会得以详尽透彻地研究中国的形势，结果再度点燃了沉睡之中的远征中国的热情"②。加上澳门"位于那么多港口的中心，他们（耶稣会士）在这里发现了一条途径，通向不应该忽视的传教活动的新天地（中国）。在北面是中国，比宽阔的摩鹿加群岛区要大得多；在东面是日本和菲律宾群岛；西面是交趾支那、柬埔寨、暹罗和其他几个国家"。正是由于澳门所处的这个特殊地理位置，它一方面被耶稣会看成当时天主教在东方各传教点的中心，另一方面，也因为葡萄牙在澳门具有的管理权，这个城市便被从属葡萄牙王室的耶稣会视为"进入中国的活动基地"③。

此时范礼安确立了"委派几个人学习中国语言和文字并作好准备利用任何可能出现的时机把福音传入这个新世界"④的在华传教工作方针，这也是他在整个亚洲传教的"适应政策"的一个部分。于是，范礼安致信印度区主教，要求派人前来开展在中国传教的工作，结果，罗明坚（Michel Ruggieri）成为其中一位被派遣来华的传教士。

罗明坚在 1579 年 7 月抵达澳门，当年已经 36 岁的他，虽然曾经在意大利获得法学博士学位，可是因为当时耶稣会的长老认为他

---

① 马拉特斯塔（Edward Malatesta）：《圣保禄学院：宗教与文化的研究院》，张廷茂译，载《澳门圣保禄学院 400 周年纪念（1594～1994）"宗教与文化国际研讨会"论文集》，1994 年 11 月 28 日～12 月 1 日，http：//www. macauheritage. net/info/HTextC. asp？id = 9。

② 利玛窦、金尼阁：《利玛窦中国札记》，何高济、王遵仲、李申译，广西师范大学出版社，2001，第 99 页。

③ 科塞依罗（Gonçalo Couceiro）：《澳门与耶稣会艺术在中国的发展》，载"澳门文物网"，http：//www. macauheritage. net/info/HTextC. asp？id = 5。

④ 利玛窦、金尼阁：《利玛窦中国札记》，何高济、王遵仲、李申译，广西师范大学出版社，2001，第 99 页。

年龄较大，"学不好汉语"①，曾经有反对让罗明坚学习中文到中国开教的想法。当时范礼安已经前往日本，但他一早认定要在中国成功传教，必须要用中文出版圣经，也就坚持要罗明坚学习中文。罗明坚就根据范礼安离澳前留下的指示，在澳门专心学习中文，同时向澳门本土的葡萄牙人和中国人传教，又找机会进入内地②。他在抵达澳门翌年给罗马麦尔古里亚诺神父的信中，已直接将澳门称为耶稣港③，又表明："我希望不久中国话能够运用自如，而后用中文撰写要理等书，这是归化他们必须要有的步骤。"④以中文出版来传教，也成了罗明坚深信的有效在华传教策略。

1582年8月，利玛窦被派遣来华协助罗明坚工作。他抵达澳门后发出的第一封信即描述自己急于学习中文的情形："八月我们到达这个港口——澳门。在海中航行一个多月。上主曾让我患重病，整个航行中我不得不睡在床上，托天主的圣宠，一下船，身体便康复了。我立刻学习中文，您要知道中国语文较希腊文和德文都难。"⑤他除了在信中说明"中国文字的构造实难"以外，也提及要和罗明坚一起进入中国和学习中文，"我也要进入中国，和罗明坚神父在一起，对中国语文与文学，我们必须进一步研究"⑥。利玛窦还曾这样概括以书籍出版作为在华传教主要手段的原因：

① 费赖之：《明清间在华耶稣会士列传（1552～1773）》，天主教上海教区光启社，1997。
② 利玛窦、金尼阁：《利玛窦中国札记》，何高济、王遵仲、李申译，广西师范大学出版社，2001，第99页。
③ 罗明坚：《罗明坚神父致罗马麦尔古里亚诺神父书》（1581年11月12日撰于澳门），载《利玛窦全集4——玛窦书信集（下）》，罗渔译，台北光启出版社、辅仁大学出版社，1986，第437页。
④ 罗明坚：《罗明坚神父致罗马麦尔古里亚诺神父书》（1581年11月12日撰于澳门），载《利玛窦全集4——玛窦书信集（下）》，罗渔译，台北光启出版社、辅仁大学出版社，1986，第427页。
⑤ 利玛窦：《利氏致巴都阿德·富尔纳里神父书（P, Martino de Fornari）》（1583年2月13日撰于澳门），载《利玛窦全集3——玛窦书信集（上）》，罗渔译，台北光启出版社、辅仁大学出版社，1986，第31页。
⑥ 利玛窦：《利氏致巴都阿德·富尔纳里神父书（P, Martino de Fornari）》（1583年2月13日撰于澳门），载《利玛窦全集3——玛窦书信集（上）》，罗渔译，台北光启出版社、辅仁大学出版社，1986，第33页。

　　在该帝国中，文化是如此昌盛，以至于在他们之中只有很少的人不会读某种书。他们的所有教派都更应该是以书籍的手段，而不是以在民间的布教和演讲的方法来传播与发展的。这种做法曾为我们的人向基督徒传授必要的日课提供了很大帮助。因为他们或自己阅读或让亲属朋友为其阅读基督教理书时，立即就能牢记心田，而且那里从来不缺乏能阅读书籍的人。[①]

　　可以说，基于对中国"从来不缺乏能阅读书籍的人"的认知，从沙勿略开始，一直到负责指挥和执行最早期中国传教工作的范礼安、罗明坚和利玛窦，都一再确定耶稣会以印刷出版作为在中国传教的最重要手段，而不是当时在印度和日本所采用的口语布道等方法。因此，耶稣会确立的以印刷术作为其在华传教工具的策略，不仅为基督宗教在华传教奠定了基本的策略，也为中国出版史书写了天主教书刊在华出版的一章。作为当时耶稣会进入中国传教据点的澳门，它的出版史，也因此由宗教出版揭开了序幕。这次天主教来华与之前两次的一个最大区别，就在于它与中国出版史密切相关。

第三节　天主之名：中式雕版刻印的早期宣教文献

　　过去对澳门出版史的研究，多以葡人居澳作为起点，当中最流行的说法是像张秀民的《中国印刷史》[②]和吴志良、谭志强合著的论文《中国领土上的第一份外文报纸：澳门的葡文〈蜜蜂华报〉1822～1823》[③]一样，以1588年在澳门出版的拉丁语书籍——《基

---

① 谢和耐：《中国与基督教——中西文化的首次撞击》（增补本），耿昇译，上海古籍出版社，2003，第2页。

② 张秀民在《中国印刷史》书中谓《基督儿童教育》在1590年出版，年份有误，该为1588年。张秀民：《中国印刷史》，上海人民出版社，1989。

③ 谭志强、吴志良：《中国领土上的第一份外文报纸：澳门的葡文〈蜜蜂华报〉1822～1823》，《新闻学研究》第57期，第213～228页。

督儿童教育》（*Christiani Pueri Institutio*）作为澳门出版史的开端。另一个较少为研究者注意的是葡裔学者白乐嘉（J. M. Braga）的考证，他根据在里斯本取得的档案文献，力证《基督儿童教育》只是第一部西方的铅（活）字印刷机印刷的拉丁文书籍，在此之前，耶稣会传教士罗明坚神父（Father Michele Ruggieri, S. J.）已经在1584年用中国的雕版印刷术在澳门印刷过中文书籍——《新编西竺国天主实录》。也就是说，澳门出版业的开端，很可能是由中式雕版刻印出"天主"二字开始的。

　　1579年7月罗明坚抵达澳门后，随即依范礼安的指示，"学习中国话与了解中国的风俗习惯，等待一有机会便往内陆"[1]。1580年11月，当时仍居于澳门耶稣会会院的他，打听到自己有机会跟从葡萄牙人以商人的身份前往内地，同年底开始，罗明坚就数度跟随参与每年两季广州贸易[2]的葡萄牙商人进入广州。基于对中国文化的了解，罗明坚最早进入广州的时候，就教导当时的葡萄牙商人"由尊敬而发生的礼仪是怎样重要"，要求葡人在拜会当时的明朝官员时"要跪着，要磕极深而又经过很长功夫的头"，他本人亦借拜谒官员的机会与当时的明朝官员相识，并由此获准于贸易期间在广州留居[3]。

　　根据罗明坚当年与罗马耶稣会总会的往来书信，罗明坚在1588年以前，也就是在西方活字印刷术传入澳门以前，曾经三次提及自己翻译和出版了宣教作品，最早一次是在1581年。罗明坚

---

① 罗明坚：《罗明坚神父致麦尔古里亚诺神父书》（1581年11月12日撰于澳门），载《利玛窦全集4——利玛窦书信集（下）》，罗渔译，台北光启出版社、辅仁大学出版社，1986，第426页。

② 从1578年（万历六年）起，葡萄牙人获准在每年春秋两季到广州海珠岛参与中国举办的定期交易会，直接与广州的中国商人贸易，春季从每年一月份开始，主要供葡萄牙人开往印度的商船预备货物，秋季从每年六月份开始，供从日本回澳门途中的商队参加。详情可参考黄启臣《澳门历史（自远古—1840年）》，澳门历史学会，1995，第59～60页；又，春秋交易会的具体时间可参考裴化行（H. Bernard）《天主教十六世纪在华传教志》，萧浚华译，上海商务印书馆，1936，第189页。

③ 以上参见裴化行（H. Bernard）：《天主教十六世纪在华传教志》，萧浚华译，上海商务印书馆，1936，第176～182页。

1581 年 11 月 12 日在澳门写给麦尔古里亚诺神父的信件称，罗氏在 1581 年这次在广州小住期间，已经翻译和出版了一册不知名的中文小册子，并且曾同信件一起寄给麦尔古里亚诺神父：

> 一五八一年我曾到广东省会广州小住，曾翻译这本中文小册子（不知他翻译的为何书？），兹只给您寄去一本，使您可以知道中国字的写法，同时对中国人的智慧与能力有所了解，并也晓得天主如何使这外教民族深悉伦理道德，以及如何教育他们的子女去实行。中国人没有哲学，但有生活与行动的格言去遵守奉行。我的拉丁文不精，但相信辞尚能达意，是我在广州百忙中移译与印刷的。这本书不大，与其他的中文与西文著作不可同日而语，但内容丰富，甚受中国学人们的推崇。[①]

罗明坚第二次提及自己的中文翻译与出版工作，是在 1583 年 2 月 7 日于肇庆写给耶稣会总会阿桂委瓦神父的信中，信中提到："去年（1582 年）我曾寄去一本中文书，并附有拉丁文翻译，从它神父您可以知道中文的情形，据说即使中国人为能达到相当水准，也须读十五、二十年不可。"[②]关于这段引文提及的"去年我曾寄去一本中文书，并附有拉丁文翻译"，学者张西平据裴化行（H. Bernard）在《天主教十六世纪在华传教志》中的考据，认为指的是罗明坚 1582 年寄回罗马的中文出版物《三字经》及罗明坚的拉丁文译稿，因为这个《三字经》罗明坚拉丁文译本并未发表，因而未产生影响[③]。之后他报告了自己的中译和布道工作的进展：

① 罗明坚：《罗明坚神父致麦尔古里亚诺神父书》（1581 年 11 月 12 日撰于澳门），载《利玛窦全集 4——利玛窦书信集（下）》，罗渔译，台北光启出版社、辅仁大学出版社，1986，第 430～431 页。

② 罗明坚：《罗明坚神父致阿桂委瓦神父书》（1583 年 2 月 7 日在撰于肇庆），载《利玛窦全集 4——利玛窦书信集（下）》，罗渔译，台北光启出版社、辅仁大学出版社，1986，第 446～447 页。

③ 张西平：《西方汉学的奠基人罗明坚》，《历史研究》2001 年第 3 期，第 106 页。

自我来到中国，迄今已三年了，时常加紧学习中文，目前我已撰写了几本要理书籍，其中有《天主真教实录》（*Doctrina*）、《圣贤花絮》（*Flos Sanctorum*）、《告解指南》或《信条》（*Conefessionario*）与《要理问答》（*Cátechismo*）等，这一切都是遵视察员神父（范礼安）与其他神父的意思而撰写的，并让我印刷，这样把天主教义的大纲介绍给教外人，方能引导他们进教。

我利用明确的自然推论，并配以中国人的比喻给他们讲道，尤其利用我编写的中文小册子。同时天主也助佑，感化一些中国读书人进教，他们会讲葡萄牙文，因此要他们用中文把要理写出来，目前帮忙传教，有一些回家生活，做好教友。只可惜目前对中国话我尚不能运用自如，而且我学的是官话，在澳门用广东话，因此没有机会实习，只有到中国内陆地方才有实习的机会。因此视察员神父要我无论如何，非进入内地不可。[①]

罗明坚第三次记述自己的中译作品，是在 1584 年 1 月 25 日写给耶稣会总会长阿桂委瓦神父的信中：

现在我已校正了我的《新编天主实录》，是用中文撰写的，用了四年功夫，曾呈献给中国官吏批阅，他们曾予我褒奖，要我赶快印刷，越快越好；视察员与其他神父都审察（查）了一番，认为没有问题，也要我快去印刷，只因要改正一些句子，迟延到今年方能出版，如托天主之福今年能出版的话，将把它移译为拉丁文，明年再给神父寄去。[②]

---

① 罗明坚：《罗明坚神父致阿桂委瓦神父书》（1583 年 2 月 7 日在撰于肇庆），载《利玛窦全集 4——利玛窦书信集（下）》，罗渔译，台北光启出版社、辅仁大学出版社，1986，第 446~447 页。
② 罗明坚：《罗明坚神父致阿桂委瓦神父书》（1584 年 1 月 25 日在撰于澳门），载《利玛窦全集 4——利玛窦书信集（下）》，罗渔译，台北光启出版社、辅仁大学出版社，1986，第 456~457 页。

对照这三段罗明坚的自述，从 1581 年起，他应该曾经翻译及出版过：①不知名的中文小册子；②《天主真教实录》（*Doctrina*）、《圣贤花絮》（*Flos Sanctorum*）、《告解指南》或《信条》（*Conefessionario*）与《要理问答》（*Cátechismo*），从书信内容推断，这些具名的作品完成时间在 1582 年至 1583 年 2 月 7 日之间，而且，因为"编写的中文小册子"是日常布道的辅助物，这时已有"中国读书人进教"，而这些早期的教友"会讲葡萄牙文"，"在澳门用广东话"，这些细节都说明，罗明坚这些作品，很可能是用于在澳门耶稣会学校的教学和布道工作的；③1584 年印刷出版的《新编天主实录》。

而且，罗明坚当时的翻译及出版工作还包括利玛窦记录的这一项：1584 年 9 月 13 日，利玛窦在肇庆写给西班牙税务司司长罗曼先生的信中，说明他们有其他的出版活动："我们已印刷了中文的《天主经》《圣母经》《天主十诫》，中国人看后都觉得很好，也很高兴地接受了。"[①]也就是说，当时罗明坚曾经印刷出版的还有中文的《天主经》《圣母经》《天主十诫》三种出版物。这些作品中，除了《新编天主实录》，以往均极少为中文研究提及，更鲜为研究澳门史和早期天主教在华传播史的专著留意，目前可查的，以意大利汉学家德礼贤（Pasquale M. d'Elia）的考证最为重要。

编著了《利学资料》[②]一书的意大利汉学家德礼贤（Pasquale M. d'Elia），曾经翻查各种档案资料，对罗明坚翻译和出版的作品有较为详细的研究。他在《利学资料》（*Fonti Ricciane*）第四章"神父为传教开始接触中国人（1583 年 10 月至 1584 年 11 月）"的第 27 号注释中[③]，详细考证了罗明坚这些作品的翻译和出版状况：

① 利马窦：《利氏致西班牙税务司司长罗曼先生书》（1584 年 9 月 13 日在撰于肇庆），载《利玛窦全集3——玛窦书信集（上）》，罗渔译，台北光启出版社、辅仁大学出版社，1986，第 57 页。

② 又译《利玛窦全集》，方豪采此一译法。由于本书引用了中文版的《利玛窦全集》，为免混淆，除引文外，均将德礼贤此书译为《利学资料》，谨作说明，以下不赘。

③ Pasquale M. d'Ella S. I，"Quadro Storico Sinologico del Primo Libro di Dottrina Cristiana in Cinese，" *AHSI*（*Archivum Historicum Societatis Iesu*）3（1934），pp. 193 – 222.

自 1581 年起，罗明坚在澳门教区长高麦斯（P. Pietro Gomez）之助下，以对话的形式，将教义翻译成中文，写成 Dottrina Cristiana，此书的雏形是三年前做好的拉丁文版本 *come lo prova l'anno della creazione del mondo，che nel latino è* 1547……（《1581 年 10 月 25 日至 12 月 12 日他的翻译家"以其他语言之助"协助其翻译为中文》），（CP，Ⅰ，p. 280，nota）[①]，此为《西〔天〕竺国天主录》的最初版本，手稿于广东和肇庆的满大人间流传（CP，Ⅰ，p. 280 nota；N. 2133）[②]。[③]

德礼贤又在其后的另一篇文章中[④]说明，罗明坚虽然在抵澳后"即认为需要一本神学著作，以跟异教徒展开关系"，可是当拉丁文版本完成后，抵澳才两年的罗明坚，中文水平仍未达到可以自己将圣经内容翻译为中文的水平，所以前文罗明坚书信中提及的中文版本，其实是由罗明坚口述，再由"几个在澳门跟罗明坚有宗教对话的年轻中国人翻译的"[⑤]。他又引述 Alfonso Sanchez 神父的游记《简短关系》印证自己的推论，因为"1581 年他（罗明坚）于该年 11 月 12 日前已去了广东三遍（Ⅱ，404，29）[⑥]，也是第三次向广东总兵呈献中文手稿，因此对话集应该于 1581 年 10 月 25 日

---

① 此为德礼贤原文注释。——引者注

② 此为德礼贤原文注释。——引者注

③ Pasquale M. d'Ella S. I. ，"Storia dell'introduzione del Christianesimo in Cina，" *Fonti Ricciane* (Volume 1 Parte 1：Libri Ⅰ－Ⅲ，Da Macao a Nanciam 1582－1597）（Rome：La libreria dello stato，1942），Footnote No. 27. 上文原文为意大利文，由吕珠玲小姐协助翻译。——引者注

④ Pasquale M. d'Ella S. I. ，"Storia dell'introduzione del Christianesimo in Cina，" *Fonti Ricciane* (Volume 1 Parte 1：Libri Ⅰ－Ⅲ，Da Macao a Nanciam 1582－1597）（Rome：La libreria dello stato，1942）.

⑤ Pasquale M. d'Ella S. I. ，"Storia dell'introduzione del Christianesimo in Cina"，*Fonti Ricciane* (Volume 1 Parte 1：Libri Ⅰ－Ⅲ，Da Macao a Nanciam 1582－1597）（Rome：La libreria dello stato，1942）.

⑥ 此为德礼贤原文注释。——引者注

（Ⅱ，34，n.3）①及同年的 11 月 12 日（Ⅱ，404，1）②之间译好，即短短两个多星期以内！前者的日期是澳门教区长说'对话形式的天主教教义'仍未'译成汉语'及其他欧洲语言，后者的日期是罗明坚在澳门家中写到他给澳门满大人'一份教义'的手稿版本，因此我们可推断翻译就是在这两个日期之间完成的"③。

　　德礼贤的这部分考证，说明 1581 年罗明坚在广州致信麦尔古里亚诺神父时提到的不知名的中文小册子，是 1584 年印刷出版的《新编西竺国天主实录》的最初版本——一个题为《西〔天〕竺国天主录》的手稿中文版本，是由罗明坚口述，再由"几个在澳门跟罗明坚有宗教对话的年轻中国人翻译的"。1584 年印刷出版的《新编西竺国天主实录》至今仍然有原件可查：

　　　　1582 年 3 月 9 日至 12 月 31 日期间，一些神父认为（中文手稿《西〔天〕竺国天主录》）很有价值，范礼安于 12 月 31 日离开澳门前，指示罗明坚尽快印刷，但 1583 年却一直无法成事，到 1584 年此事落到福建秀才之手，在 11 月 25 日至 29 日之间，经王泮润饰，中国第一本神学著作终于出版，这也是欧洲人在中国印刷的第一本书籍。封面写成"天主实录正文"，但真正的书题为《新编西竺国天主实录》，"新编"是因为与之前流传的手稿版本不同。第一版印了 1200 本（N.2219）④，不久再印 3000 本（N.5329）⑤，很快流传全中国，甚至流传到交趾支那（NN.317，1100）⑥。

　　　　这些印刷品之中，只有两份得到整理，现存于罗马耶稣会

---

① 此为德礼贤原文注释。——引者注
② 此为德礼贤原文注释。——引者注
③ Pasquale M. d'Ella S. I. , "Storia dell'introduzione del Christianesimo in Cina," *Fonti Ricciane*（Volume 1 Parte 1：Libri I – III, Da Macao a Nanciam 1582 – 1597）（Rome：La libreria dello stato，1942）.
④ 此为德礼贤原文注释。——引者注
⑤ 此为德礼贤原文注释。——引者注
⑥ 此为德礼贤原文注释。——引者注

档案馆中，两份印刷品的档案编号分别为 "ARSI, Jap. -
Sin. , I, 189" 及 "ARSI, Jap. - Sin. , I, 190"。两份印刷品
的差别极少，编号为 189 的作者没指名道姓，只说是 "天竺
国僧"，但 "190" 除有上述资料外，更写明 "天竺国僧明
坚"。此外，两份的排版与文字整理都一样，唯 "190" 缺了
首页，似乎本来就没有首页，……其他差别微不足道……由于
"189" 没写明作者何人，我相信是印于 "190" 之前，……于
1584 年 11 月 30 日从广东寄到罗马。不过肯定的是，两个版
本即使不是同时印刷，但必定是 1584 年的最初版本。[1]

不过，一如前引罗明坚和利玛窦的书信内容，早在《新编西
竺国天主实录》出版以前，罗明坚应该还刻印了其他中文的宣教
作品，这些作品的出版情况又如何？根据德礼贤在一篇回应汉学
家戴遂良（Léon Wieger）的考证 [2]——《首本中文天主教教义书
籍 1582 ~ 1584》（*Notes sur la première catéchèse écrite en chinois
1582 - 1584*）的文章 [3]，一如前引利玛窦和罗明坚的书信内容，
《新编西竺国天主实录》出版以前罗明坚的确印刷过不同的天主
教经文：

罗明坚于 1579 年 6 月抵达澳门，直至 1581 年中都埋首以
拉丁文写作天主教义，这份手稿可能于 1581 年 10 月 25 日至
11 月 20 日由跟随他的年轻中国人再译成中文，随后几年在不
同的满大人手中流传。1584 年 9 月 13 日，神父印刷十诫、天

---

[1] Pasquale M. d'Ella S. I , "Quadro Storico Sinologico del Primo Libro di Dottrina Cristiana in
Cinese," *AHSI* (*Archivum Historicum Societatis Iesu*) 3, (1934), pp. 193 - 222。上文原
文为意大利文，由吕珠玲小姐协助翻译。——引者注

[2] Léon Wieger, "Notes sur la première catéchèse écrite en chinois 1582 - 1584," *Archivum
Historicum Societatis Iesu*, volumen I (Ian. - Mai. , 1932), pp. 72 - 84.

[3] Pasquale M. d'Ella S. I. , "Storia dell'introduzione del Christianesimo in Cina," *Fonti
Ricciane* (Volume 1 Parte 1: Libri I - III, Da Macao a Nanciam 1582 - 1597) (Rome: La
libreria dello stato, 1942).

主经、圣母经以及可能印刷信经（Credo）的翻译版。[①]

这段引文当中的"十诫"——即《祖传天主十诫》，德礼贤引述另一位汉学家巴托利（Bartoli）说："神父们用中文写成十诫，拿去印刷，数目以千计。"[②]而且，罗明坚曾经印刷《祖传天主十诫》等经文，在其他天主教考证文章中也有记载[③]。汉学家戴遂良（Léon Wieger）的考证认为，罗明坚在中国的第一份印刷品在1582年出版，"由一位学识极少的中国人，透过罗明坚口述而以最基本的文字写出来"[④]。德礼贤虽然对这个看法存疑，认为1582年的时间不正确，但他也认同戴遂良在1584年出版的《新编西竺国天主实录》当中附有《祖传天主十诫》单张的记述[⑤]，因此他也从巴托利神父之说，认为早在1584年罗、利二人定居肇庆以前，《祖传天主十诫》已经印好[⑥]。

利玛窦《中国传教史（上）》的中文译本，记录了罗、利二人在肇庆定居后为学习中文，散发十诫和印刷出版《新编西竺国天主实录》的情况：

> 为了不使一个新的宗教在中华民族中引起嫌疑，耶稣会的神父们，在公开的场合里，从来不谈宗教。除了应酬来往客人之外，大部分时间都消耗在研究中国的语文、写作及风俗习惯上。……基督教会在困难的开始所得到的评价，并不建筑在它教义的真理上，也不在传教士的神圣的生活上，而有时建筑在

---

① Pasquale M. D'Ella S. I. , "Storia dell'introduzione del Christianesimo in Cina," *Fonti Ricciane*（Volume 1 Parte 1：Libri I – III, Da Macao a Nanciam 1582 – 1597）（Rome：La libreria dello stato, 1942）.

② Léon Wieger, "Notes sur la première catéchèse écrite en chinois 1582 – 1584," *Archivum Historicum Societatis Iesu*, volumen I（Ian. – Mai. , 1932）, pp. 72 – 84.

③ Bartoli, *La Cina*, *Terza Parte dell'Asia*（Roma, 1663）, p. 178.

④ Léon Wieger, "Notes sur la première catéchèse écrite en chinois 1582 – 1584," *Archivum Historicum Societatis Iesu*, volumen I（Ian. – Mai. , 1932）, pp. 72 – 84.

⑤ 现在罗马耶稣会档案馆，编号：ARSI, Jap. – Sin. , I, 189。

⑥ Daniello Bartoli, *La Cina*, *Terza Parte dell'Asia*（Roma, 1663）, p. 178.

本身很微不足道的事情上。举例来讲，在神父寓所的图书中有两册教会法典。这两本书的精致的印刷及装订以及封皮上烫金的修饰，使中国学者非常欣赏。这些学者一来不会念其文字，二来又不知其内容，但是他们却敢断定其内容一定非常重要。因为不惜重金，如此装订。同时，他们（得出）结论，文学及科学在欧洲一定评价很高，因此，拥有这些书籍的欧洲人，在文学及科学方面一定超越其他的民族，连中华民族也算在内。他们承认，如果没有亲眼看到，绝不会相信。他们也注意到这两位神父，有了欧洲科学的知识，犹不满足，还不停地，夜以继日地研究中国的科学书籍。他们花钱请来有名气的中国学者，常住在寓所，来教他们，同时他们的图书中充满了中国书籍。无疑地，受过教育的中国人都认为这些欧洲人是有名气的学者。也因了这种名气，使许多中国的高级知识分子，前来要求详细解释十诫的内容。这十诫是神父们随身携带而散发的。①

对照利玛窦《中国传教史（上）》的意大利版原文，德礼贤在"很多中国百姓对神父的教义十分好奇，又对自己的民俗信仰充满疑团，故神父翻译及印刷《祖传天主十诫》，分派给前来询问的人，以借此传播教义"②这一段文字当中的第16号注释，对《祖传天主十诫》印刷版的发现有详细的介绍，但没被利玛窦《中国传教史（上）》的中文译本译出，本书将其内容翻译如下：

　　这是传教士第一本中文刊物，比罗明坚的《新编西竺国天主实录》还要早（cf. N 253）③，故应该完成于1584年11月

---

① 《利玛窦全集1——利玛窦中国传教史（上）》，刘俊余、王玉川译，台北光启出版社、辅仁大学出版社，1986，第135～139页。

② Pasquale M. d'Ella S. I，"Quadro Storico Sinologico del Primo Libro di Dottrina Cristiana in Cinese，" *AHSI*（*Archivum Historicum Societatis Iesu*）3（1934），pp. 193–222.

③ 此为德礼贤原文注释。——引者注

末以前，而同年 11 月 30 日罗明坚将此书的一个副本，连同
《天主经》（*Pater*）、《圣母经》（*Ave*）和《信经》（*Credo*）的
翻译，一并寄到罗马。夏鸣雷神父（P. Havert，II）认为它印
于 1584 年，并声称其名称为《琦（而非畸）人十规》，因而
误导了华嘉①（Prof. G. Vacca），让其以为可从罗马维多里奥埃
曼纽尔二世（Vittorio Emanuele II）国家中心图书馆的馆藏的
利玛窦《天主实义》中找到这份传单（Tacchi Venturi，II，
pp. 544 - 545），但事实是该处藏有的四份《天主实录》均无
此传单，反而有一份叫《畸人十篇》的传单，在四篇前言之
后，有一篇题为《冷石生演畸人十规》（N. 711）②，跟 PCLC，
II，ff. 1 - 4 提及的相同。这篇文章的题目以"十规"取代
"十篇"，令人以为利玛窦于 1584 年不只作了《畸人十篇》，
还写了《畸人十规》，以为那正是《祖传天主十诫》的翻译，
其实"祖传天主十诫"才是唯一的名称。该传单于 1584 年著
的《对话集》中找到，现存于 ARSI，Jap. - Sin.，I，189，那
是一张 54cm * 24cm 的中国纸张，其他资料不详，记录于
WIEGER 的 AHSI，1932，pp. 74 - 84. Cf. CiviltàCattolica，
1935，II，pp. 40 - 42。③

笔者根据罗马耶稣会档案馆的原件，确认《祖传天主十诫》
的内容包括：

一、要诚心奉敬一位天主不可祭拜别等神像

二、勿呼请天主名字而虚发誓愿

三、当礼拜之日禁止工夫谒寺诵经礼拜天主

---

① 华嘉，意大利汉学家。——引者注
② 此为德礼贤原文注释。——引者注
③ Pasquale M. D'Ella S. I.，"Storia dell'introduzione del Christianesimo in Cina," *Fonti Ricciane*（Volume 1 Parte 1：Libri I - III，Da Macao a Nanciam 1582 - 1597）（Rome：La libreria dello stato，1942）——上文由吕珠玲小姐协助翻译。

四、当孝亲敬长

五、莫乱法杀人

六、莫行淫邪秽等事

七、戒偷盗诸情

八、戒谗谤是非

九、戒恋慕他人妻子

十、莫冒贪非义财物①

一如引文中提及的，戴遂良（Léon Wieger）在其《首本中文天主教教义书籍1582～1584》②一文中认为罗明坚在印刷出版《新编西竺国天主实录》以前，的确曾经印刷《祖传天主十诫》等中文经文，只是目前可考的原件，仅为附带在罗马耶稣会档案馆编号为"ARSI, Jap. – Sin., I, 189"《新编西竺国天主实录》中的《祖传天主十诫》。笔者也曾于2010年在罗马耶稣会档案馆查阅这两个文件，因此确信戴遂良和德礼贤的考证：1584年，罗明坚曾经印刷出版《新编西竺国天主实录》，这是欧洲人印刷出版的第一本中文书籍，而在此之前，他们已经用中式雕版印刷过《祖传天主十诫》等中文经文单张。那么，这两种出版物具体是在何时何地印刷的？

白乐嘉（J. M. Braga）的《澳门出版的开端》（*The Beginnings of Printing at Macau*）是少数曾经仔细考证过澳门最早出版物的研究著作。书中引述里斯本阿儒达图书馆（Ajuda Library）的一个档案资料说："在里斯本（葡萄牙首都）的档案中有一文件谓'罗明坚神父在澳门准备了一本宗教要理对话集（catechism），该书后来由一位中国学者用中文抄录，……之后，罗明坚神父将这本中文宗教对话要理印刷，然后将其拿到中国去派发'。不知道有这个文件

---

① ARSI, Jap. – Sin., I, 189.

② Léon Wieger, "Notes sur la première catéchèse écrite en chinois 1582 – 1584," *Archivum Historicum Societatis Iesu*, volumen I（Ian. – Mai., 1932）, pp. 72 – 84.

的书目作者，会凭印象认为这本对话集是在中国内地出版的，而不是在澳门。"①白乐嘉说明德礼贤神父（Pasquale M. d'Elia）在其意大利文专著《利学资料》（*Fonti Ricciane*）中记载了该书可能曾经有两册被寄往梵蒂冈，一册是印在丝绸上的。

不过，白乐嘉的考证在众多以在华天主教发展史或澳门史为主题的专著中并没有被引用。而且，这些专著本身对"欧洲人用中文编写并出版的第一本书"的记述也有很多不一致的地方，从出版地点、年份到书名均有不同的记载。在出版地的问题上，既有说明是广州的，如费赖之的《在华耶稣会士列传及书目》②和萧若瑟的《天主教传行中国考》③，也有认为是在肇庆出版的，如徐宗泽编著的《明清间耶稣会士译著提要》④和顾卫民的《中国天主教编年史》⑤。书名的差异更大，影响力极大的费赖之名著《在华耶稣会士列传及书目》记录的是《圣教实录》（*Cheng Kiao Ché Lou*，*Vraie Relation de la Sainte Doctrine*）⑥，徐宗泽编著的《明清间耶稣会士译著提要》和张西平的《传教士汉学研究》⑦说是《天主圣教实录》⑧，顾卫民的《中国天主教编年史》认为是《天主实录正

---

① J. M. Braga，"The Beginnings of Printing at Macau，" *STVDIA Revista Semestral* No. 12（Separata）（Lisboa：Centro de Estudos Históricos Ultramarinos，Julho 1963），p. 33。该段记述的英语原文为：A document in the Lisbon archives tells us that at Macao Father Ruggieri prepared a catechism which was then written in Chinese characters by a Chinese scholar…Father Ruggieri printed this Catechism in Chinese characters and then distributed it in China"。Bibliographers，not familiar with this old Lisbon document，have been under the impression that this book was printed in China not Macau。

② 费赖之：《在华耶稣会士列传及书目》，冯承钧译，中华书局，1995，第29页。

③ 收入《民国丛书》第一编（11）"哲学·宗教类"卷，上海书店，河北省献县天主堂1931年版影印。

④ 收入《民国丛书》第一编（11）"哲学·宗教类"卷，上海书店，河北省献县天主堂1931年版影印。

⑤ 顾卫民：《中国天主教编年史》，上海书店出版社，2003，第79~80页。

⑥ 费赖之：《在华耶稣会士列传及书目》，冯承钧译，中华书局，1995，第1097页。

⑦ 张西平：《传教士汉学研究》，大象出版社，2005，第20页。

⑧ 收入《民国丛书》第一编（11）"哲学·宗教类"卷，上海书店，河北省献县天主堂1931年版影印。

文》①，林东阳的《有关利玛窦所著天主实义与畸人十编的几个问题》记述的是《新编西竺国天主实录》②，黄启臣的《澳门历史（自远古－1840）》记述的是《天学实录》、后改为《圣教实录》③。

在笔者涉猎的天主教在华传播史著作中，学者方豪的考证最有说服力，引述了最多第一手材料说明问题。根据方豪的考证，"欧洲人用中文编写并出版的第一本书"的正确名称，应该是《新编西竺国天主实录》。方豪在《影印〈天主圣教实录〉序》④中，根据德礼贤的《利学资料》（*Fonti Ricciane*）第一册第197页注释以及罗马耶稣会档案处的书法原刻本，考证了该书在1584年刻印时名为《新编西竺国天主实录》，该书在再版时被命名为《天主圣教实录》。方豪又确认罗明坚是在1581年10月25日至11月12日之间完成该书初稿，在"万历甲申岁八月望后三日"，即1584年9月21日定稿，并于1584年11月21日或25日至29日期间将此书付梓⑤。

对照方豪和白乐嘉的考证，二人均引述了德礼贤的《利学资料》，证明"欧洲人用中文编写并出版的第一本书"为罗明坚所撰并在1584年印刷出版，时间在该年的11月底。不过，方豪在其著述中没有考证《新编西竺国天主实录》的出版地点，白乐嘉则引用了一个未为其他天主教在华传播史学者引用的档案资料，力证该书是在澳门出版的。正如前引，"在里斯本（葡萄牙首都）的档案中有一文件谓'罗明坚神父在澳门准备了一本宗教要理对话集（catechism），该书后来由一位中国学者用中文抄录，……之后，罗明坚神父将这本中文宗教对话要理印刷，然后将其拿到中国去派

① 顾卫民：《中国天主教编年史》，上海书店出版社，2003，第79～80页。
② 林东阳：《有关利玛窦所著天主实义与畸人十编的几个问题》，《大陆杂志》第56卷第1期，第36页。
③ 黄启臣：《澳门历史（自远古－1840年）》，澳门历史学会，1995，第322页。
④ 方豪：《影印〈天主圣教实录〉序》，载吴相湘主编《天主教东传文献续编》，台北学生书局，1966，第25～26页。
⑤ 方豪：《影印〈天主圣教实录〉序》，载吴相湘主编《天主教东传文献续编》，台北学生书局，1966，第25～26页。

发'。不知道有这个文件的书目作者，会凭印象认为这本对话集是在中国内地出版的，而不是在澳门"①。白乐嘉在同页的注释中进一步说明，上面提及的"文件"存放于里斯本阿儒达图书馆（Ajuda Library），档案编号为"Codex 49 – X – 3, f. 3 v"②。白乐嘉提到的这个文件，是葡萄牙裔神父弗郎切斯科·皮雷斯（Father Francisco Pires，S. J.）所著的《历史论集》（Pontos do que me Alembra）。根据《在华耶稣会列传及书目补编》的记载，皮雷斯神父在 1581 年末曾陪同罗明坚神父往广州交易两个月，1632 年在澳门逝世 ③。皮雷斯神父长期在澳门教区工作，又曾陪伴罗明坚进入内地，他的著述的可信度极高。

根据笔者的考证，阿儒达图书馆所藏的《历史论集》为皮雷斯神父的手稿原件，该书被舒特（Josef Franz Schutte，S. J.）收录在 1975 年编辑出版的《耶稣会东方传教文献》，即 Monumenta Historica Japoniae I：Textus Catalogorum Japoniae（1549 – 1654）④ 一书中。皮雷斯神父在《历史论集》中形容，当时在耶稣会院内有一个被称为"宗教对话集之家"（casa de catecúmenos）的房子，那是后来主教的房子，一开始神父和当时的华人学生在房间内用中文写出对话，然后对讲，"后来，这个对话集在房子内印

① J. M. Braga，"The Beginnings of Printing at Macau，" *STVDIA Revista Semestral* No. 12（Separata）（Lisboa：Centro de Estudos Históricos Ultramarinos，Julho 1963），p. 33。该段记述的英语原文为：A document in the Lisbon archives tells us that "at Macao Father Ruggieri prepared a catechism which was then written in Chinese characters by a Chinese scholar… Father Ruggieri printed this Catechism in Chinese characters and then distributed it in China"。Bibliographers，not familiar with this old Lisbon document，have been under the impression that this book was printed in China not Macau。

② J. M. Braga，"The Beginnings of Printing at Macau，" *STVDIA Revista Semestral* No. 12（Separata）（Lisboa：Centro de Estudos Históricos Ultramarinos，Julho 1963），p. 33，注解 7。注解的原文为：See ms. In the Ajuda library at Lisbon，Codex 49 – X –3，f. 3 v.，《Pontos do que me alembra》[by Father Francisco Pires，S. J.]。

③ 荣振华：《在华耶稣会列传及书目补编》，耿昇译，中华书局，1995，第 511 页。

④ Josef Franz Schütte，*Monumenta Historica Japoniae I：Textus Catalogorum Japoniae Aliaeque de Personis Domibusque S. J. in Japonia Informationes et Relationes 1549 – 1654*（Rome：Monumenta historica Societatis Iesu，1975）.

刷好，等广州交易会举行时，由神父跟随葡萄牙商人拿到内地去散发"①。

由此可以肯定，当年罗明坚确实曾经在澳门印刷宗教对话集（catecúmenos），再拿到内地派发，只是，皮雷斯神父所指的对话集究竟是《新编西竺国天主实录》还是更早的《祖传天主十诫》，《历史论集》当中没有明确指出。不过，综合各种文献来看，1584年印刷出版的《新编西竺国天主实录》以及在此前出版的《祖传天主十诫》非常可能是在澳门印刷出版的原因是两地（广州和澳门）的环境差异。

首先，罗明坚虽然早在 1580 年就获准进入内地，可是，当时他都是跟随葡萄牙商人在广州参加贸易，每年两次，每次大概两个月，初期"白天要到城里办交易，晚上都要回到船下过夜"②。罗明坚在 1583 年 2 月 7 日致阿桂委瓦神父的信中曾经提到，因为中国的闭关自守政策，他曾经觉得成功正式进驻内地是不可能的任务：

> ……因此视察员神父（范礼安）要我无论如何，非进入内地不可。但这似乎是不可能的，是超出人力所能做的，因为中国人不喜欢外国人进入，尤其皇帝明文禁止洋人进入——闭

---

① Francisco Pires, "Pontos do que me Alembra," in Josef Franz Schütte ed., *Monumenta Historica Japoniae I: Textus Catalogorum Japoniae Aliaeque de Personis Domibusque S. J. in Japonia Informationes et Relationes* 1549 – 1654 (Rome: Monumenta historica Societatis Iesu, 1975), pp. 385 – 386. 该段内容的葡文原文为：Esteve por mestre alguns annos. Mandou o Padre emprimir o Cathecismo em letra sinica que logo foi espalhado pola China; à fama do qual vinhão muitos ter com o Padre, quando hia com os Por- tugueses a Cantão. Eu fui huma feira com elle: deu-lhe o Aitão huma casinha com hum páteo no campo dos Siames, onde estivemos dous meses que durou a feira. Aqui dizia missa aos Portugueses. Gastava o tempo em aprender a lingoa e letra sinica, e satisfazer as dúvidas dos letrados que lhe vinhão por movidos do Cathecismo. Andava buscando modo pera ficar lá huma vez de asento, mas não foi por então posível. Tornou o Dezembro de 81 com os Portugueses。

② 《利玛窦全集 1——利玛窦中国传教史（上）》，刘俊余、王玉川译，台北光启出版社、辅仁大学出版社，1986，第 115 页。

关自守。虽然如此，我由于服从，仍有几次伴随葡籍商人一块到离此有七十里的港城，名叫广州（原文广东），在那里和中国人交易，但不能长期居留，三个月之久外人都住在船上。为我最不利的是从前有一位葡籍耶稣会神父，曾归化了一位中国青年，想要受洗，这事在广州曾引起了很大的风波，中国监察御史与澳门百姓皆群起干涉，因此海道——该城最高长官下令，今后广州不许"窃夺"中国青年的葡籍神父居留，应把青年归还其父母……①

后来，罗明坚与"海军司令海道"成为朋友，获优待不用回船上过夜，但当时罗明坚要开展传教活动，还是困难重重②。就是1582 年底，罗、利二人数次获准进入内地，因为官方命令的反复和民众的猜忌，他们曾经居无定所，必须小心翼翼，活动的自由度不大③。像 1583 年初进入内地后，罗、利二人原本以为可以获得在中国居住的许可，结果不仅没有获得许可，二人在回程时还发现香山衙门贴出以下告示：

为本省公益为布告事，澳门居民应加注意。据人民诉怨称，近在澳门境内不时有破坏法纪之行为发生，此皆因中国籍翻译员所引起。渠等游说洋人并教授彼等学习中国之生活方式。尤有甚者，根据情报，渠等已说服某些神父学习中国语言，研读中国文字，而今此批神父提出在省会居住要求，并拟修屋建堂。本督郑重声明，此种行径，有损国体，盖吾国绝不会因接纳洋人而获益也。今后如再有翻译人员从事此项工作

---

① 罗明坚：《罗明坚神父致阿桂委瓦神父书》（1583 年 2 月 7 日在撰于肇庆），载《利玛窦全集 4——利玛窦书信集（下）》，罗渔译，台北光启出版社、辅仁大学出版社，1986，第 457 页。

② 《利玛窦全集 1——利玛窦中国传教史（上）》，刘俊余、王玉川译，台北光启出版社、辅仁大学出版社，1986，第 115 页。

③ 《利玛窦全集 1——利玛窦中国传教史（上）》，刘俊余、王玉川译，台北光启出版社、辅仁大学出版社，1986，第 126～150 页。

者，格杀无赦。①

虽然告示贴出一周后他们又获邀前赴内地，可是，从告示的内容可以推断，当时内地官民对传教士仍然有明显戒心，协助传教士学习中文是死罪，二人要在内地用中文刻印书籍应该会有忌讳。因此，在1584年底肇庆知府王泮公开接纳罗、利二人以及协助其刻印利玛窦的地图以前，他们在内地的行动自由应该相当有限，虽然这种限制与他们能否在内地刻印书籍不一定有关。相对而言，二人在澳门时，既可以自由传教，也早有固定的居所，这个居所不单是他们生活和学习中文的基地，也是他们向葡萄牙人以至华人进行布道的重要场所，更是他们招揽华人入教协助翻译工作的地点，因为当时的耶稣会会院，设有华人也能入读的学校。

耶稣会在澳门创办的圣保禄学院（Colegio de São Paulo de Macau）②虽然在1594年才正式成立，可是，"早于1571年，耶稣会已经于名为天主之母的小教堂附近开设小学，教授华人及葡萄牙人子弟写读。……1575年，安东尼奥·瓦兹神父（Antonio Vaz，生卒年不详）任校长，办学成绩骄人，遂成当时名校，家长为子女争相报读。1592年，学生已达二百人。除澳门居民子女外，学生亦包括彼等之童奴"③。

1579年罗明坚抵澳时，已经有不少"到澳门售卖食品和其他粮食的中国人"④入教。由于入教人数增多，罗明坚就在该年，在

---

① 《利玛窦全集1——利玛窦中国传教史（上）》，刘俊余、王玉川译，台北光启出版社、辅仁大学出版社，1986，第125页。
② 在今大三巴牌坊遗址，于1762年关闭。
③ 黄正谦：《十六、十七世纪罗马耶稣会之教育及范礼安（Alessandro Valignano，1539—1606）主导下之东方教士培训》，《汉学研究集刊》第十一期，台湾"国立"云林科技大学汉学所，2010，第159～210页。
④ 利玛窦、金尼阁：《利玛窦中国札记》，何高济、王遵仲、李申译，广西师范大学出版社，2001，第101页。

当时的耶稣会学校——圣保禄公学 ①中建立了一所传教实习所
（Oratorio of St. Martin），"利玛窦称之为'圣玛尔定经言学校'"②。
罗明坚称：

> 我称这座房舍为"经言学校"，因为在这里我们给中国人
> 讲道理付洗。这座学校非常重要，外教人也对它非常佩服，这
> 个学校可谓是归化庞大中国的隆重开始。……
> 目前我正在这里学习中国语文，……这些教友无疑将是最
> 佳的翻译，为传教工作将有很大的助益。③

经言学校既是罗明坚向中国人布道的地方，也是向早期入教的
华人学习中文的地方，而且，这些早期的华人教友，应该也是最早
协助罗明坚翻译宣教单张和圣经的人。这种可以向华人开教的自
由，与当年内地的情况是截然不同的。

再者，按当年利玛窦对于中国印刷术的记载，中式雕版非常方
便，不用到大城市的书坊，"家仆"已经可以充当印工帮忙，因而
对尚未在肇庆稳定下来的二人来说，澳门似乎是个更容易张罗好印
刷工作的地方：

> 他们的印刷比我们的历史悠久，因为在五百年前已经发明
> 了印刷术，但与西方的有所不同。中国字的数目极多，不能用
> 西方的办法，不过现在也采用一种拼凑法。他们最流行的办
> 法，是取梨木或苹果树木板，或枣树木板，因为平滑无节，把

---

① 耶稣会早在 1565 年就在澳门建立了其住院，据学者汤开建的考证，1572 年，澳门的
耶稣会住院扩建，并建立了一所读写学校，即圣保禄公学，也是澳门的第一所学校。
详见汤开建《明清之际澳门与中国内地天主教传播之关系》，《汉学研究》第 20 卷第
2 期，2002，第 35～36 页。
② 汤开建：《明清之际澳门与中国内地天主教传播之关系》，《汉学研究》第 20 卷第 2
期，2002，第 36 页。
③ 罗明坚：《罗明坚神父致麦尔古里亚诺神父书》，载《利玛窦全集 4——利玛窦书信
集（下）》，罗渔译，台北光启出版社、辅仁大学出版社，1986，第 432 页。

要刻的字或画反贴在上面，然后细心把纸拿开，留在木板上的只有字迹。最后用刻刀把字里和字外的地方挖深，只让字迹或画迹凸出。用这样的木板想印多少张就印多少张。这种办法为中国字相当容易，因为常比我们的字大；西方文字用这种办法就不易了。

至论速度，我觉得，西方印刷工人排版与校对一张所用的时间，与中国工人刻一块版的时间不相上下，也许中国工人用的时间还少一点。所以印一本中国书比印一本西文书的费用较低。中国人的办法还有一个优点，即木板常是完整的，何时想印就印，三四年后，也能随便修改，改一个字易如反掌，改几行字也不甚难，只要把木板加以裁接。故此在中国才印了许多书，每人在家都可以印，从事刻版的人数极多。一本书的版刻好后，印起来就不再须（需）多少费用了，就像西方刻过的几本书一样，想要多少，家仆就能印多少。①

上述的环境和技术因素，虽然未能确证罗明坚的早期中文作品是在澳门印刷的，可是，这些因素足以让罗明坚和利玛窦以至其他早期在华的天主教传教士，有条件在澳门的耶稣会会院或学校雇用工人以中式木刻雕版印刷，而且，根据日本学者松田毅一的考证，曾经长期在日本传教的范礼安神父，在1585年从果阿写给耶稣会总会长的信中，同时寄去了在澳门雕版印刷的罗马字与汉字对照的字母表，又在1586年1月14日致耶稣会总会长的信中，明确提到在中国澳门印刷可在日本使用的罗马字本②。这一段考证可以证明，至少早在1585年，耶稣会神父已经将中式的雕版印刷术应用到印刷西欧文字之上。

耶稣会传教士对雕版印刷术的使用，并不仅仅局限在他们的中

---

① 利玛窦：《中国之工艺》，载《利玛窦全集1——利玛窦中国传教史（上）》，罗渔译，台北光启出版社、辅仁大学出版社，1986，第16～17页。
② 村田毅一：《日本巡察记》，转引自戚印平《日本早期耶稣会史研究》，商务印书馆，2003，第228页注2。

文出版活动中。澳门史学者博克塞（C. R. Boxer）曾经分析法裔东方学者考尔迭（Henri Cordier）编写的书目 *L'Imprimerie Sino-Européene en Chine*（Paris，1901），他认为当中有两本被标注为在香山印刷的图书应该是在澳门印刷的。一本为：*Relation Sinceray Verdadera*，Heungshan（but probably at Macao），1712[①]。此书的书名意为"真诚与诚实的关系"，内容是介绍和捍卫葡萄牙在远东享有的保教权，现仍有原件存于葡萄牙，也被收入了《澳门教区档案》[②]。另一本则是：*Jornada que o Senhor Antonio de Albuquerque Coelho…fez de Goa athe chegar a ditta Cide [de Macao]*，by Joao Tavares de Velles Guerreiro，Heungshan（probably Macao）1718。该书记录了澳督古尔路（Antonio de Albuquerque Coelho）从果阿到澳门的行程，现有原件存于美国文尼苏拉图书馆（Manisola Library）[③]。值得一提的是，上述两本书所注明的出版地都是香山（Heungshan）。当时，葡萄牙人在澳门还没有真正实行殖民管治[④]，居澳的华人和华人社区都是归香山县管理的，这说明被注明是在香山（Heungshan）出版的图书的出版地点很可能就是澳门。

　　值得留意的是，这两本书出版的时间，距离第一部西方印刷机第二次离开澳门的 1620 年有近一百年的时间，这说明即使在澳门丧失了西方印刷术的技术条件以后，天主教的传教士还是可以用中国的雕版印刷进行出版活动。最重要的是这些出版物兼有中文与欧洲语言。而且，他们将雕版应用于印刷西欧文字的尝试，早在十六世纪便已开始。

---

① C. R. Boxer，"Some Sino-European Xylographic Works，1662 – 1718，" in *Journal of the Royal Asiatic Society*（London：Royal Asiatic Society，December，1947），pp. 199 – 215.

② C. R. Boxer，"Some Sino-European Xylographic Works，1662 – 1718，" in *Journal of the Royal Asiatic Society*（London：Royal Asiatic Society，December，1947），p. 208.

③ C. R. Boxer，"Some Sino-European Xylographic Works，1662 – 1718，" in *Journal of the Royal Asiatic Society*（London：Royal Asiatic Society，December，1947），pp. 199 – 215.

④ 葡萄牙人是在 1849 年才开始正式在澳门实行管治的，将澳门城区扩大，管理华人；在此之前，澳门的葡人和华人其实是分而管治的，详见吴志良《生存之道——论澳门政治制度与政治发展》，澳门成人教育学会，1998，第 34 页。

这些都说明，十六世纪天主教入华时，以耶稣会为代表的天主教传教士，在 1588 年引入西学——西方活字印刷术以前，曾经以中式雕版进行印刷活动，刻印了他们首次用中文译出的"天主"二字，这才是中西初识时技术交流的起点，十六世纪八十年代初，传教士来华后首先进行的，不是西学东渐，而是东学西用。澳门出版史的开端，很可能是由传教士的中文著作以中式雕版印刷开始的。

第四节　西方活字印刷术首度传入中国

澳门是西方近代活字印刷术最早传入中国的地方，可是，它的第一次传入，几乎只是路过。

白乐嘉在《澳门出版的开端》中，对第一部运抵澳门的西式活字印刷机在亚洲的"行程"有很仔细的记载和描述。这台印刷机在十六和十七世纪曾经两度运到澳门，第一次是为了运到日本，第二次是从日本撤退，等待机会运到马尼拉。

1582 年，四名日本天主教特使到欧洲访问并取得成功。欧洲之行期间，当时的耶稣会远东教务视察专员（Visitor of the Society of Jesus in the Far East）范礼安神父（Alexander Valignano, S. J.）提出，使用印刷机可以辅助日本的传教工作。于是，他们便带了一部西式的活字印刷机回日本。

日本天主教特使在回程时，先停留在途经的果阿（Goa），并在 1588 年印刷了其中一名特使的演说，将之印刷成小册子（little book）。特使团在离开果阿后，在马六甲稍事停留再前往澳门，在 1588 年 8 月 11 日抵达澳门，准备在澳门度过冬季，同时静候日本政府批准特使团赴日 ①。

---

① J. M. Braga, "The Beginnings of Printing at Macau," *STVDIA Revista Semestral* No. 12 (Separata) (Lisboa: Centro de Estudos Históricos Ultramarinos, Julho 1963), pp. 30 - 31.

这次印刷机运抵澳门的时候，总共被用作印刷出版四本书。正如前述，1588 年在澳门出版的拉丁语书籍——《基督儿童教育》（*Christiani Pueri Institutio*），是西方活字印刷术传入中国后印刷的首本图书。该书是博尼法西奥（Juan Bonifacio）用拉丁语编撰的教科书，原来供日本耶稣会修院的学生使用，书中分五个章节，"第一章'有关教育的好处和价值'；第二章'有关年轻人面对的问题'，第三章'有关人类对宗教的需要，特别是年轻人'，第四章'有关忠诚和道德正义'；第五章'贞洁'。范礼安在该书的序文中表示'教会有意透过他们学习拉丁文的同时灌输他们西方神学的道德伦理'。这与中国蒙学读物一样，一边教学童识字，一边塑造他们的道德人格"①。该书的原版 1575 年在法国 Salamanca 出版，后又在西班牙的 Burgos 出版，澳门出版的为第三版，共 252 页 ②。

根据日本上智大学教授川村信三神父（Shinzo Kawamura, S. J. , Sophia University）的研究，"为使日本青年更容易明白天主教教义，范神父特意加插了一些虔诚日本青年的轶事"。这说明该书在澳门印刷时，范礼安曾经对内容做过增补 ③。根据川村神父的考证，澳门版的《基督儿童教育》（*Christian Pueri Institutio*）仅存两本，一本藏于里斯本的阿儒达图书馆（Biblioteca da Ajuda），另一本藏于哥本哈根的 Det Kongelige Bibliotek。澳门中央图书馆现藏有重印自里斯本阿儒达图书馆的《基督儿童教育》，该书是澳门文化局于 1988 年出版的④，现仅存一册于葡萄牙首都里斯本。

---

① 李淑仪：《碰撞与交流——澳门中央图书馆外文古籍提要》，澳门文化局，2013，第 92 页。

② J. M. Braga，"The Beginnings of Printing at Macau，"*STVDIA Revista Semestral* No. 12（Separata）（Lisboa：Centro de Estudos Históricos Ultramarinos，Julho 1963），pp. 30 – 31.

③ Kawamura Shinzo，"Humanism, Pedagogy and Language：Alessandro Valignano and the Global Significance of Juan Bonifacio's Work Printed in Macao（1588），"*O Humanismo Latino e as Culturas Latinas do Extremo Oriente*（International Colloquium held by Inter – University Institute of Macau，January 6 – 8，2005），转引自李淑仪《碰撞与交流——澳门中央图书馆外文古籍提要》，澳门文化局，2013，第 92 页。

④ 李淑仪：《碰撞与交流——澳门中央图书馆外文古籍提要》，澳门文化局，2013，第 91 ~ 93 页。

日本天主教特使团在澳门印刷的第二本书也是以拉丁文写成的，名为《日本使团旅行记》（*De Missione Legatorum Laponensium ad Romanam Curiam Rebusque in Europa，ac toto Linere Animadvertis. Dialogus ex Ephemeride Ipsorum Legatorum Collectus，et in Serra on em Latinum versus，ab Eduardo de Sande Sacerdote Societatis Jesus*）①，该书记录了日本天主教特使团欧洲之旅的种种，现存十二册。据《日本吉利支丹文化史》一书的考证，该书为著名耶稣会传教士孟三德神父（Duarte de Sande）的作品②，但英国有学者将该书翻译成英文时对编著者产生怀疑："他根据耶稣会会士档案中未公开发表的信函文和书本的文体推断，认为该书应该是由范礼安所编，……而译者应是孟三德。"③

根据李淑仪的考证，《日本使团旅行记》全书共有三十四章，是以提问形式编写的，综合记录日本使节团所到之处的地理资讯和当地的社会和民生情况，书的扉页印有以下拉丁字句，意谓该书是"一本在中国皇朝用棉纸和中国纸印制的珍奇和非常珍贵的书籍"，该书"内容虽只有很少部分谈到澳门，但它所有的出版工序都在澳门完成，当中的写工（编辑、翻译）、刻工（封面的图案）、印工和钉装工都由居住在澳的耶稣会会士和澳门的华人完成"④。

另外，该印刷机还至少被用作印刷另一本书，可是，该书的原

---

① 该书原拉丁语名称及出版资料：De Missione Legatorvm Iaponensium ad Romanam curiam, rebusq; in Europa, ac toto ininere animaduersis dialogvs：ex ephemeride ipsorvm legatorvm collectvs, & in sermonem latinvm versv：ab Eduardo de Sande Sacerdote Societatis Iesv：In Macaensi portu Sinici regni in domo Societatis IESV cum facultate ordinarij, & Superiorum. Anno 1590。

② 村田毅一：《日本巡察记》，转引自戚印平《日本早期耶稣会史研究》，商务印书馆，2003，第227页注1。

③ Moran J. F.，"The Real Author of the de Missione Legatorum Laponensium ad Romanam Curiam Dialogus, a Reconsideration," *Bulletin of Portuguese - Japanese Studies*，2001，no. 2，pp. 7－21，转引自李淑仪《碰撞与交流——澳门中央图书馆外文古籍提要》，澳门文化局，2013，第103页。

④ 李淑仪：《碰撞与交流——澳门中央图书馆外文古籍提要》，澳门文化局，2013，第104页。

件已经散佚，只有在文献中 ①被提及过。该书名为 *Sanazario Emendato*，为马斯亚神父（Lorenzo Mexia, S. J.）所著，书名意为"修正"②，为马斯亚神父的诗集。以上三本书都是以拉丁文印刷的，很明显，其目标读者都不是澳门的华人或耶稣会的传教对象——中国人。

1590 年，与日本天主教特使团一起在澳门等候消息的范礼安神父，接获日本政府通知，欢迎其以印度大使之名访问日本。在澳门的印刷机在停留两年左右以后，便被范礼安神父带往日本。1590 年 6 月，范礼安和日本天主教特使团重返日本后，这部"当时欧洲最先进的印刷机器被立即安装在加津佐的神学院，开始印刷《基督教要理书》等一系列的宗教书籍。在以后的岁月里，虽然江户幕府严厉的禁教政策迫使教会学院以及附属印刷厂不断搬迁，但宗教书籍的印刷一直没有停止"③。从 1591 年在日本印刷出版了第一部书开始至 1614 年日本禁教，驱逐天主教徒，印刷机被带回澳门为止，该机器在日本印刷了至少五十四种、最多超过八十种书籍，目前存世的仅有当中的二十九种 ④。

不过，对日本来说，这次耶稣会传教士引入西方活字印刷机，最重要的影响除了出版物，还在于对日本印刷术的推进——制成日文活字。"据说 1590 年运抵日本的西式印刷机随即带来了一套罗马字码，但传教士们没有立即用它来印制西方传教士所熟悉的罗马字版要理书，而是全力以赴地研制主要供日本修士与信徒使用的日本语字码。经过一年左右的努力，行草体汉字与平假

---

① J. M. Braga, "The Beginnings of Printing at Macau," *STVDIA Revista Semestral* No. 12 (Separata) (Lisboa: Centro de Estudos Históricos Ultramarinos, Julho 1963), p. 35, Footnote [11], 该文献为 Cfr. Father Joseph Schutte, S. J. Christliche japanische Literatur, Bilder und Druckblatter in einem unbekannten vatikanischen, Codex ans dem Jahre 1951 in Archivum Historium Societatis Jesus, Vo. . IX, fasc. 2, Rome, 1940, p. 271。

② J. M. Braga, "The Beginnings of Printing at Macau," *STVDIA Revista Semestral* No. 12 (Separata) (Lisboa: Centro de Estudos Históricos Ultramarinos, Julho 1963), pp. 34 – 36.

③ 戚印平：《日本早期耶稣会史研究》，商务印书馆，2003，第 227 页。

④ J. M. Braga, "The Beginnings of Printing at Macau," *STVDIA Revista Semestral* No. 12 (Separata) (Lisboa: Centro de Estudos Históricos Ultramarinos, Julho 1963), pp. 36 – 37.

名的木活字研制成功，随后便在 1591 年印刷了日本教会史上第一本教理书刊本，即加津佐版《基督教要理书》。"①而且，制作日本活字是范礼安在日本进行文字布道的工作计划之一，"在天正少年使节团（即前述'日本天主教特使团'）前往欧洲时，随从中就有日本修士乔治·罗耀拉和曾是金属工艺师的同宿康斯坦丁。他们的使命是前往欧洲学习如何制作金属活字"②。相对当时范礼安指令澳门的耶稣会士在澳门以中式木刻雕版印刷方法刻印宣教书籍，明显可见，耶稣会士并没有真正将西方活字印刷术引入中国的打算，相反，因为中式印刷的方便，以及其更适用于印刷中国文字的特质，可以断言，传教士应用中式雕版印刷是其适应政策的一个部分。

随着 1614 年日本禁止天主教的传播，被驱逐的天主教士将当年由欧洲经澳门带到日本的活字印刷机又带回澳门。这部印刷机在阔别二十五年以后，重临澳门，这是西方活字印刷术第二次来到澳门。这一次在澳门停留的时间达六年。可是，目前可考的产出却非常的少，当时印刷机被安放在葡萄牙人博图（André Botto）和奥伟劳（Manuel Ovello）二人的家中，而非其他天主教的建筑物中。在 1615 年或 1620 年，耶稣会天主圣母教堂（Colegio da Madre de Deus da Companhia de IESV）使用这部活字印刷机在澳门印刷了 *Arte Breue da Lingoa Lapoa*（意译为《日本语小文典》）③。这部在澳门印刷的《日本语小文典》④，根据笔者在哈佛大学燕京图书馆的电

① 戚印平：《日本早期耶稣会史研究》，商务印书馆，2003，第 228。
② 戚印平：《日本早期耶稣会史研究》，商务印书馆，2003，第 228 页注 2。
③ 李淑仪根据 Manuel Cadafaz de Matos 的考证认为该书在 1615 年出版，白乐嘉认为是在 1620 年出版，参见李淑仪《碰撞与交流——澳门中央图书馆外文古籍提要》，澳门文化局，2013，第 13～14 页；J. M. Braga，"The Beginnings of Printing at Macau," *STVDIA Revista Semestral* No. 12（Separata）（Lisboa：Centro de Estudos Históricos Ultramarinos，Julho 1963），pp. 36 - 37。
④ 该书原拉丁语名称及出版资料如下：Arte Breve da Lingoa Iapoa tirada da Arte Grande da mesma lingoa，pera os que comecam a aprender os primeiros principios della… Em Amacao no Collegio da Madre de Deos da Companhia de Iesv. Anno M. DC. XX. In - 4，4 ff. nc. 96 ff。

子古籍部分发现的同名作品 ①推断，该书是 1604 年罗德礼神父
（Father Rodrigues）在日本出版的一本有关日本语文法的拉丁语著
作，在澳门出版时应为再版，该书被誉为研究中古日本语的重要著
作，曾被重印多次，包括 1825 年在法国的重印版本 ②，但澳门印
刷的这一本已经没有原件。该书出版后不久，耶稣会内的神父重提
早在他们离开日本的时候已经做出的将印刷机转售予马尼拉圣奥斯
丁会的决定，于是，印刷机被送往马尼拉，中国史上第一部西方印
刷机结束了在澳门断断续续的出版历史 ③。其间，耶稣会士一共在
澳门出版了四本可考的拉丁语著作，即《基督儿童教育》、《日本
使团旅行记》、《修正》（诗集）及《日本语小文典》，相比该印刷
机在日本时被用来出版的五十四种至八十多种著作的数目，要少很
多。

第五节　早期天主教在澳出版物的意义

回顾本章各节探讨的澳门早期出版活动，我们至少可以归纳如
下几点。

首先，正如本书在导论所指出的一样，以往有关澳门开埠到
1822 年《蜜蜂华报》出版以前这段时期内的新闻出版活动的研究，
不仅数量少，而且不少研究都是语焉不详的，比较完整的研究只有
白乐嘉的《澳门新闻出版之始》。可是，根据本书的考证，白乐嘉
的研究也有需要补充和修正的地方。本章考证了澳门开埠初期，以
耶稣会传教士为主体的出版活动，证明了早在十六世纪八十年代，
澳门的出版史已经随着天主教在华出版史而开始。根据本书研究，

---

① 哈佛大学燕京图书馆的电子古籍藏书，日本部分，网址：https：//books.google.com/
books？id=GB8YAAAAYAAJ&printsec=frontcover&source=gbs_ge_summary_r&cad
=0#v=onepage&q&f=false。
② 该版本在哈佛大学燕京图书馆也有藏本。
③ J. M. Braga, "The Beginnings of Printing at Macau," *STVDIA Revista Semestral* No. 12
（Separata）（Lisboa：Centro de Estudos Históricos Ultramarinos, Julho 1963）, p. 38.

从 1581 年至 1584 年再到 1718 年的一个半世纪中，在澳门出版的书刊，既有以中式木刻雕版印刷的中文传教单张和书籍（像前述《祖传天主十诫》及《新编西竺国天主实录》）、中欧文字并行的工具书（罗马字与汉字对照的字母表）和欧洲文字的图书（像《真诚与诚实的关系》和罗马字母表），也有以西方近代活字印刷术出版的西欧文字著作（《基督儿童教育》）。

其次，从十六、十七世纪雕版和活字印刷术在澳门的应用看，澳门早已具有使用印刷术的条件。前引的中西出版物，虽然都是图书，但从内容看，当中也有接近西方新闻书的著作，像拉丁语的《日本使团旅行记》和记录澳督古尔路从果阿到澳门行程记录的书就是例子。另外，"葡萄牙的第一份期刊是《本宫及来自其他国家的新闻专刊》。该报的第一期于 1641 年 12 月出版"①。此时，澳门已经具备了出版近代报刊的印刷技术。葡人已经据居澳门近一百年，在澳门的葡裔居民亦由最初的四百人以百倍增至四万人②，比回归前葡文报业最繁荣的二十世纪九十年代中期使用葡语的人口③还要多，加上当时澳门是远东重要的商埠和海港，出版刊物的技术条件、人口条件和经济因素都存在，为什么第一份澳门葡文报章到 1822 年才在澳门出版呢？了解过十六、十七世纪澳门的出版事业以后，上述的疑问成了更大的疑团，而这也将是本书余下章节将会探究的问题。

再次，天主教士一开始便视印刷术为传教的辅助工具。当年范礼安从欧洲带来西方活字印刷机的时候，为何没有尝试像他们在日本使用该印刷机铸造日文活字一样，铸造中文活字对这台活字印刷机加以利用？根据白乐嘉的推断和利玛窦的分析，应该是因为当时

---

① J. H. 萨拉依瓦：《葡萄牙简史》，李均报、王全礼译，花山文艺出版社，1994，第 136～215 页。

② 吴志良：《生存之道——论澳门政治制度与政治发展》，澳门成人教育学会，1998，第 85～86 页。

③ 根据澳门政府在 1995 年的统计，澳门的常住人口是四十二万五千人，当中使用葡语的有一万一千九百人，占常住人口总数的百分之二点八。

的传教士认为中国文字适合于应用雕版印刷而不适用于活字印刷。因为一套可以印出书籍的中文活字，要铸造的字太多，而且，当时的耶稣会士认为，雕版印刷术的一大好处是可以保留"作者的美丽中文书法"[①]，传教士对中国书法的仰慕，可以说是中西文化交流史上的一段插曲。耶稣会教士对雕版印刷术的偏爱，是基于雕版能反映作者的美妙书法，他们对中国雕版印刷的应用和吸收，与后来西方发明又传入中国而大行其道的石印技术之间有没有关系，应该是一个值得研究的课题，可以增加我们对中西方在传播技术（印刷术）交流上的认识。

　　最后，如果从文化交流的角度检视这一段历史，可以发现更多值得研究的现象。澳门可考的最早出版活动都与天主教耶稣会传教士在华的传教工作有关。这些活动，最早可以推算到从 1581 年至 1584 年罗明坚出版其个人中文传教书籍开始。自此，耶稣会士既使用了中式木刻雕版印刷术，也引入了西方的活字印刷术。而且，根据 1585 年范礼安在澳门印刷的罗马字与汉字字母表和罗马字本，到 1712 年的《真诚与诚实的关系》和 1718 年澳督古尔路从果阿到澳门行程记录的著作，可以看出，在澳门早期的出版史上，中式雕版曾经扮演了非常重要的角色。它不仅是传教士用以印刷其中文传教著作的工具，同时也是包括传教士在内的西欧人用以印刷中欧文字并行图书的工具，还是印刷罗马字母本的工具。这说明传教士对中国木刻雕版的应用范围，早已扩展到西欧文字的印刷上。以往有不少史家对早期的中西文化交流有一种近乎刻板印象的说法，就是从技术层面言，总是西方的技术被传入然后为东方采用。本章的研究，除考证了澳门的早期出版活动脉络以外，最重要的是，从印刷术使用的角度，证明了除了日后成为汉学研究主体的文化思想上的东学西渐以外，在中西文化最早相遇的时刻，还曾经出现了技术上的"东学西用"——以

---

① J. M. Braga, "The Beginnings of Printing at Macau," *STVDIA Revista Semestral* No. 12 (Separata)（Lisboa: Centro de Estudos Históricos Ultramarinos, Julho 1963）, p. 34.

中国传统木刻雕版印刷术出版欧洲文字书籍。澳门的早期出版活动，就是这种现象的最早明证。

众所周知，德国人谷腾堡（Johannes Gutenberg）在 1450 年前后发明的西方活字印刷术，到十六、十七世纪已经在西方国家引起了种种社会、文化和政治的巨大变革，可是，当传教士将之首次带到中国的时候，雕版印刷术才是他们在华传教工具的主角，西式的活字印刷术没有在中国澳门和内地引起像欧洲一样的影响，也没有它在十九世纪重临澳门时所带来的推动作用。这当中，最重要的原因是当时进行印刷活动的主体——耶稣会传教士有太明确的向华人传教的目标，他们出版物的主要对象都是华人，而当时中国的雕版印刷术又相当发达。利玛窦就曾经明言："他们的印刷技术较我们的还早，但不是用字母，而是雕刻在很佳的木板上。因此书有几页，便雕几块木板，刻书的人技艺熟练，他们雕一块板不比我们排一页书差，而犹过之。"①传教士对中国雕版印刷术的利用，就像他们在传教时采取的"适应策略"一样，最终导致的其实不是中国人的改变，而首先是欧洲人的改变。于是，在澳门的出版史上，才会有以中式木刻雕版印刷欧洲文字的故事。

---

① 《利氏致巴都阿德·富尔纳里神父书》，载《利玛窦全集 3——玛窦书信集（上）》，罗渔译，台北光启出版社、辅仁大学出版社，1986，第 34 页。

第三章　从传教到采访：基督教传入与澳门近代出版事业

如果说天主教耶稣会士在十六和十七世纪两次引入澳门的第一部西式活字印刷机只是历史的一次偶然，他们对中式木刻雕版印刷术和西方活字印刷术的应用，更多的是文化交流的一种现象，没有真正对澳门以及中国的近代印刷和新闻出版业有实质的推动作用，那么，直接受到天主教在华传教工作的成绩感召来华的首位基督教传教士马礼逊（Robert Morrison，1782—1834），则是将近代印刷术真正引进并使之以澳门为根，直接推动中国近代新闻出版业发展的一个开拓性人物，基督教也因此成为建立澳门近代出版事业以至中国近代出版业的一股重要力量。

一直以来，中国新闻史学者对马礼逊在华出版工作的着墨并不多。目前对马礼逊在华出版工作介绍得最详细的是方汉奇主编的《中国新闻事业通史》（第一卷）和台湾学者苏精的《马礼逊与中文印刷出版》。前者介绍了马礼逊早期在华的生活，他的圣经翻译与出版工作，在马六甲出版的首份中文期刊《察世俗每月统记传》的贡献，以及参与《广州纪录报》（*Canton Register*）等英语报章的工作，但书中没有涵盖马礼逊其他重要的报刊出版工作，部分内容也有明显需要修正的地方。后者对马礼逊的出版工作有细致的考据，但由于作者对中国新闻事业史没有足够的了解，书中并没有从新闻事业史的角度对其重要考据做必要的引申。

根据本书研究，马礼逊在十九世纪初曾经从事大量的出版工作，其在澳门出版的中文和英语著作极多，当中有报刊也有书刊。

他不仅创办了中国首份中英合刊的《传教者与中国杂报》（*The Evangelist and Misellanea Sinica*）①，还创办了同时是澳门首份中文报刊和中国境内出版的首份中文报刊的《杂闻篇》。而且，马礼逊还曾经将清朝出版的"京报"，翻译成英文，在澳门出版了《中文原本翻译》（*Translations from the Original Chinese, with Notes*）一书，可见他在华的出版工作涵盖了中文报刊、中英合刊报纸以及译报，这些工作将在本书的第五章和第六章详述。本章的重点，是探讨马礼逊来华后开展的出版工作与澳门近代出版业的关系。

第一节　基督教来华的背景及其与澳门的关系

正如天主教耶稣会来华一样，十九世纪基督教东来传教的最主要动因，不是殖民主义而是宗教改革。殖民者所开辟的航路和殖民地，只为传教士来华提供了交通工具和传教工作的据点，真正驱使他们来华的，首先是宗教改革引发的海外传教欲望。

十八世纪初中期，英国出现了由约翰·卫斯理（John Wesley，1703—1791）创立的循道宗（Methodists）所领导的福音派复兴运动，运动更新了英格兰及其殖民地的宗教生活，改善了穷人的生活，并且激发了十九、二十世纪的海外宣教以及福音派的社会关怀活动②。至十八世纪末，到海外传播基督教精神已经成为热潮，英国的海外传教组织纷纷成立。1792年，英国第一个海外传教组织——浸礼宗广传福音会（即"浸礼会"，又称"浸信会""浸会"，The Particular Baptist Society for Propagation the Gospel among the Heathens）成立，其创办人威廉·克里（William Carey，1761—1834）在浸礼会成立后不到一年，即举家前往印度传教，后因当时英国东印度公司禁止其

---

① 该报长期被认为是马礼逊创办的英文报刊，可是，据本书考证，该报实为在澳门创办的首份中英合刊的报刊，也就是在林则徐译报中提及的《依泾杂说》。关于此一考证，见本书第五章。

② 以上福音派复兴运动内容，参见布鲁斯·雪莱（Bruce Shelley）《基督教会史》（*Church History in Plain Language*），刘平译，北京大学出版社，2004，第375～397页。

在加尔各答居住，威廉·克里以孟加拉的雪兰坡（Serampore）为据点，开启了浸礼会的东方传教史。1799 年，约书亚·马殊曼（Joshua Marshman）和华威廉（William Ward）两位浸礼会传教士抵达雪兰坡，协助威廉·克里。这个"雪兰坡三人组"在其后的四分之一世纪中，在孟加拉及其周边地区建立了宣教站，又将部分圣经内容翻译，同时出版了一些语法书、字典和东方书籍的译本①。

受到威廉·克里的影响②，另一个旨在向海外传教的组织不久亦宣告成立。1795 年 9 月，伦敦传教会（The London Missionary Society）③成立，成为英国第二个海外传教团体。伦敦传教会在成立初期，以南太平洋群岛土著为传教对象，后来逐渐在亚、非等洲开展工作，至 1804 年才决定设立中国布道团，并选派同年才加入该会的马礼逊（Robert Morrison，1782—1834）来华④。

马礼逊在伦敦准备了两年多时间，其间除了学习神学以外，也曾涉猎医学、天文和数学，又在伦敦传教会的支持下，向当时在伦敦的华人容三德（Yong Sam‑tak）学习中文⑤。1807 年马礼逊抵达中国，成为该会派遣到中国的第一位传教士，也是第一位到中国传教的新教传教士。

1807 年 9 月 4 日，马礼逊从英国绕道美国抵达澳门⑥。马礼逊来华前，伦敦传教会主席交付他在华的三个主要任务：学习当地语言、编纂字典和尽可能用中文翻译圣经以造福将来的传教士⑦。可

① 浸礼会成立及到东方传教的经过，参见布鲁斯·雪莱（Bruce Shelley）《基督教会史》，刘平译，北京大学出版社，2004，第 424～428 页。
② C. Silvester Horne, M. A, *The Story of the L. M. S 1795 – 1895*（London：London Missionary Society, 1894），p. 4.
③ 该会的中文名称历来有不同的译法，除了伦敦传教会外，又译"伦敦布道会"或"伦敦宣道会"，本书采第一种译法，谨作说明。
④ Eliza A. Morrison, *Memoirs of the Life and Labours of Robert Morrison*（Vol. I）（Longdon：Longman, Orme, Brown, Green, and Longmans, 1839），pp. 39 – 63.
⑤ 苏精：《马礼逊与中文印刷出版》，台北学生书局，2000，第 8 页。
⑥ 马礼逊抵澳的过程，可参阅 Eliza Morrison《马礼逊回忆录》，顾长声译，广西师范大学出版社，2004，第 30～37 页。
⑦ C. Silvester Horne, M. A, *The Story of the L. M. S 1795 – 1895*（London：London Missionary Society, 1894），p. 122.

是，在马礼逊刚抵达澳门的短短二十四小时内，他就从当时英国的东印度公司人员史当东（George Staunton）等人口中得知，他的任务将会面对三重困难。

首先，当时的中国官方禁止中国人教授外国人中文。清代自康熙末年开始确立禁教政策，禁止天主教在华传教①，虽然，"终康熙朝还没有实行严格的禁教，但康熙帝的禁教政策在历史上产生了深远影响。它成为鸦片战争之前清王朝的一项基本国策，被此后的雍正、乾隆、嘉庆、道光所继承和遵行"②。禁教政策一直到鸦片战争以后，才因为1844年中法两国签订的《中法黄埔条约》而有所改变。马礼逊在华的二十七年（1807～1834年），正值嘉庆和道光两朝，而且，就在马礼逊来华前两年的1805年（清嘉庆十年），在清廷供职、负责在圆明园制造钟表的意大利籍奥斯定会士德天赐（Adeodat de St. Augustin）"因直隶、山东一带传教士在教务问题上有纠纷，欲向传信部（罗马天主教教廷传信部）报告中国教务情况，便将一张传教地图和信件交陈若望（广东的天主教徒），托其带往澳门。陈若望南下路经江西时，被江西巡抚秦承恩部下拿获"③。这次事件发展为"嘉庆年间一大教案"，嘉庆发现康熙末年已经禁止的传教活动在北京和各省仍然存在，于是批准了由大臣拟定的取缔天主教章程④。之后，又因为发生了另外几宗传教士在内地

---

① 康熙禁教主要是基于当时的一场"礼仪之争"。天主教来华初期，以耶稣会士利玛窦为首的传教士提出，在中国传教要顺从中国礼仪，不禁止教徒的祭天、祭孔和拜祖先活动，可是，利玛窦等传教士的这些看法被一部分传教士认为是纵容迷信的行为，并由此掀起了一场中国天主教能否祭天、祭孔和拜祖先的"礼仪之争"。最后，由于当时罗马天主教教宗克莱孟十一世决定不允许上述活动，下令要"强行禁止中国礼仪"，康熙便下令禁教。有关这场"礼仪之争"的研究很多，本书参阅了以下著述：顾卫民：《中国天主教编年史》，上海书店出版社，2003；张国刚：《从中西初识到礼仪之争——明清传教士与中西文化交流》，人民出版社，2003。

② 以上引自吴伯娅《关于清代天主教研究的几个问题》，载"中华文史网"（http://www.qinghistory.cn）《史苑》第六期，文章网址：http://www.qinghistory.cn/qinghistory/research/Index.aspx？id=979&articleid=2945&subarticleid=3085。

③ 顾卫民：《中国天主教编年史》，上海书店出版社，2003，第334页。

④ 章程内容可见顾卫民《中国天主教编年史》，上海书店出版社，2003，第334、335页。

传教的案件，嘉庆下旨规定"澳门地方西洋人除贸易外不得逗遛
（留）传教"，该谕旨的内容如下：

嘉庆十年十一月十二日（1806 年 1 月 1 日）

军机大臣字寄两广总督吴〔熊光〕、广东巡抚孙〔士毅〕，
嘉庆十年十一月十二日奉上谕：

本日朕恭阅皇考高宗纯皇帝实录，乾隆四十九年十一月内
钦奉圣谕，以西洋人蔓延数省，皆由广东地方官未能稽察
（查）防范所致。向来西洋人情愿进京效力者，尚须该省督抚
奏明，允准后遣员伴送来京，何以此次罗玛当家竟公然分派多
人赴各省传教，澳门距省甚近，地方官平日竟如聋瞆（聩），
毫无觉察，自有应得处分。倘嗣后仍有西洋人潜出滋事者，一
经发觉，惟该督抚是问，即当重治其罪。等因。又奉圣谕，以
孙士毅奏委员伴送西洋人德天赐等四人进京当差（朱批：已
敷），嗣后可毋庸选派，俟将来人少需用之时，另行听候谕
旨。等因。仰见皇考禁绝邪说，训诫严明至意。当德天赐等进
京效力之时，在京西洋人已敷当差，即谕令停止选派，可见西
洋人等来至内地，授徒传教，为害风俗，早在圣明鉴察之中。

粤省澳门地方洋舶往来，该国人等自因赴广贸易，与内地
民人勾结始能惑众传教，如果粤省稽查严密，何至私越内地
乎。本年因江西省拿获为西洋人送信之陈若望，及山西省民人
李如接引西洋人若亚敬传教等案，业经根讯明确，分别惩创。
嗣后，著该督抚等饬知地方官，于澳门地方严查西洋人等，除
贸易而外，如有私行逗遛（留）讲经传教等事，即随时饬禁，
勿任潜赴他省，致滋煽惑，其有内地民人暗为接引者，即当访
拿惩办，庶知儆惧。并当晓谕民人等，以西洋邪教例禁綦严，
不可受其愚惑，致蹈法网，俾无知愚民各思迁善远罪，则西洋
人等自无所肆其簧鼓，即旧设有天主堂之处，亦不禁而自绝，
此尤潜移默化之方。该督抚等惟当善为经理，实力稽查，绝其
根株，正其趋向，亦整风饬俗之要务也。将此谕令知之。

钦此。遵旨寄信前来。①

从这个上谕的内容可推知，在马礼逊抵澳时，清廷对国人教授外国人中文是有严厉处分的，这也是马礼逊开展其中文学习生涯的一大难题。

其次，当时在澳门的东印度公司（East India Company）并不容许商人以外的英国人在澳门居住。"这家公司对预定前往他们利益范围内的传教士非常不友善，唯恐传教活动会引起当地社会的变化，从而损及公司的商业利益，即使传教附带的教育对社会底层阶级有启蒙作用，公司仍然担心这会促成底层民众的觉醒与争取权利，将导致当地社会的不安。"②"他们认为，差派传教士前往东部领地，是有史以来由神经错乱的狂热者提出的最疯狂、最浪费、最昂贵、最站不住脚的计划。这种计划除了有害、鲁莽、无用、危险、无利和幻想之外一无是处。"③

最后，当时天主教为葡萄牙国教，澳门也因此奉天主教为正式的宗教，居澳葡人大多信奉天主教，天主教在澳门有很大的影响力。因此，当时的澳门罗马天主教势力不欢迎马礼逊的基督教传教士身份，马礼逊也在日记中多次提及澳门天主教士对他的敌视。

在这种种不利条件之下，马礼逊在抵澳后不久旋即前往广州，以美国人的身份分别在广州的美国商行和法国商行居住了九个月。在此期间，他得到在抵澳时就认识的史当东协助，在广州秘密聘请到中文教师，顺利开始学习中文。1808 年 6 月，史当东又在当时东印度公司办事处的大班（President）罗伯赐（John W. Roberts）的同意下，安排马礼逊到澳门居住，并为他编辑《华英字典》和

---

① 中国第一历史档案馆、澳门基金会、暨南大学古籍研究所合编《明清时期澳门问题档案文献汇编》（一）第 425 条"寄谕两广总督吴熊光澳门地方西洋人除贸易外不得逗留（留）传教"，澳门基金会，2001。

② 苏精：《马礼逊与中文印刷出版》，台北学生书局，2000，第 82~83 页。

③ 布鲁斯·雪莱（Bruce Shelley）：《基督教会史》，刘平译，北京大学出版社，2004，第 427 页。

中译《圣经》的工作提供了支持。1809 年 2 月，马礼逊与当时居澳的玛莉·莫顿（Marry Morton）结婚。同日罗伯赐宣布聘请马礼逊为公司的翻译。从此，马礼逊得到在华的正式居留权，可以以合法身份在澳门和广州两地居住，他在出任东印度公司的译员的同时，学习中文、编辑《华英字典》、翻译《圣经》以及秘密地进行家庭礼拜和印刷传道工作 ①。

第二节　马礼逊早期出版活动考：中式雕版印刷的宗教书刊

马礼逊来华后的出版工作可分为三个阶段。第一个阶段是他在 1807 年抵达中国后不久展开的，此时的出版物以中文印刷的宣教书籍和单张为主；第二个阶段以 1814 年马礼逊在东印度公司的支持下出版《华英字典》及在澳门成立印刷所为起点，此时马礼逊在澳门的出版物以英语为主，中文的宣教书籍和单张则转往马六甲的英华书院出版；第三个阶段从 1833 年他在澳门成立马家英式印刷所开始，这一阶段马礼逊出版的有中英文的图书、刊物和单张，还承印别人的刊物。本节探讨的主要是马礼逊早期的出版工作及其意义，马礼逊另外两个阶段的出版工作将在本章的第三节、第四节讨论。

目前通行的说法是，马礼逊在华的最早印刷出版物是 1810 年在广州或澳门以中文雕版刊印的一千册《耶稣救世使徒行传真本》（*Acts of the Apostles*）②。不过，根据马礼逊本人在日记中的记载，他的中文出版活动可以追溯到 1809 年，而且，这些出版活动都发生在澳门。

马礼逊在 1808 年底写给伦敦传教会董事会的报告中，说明了

---

① 此段经过，参阅 Eliza Morrison《马礼逊回忆录》，顾长声译，广西师范大学出版社，2004，第 38 ~ 55 页。至于东印度公司协助马礼逊及聘其为译员的原因，可参考苏精的考证，详见苏精《马礼逊与中文印刷出版》，台北学生书局，2000，第 82 ~ 89 页。

② 苏精：《马礼逊与中文印刷出版》，台北学生书局，2000；李志刚：《基督教与近代中国文化》，台北宇宙光出版社，1989。但李志刚书中将出版年份误记为 1811 年。

两个他当时正在从事的出版活动，分别是：第一，他编写的中文文法已经完成，"正在等待印刷"；第二，他所翻译的《新约全书》也已完成了一部分，"也在等待印刷"。他还在报告中明言："如果将已准备的书稿送去印刷，将会需要大笔支出。现在只有静待董事会的指示和拨款后，我方能进行此工作。"他还要求伦敦传教会董事会在回函时确认他出版《华英字典》和圣经一部分的计划①。

当时，往来中国和英国的邮递还不发达，伦敦传教会在 1809 年初才收到马礼逊的这封信。该会在 1809 年 1 月 9 日给马礼逊确认他的出版计划的回信，马礼逊到了 1809 年 12 月 4 日在广州的时候才收到。在此期间，马礼逊的日记中有一段出版活动的记录。根据马礼逊的日记，来华前已经在英国伦敦教授他中文而后来又在广州重遇的容三德，在 1809 年 3 月 5 日和当时教马礼逊"孔夫子书"的老师，曾经到马礼逊在澳门的家中去探访。当日，容三德从马礼逊家中"带走了一份印好的福音书打算走私进入广州，但被广州海关官员发现，随即将他扣留"②。容三德一直到该年 3 月 10 日，才以交纳 700 元罚款的代价获释。马礼逊曾因为担心当时广东的代理总督会到来彻查③，只好将"所有的中文书籍等物藏到别处去"④。

马礼逊在 1809 年 12 月 4 日写给伦敦传教会董事的信中报告，除了《四福音书》以外，他还翻译了圣经新约中的《使徒行传》《罗马人书》《哥林多前后书》《加拉太书》《腓力比书》《歌罗西书》《帖撒罗尼迦前后书》《提多书》《腓利门书》，又购买了包括

① Eliza Morrison：《马礼逊回忆录》，顾长声译，广西师范大学出版社，2004，第 51 页。
② 马礼逊："1809 年 3 月 5 日"日记，转引自 Eliza Morrison《马礼逊回忆录》，顾长声译，广西师范大学出版社，2004，第 61 页。
③ 当时葡萄牙对澳门还没有真正地实行管治，在澳门的华人和葡人分别归清朝政府和澳门当局根据各自的法律管理，而且，清廷对澳门还有不少管治权，清廷官员也常前往澳门执行任务，这方面可以参考以下书籍：徐萨斯（Montalto de Jesus）：《历史上的澳门》（Historic Macau），黄鸿钊、李保平译，澳门基金会，2000；吴志良：《生存之道——论澳门政治制度与政治发展》，澳门成人教育学会，1998。另外，马礼逊在澳门期间，确实发生过清朝官员进入在澳门的东印度公司印刷所搜查的事件，详见本章第四节。
④ Eliza Morrison：《马礼逊回忆录》，顾长声译，广西师范大学出版社，2004，第 61 页。

中国经典作品、天文、地理、律例、历史、宗教、解剖学和中医等
1229 册中文书籍 [①]。因此，1809 年 3 月 5 日以后，马礼逊因为担
心广东代理总督调查而收藏起来的中文书籍，应该包括这 1229 册以
及他在 1809 年 3 月 5 日日记中所记录的"印好的福音书"。

　　根据马礼逊在 1808 年底写给伦敦传教会董事会的报告，这
"印好的福音书"应该就是当年他已经翻译好正等待印刷的圣经中
译的一个部分。有关这份福音书的详情以及容三德被释放以后的情
况，都不见于已出版的《马礼逊回忆录》中的其他日记、信函和
提交给伦敦传教会的报告。不过，伦敦大学亚非学院图书馆内藏有
1835 年 3 月号的《亚洲学会杂志》（*Asiatic Journal*）所刊载的悼念
马礼逊文章，文章的最后一页记录了一个马礼逊出版名录，并说明
这些出版物都是前面的悼念文章中没有提及的。名录中的大部分出
版物，确实不见于今天的大部分马礼逊出版活动记载 [②]，而名录中
的第九个出版物名为《第一使徒圣彼得行传》（*A Work on the 1ˢᵗ*
Epistle of St. Peter）[③]，与马礼逊 1810 年出版的《耶稣救世使徒行
传真本》有明显的继承关系，《耶稣救世使徒行传真本》介绍的是
包括圣彼得在内的耶稣十二个门徒的故事。因此，笔者推断，马礼
逊日记中记录的"印好的福音书"很可能就是《亚洲学会杂志》
悼文中提及的《第一使徒圣彼得行传》。有关这次印刷的福音书，
从目前资料推断，至少还有以下的可能。

　　第一，早期协助马礼逊写样付刻的助手蔡轩（Tsae Heen, Low
Heen，一译"蔡兴"）[④]，有一名叫蔡高[⑤]（Tsae K'o, A Fo）的弟

---

① Eliza Morrion：《马礼逊回忆录》，顾长声译，广西师范大学出版社，2004，第 58～59
　页。

② 这部分将在本书第五节补充。

③ 伦敦大学亚非学院图书馆档案：CWM/LMS. China. Personal Box. Robert Morrison,
　Paper. Box 2。

④ 本书从华人基督教史人物字典（http：//www. bdcconline. net/zh-hant/stories/by-
　person/c/cai-gao. php）的译法，即采"蔡轩"的译法，谨作说明。

⑤ 又译蔡轲，因澳门至今仍有蔡高中学纪念这位最早的基督徒，本文统一采用蔡高的
　译法。

弟，他 1814 年在澳门受洗，成为中国第一位基督教信徒[①]，1818年 10 月因肺病而死[②]。蔡高是雕版工匠，曾经为马礼逊刻书。蔡轩、蔡高和他们的另外一位弟弟蔡运（A Yun）都是在 1808 年由容三德介绍给马礼逊认识的，三人都曾经长期与马礼逊交往，根据马礼逊日记的记载，蔡高曾经为马礼逊刻印传教书籍与单张[③]。

第二，马礼逊的日记显示，早在来华半年时，他已经着手出版工作，"在 1808 年 4 月间几度打听印刷的市价行情，并向伦敦的理事会保证不会花费太多。1809 年 6 月，他又想雇用一名专属的华人印刷工匠，后来觉得时机未成熟而作罢。根据数年后第二位来华传教士米怜（William Milne）的说法，马礼逊甚至设法取得整套工具，亲自学习刻板技术，后来发现这样一心二用，反会影响更重要的中文学习与传教，才放弃念头"[④]。这些马礼逊早期的出版尝试，也很可能与这份"印好的福音书"有关系。

目前，有详细记录又有原件可证的马礼逊在华最早的出版物，是 1810 年用中文印刷出版的《使徒行传》。这次出版活动，最早记录于马礼逊在 1809 年底写给克罗尼牧师的信件中。在信中，马礼逊提到他命助手蔡轩去印一千份《使徒行传》，蔡轩欺骗他，要他付高出一般价钱 25～30 英镑的印刷费，其后蔡轩又主动把此事告诉马礼逊，并且承认错误[⑤]。

这个中文版《使徒行传》，是马礼逊以他从伦敦带来的一名天主教教士翻译的圣经中文版本为基础翻译而成的。它的成功出版，被当年的伦敦传教会视为其海外传教活动的巨大成功，该会的文件中形容，"对每一位圣经爱好者来说，这样终于可使人口庞大的中

① Eliza A. Morrison, *Memoirs of the Life and Labours of Robert Morrison*（Vol. I）（Longdon: Longman, Orme, Brown, Green, and Longmans, 1839）, pp. 408 - 409.

② Eliza A. Morrison, *Memoirs of the Life and Labours of Robert Morrison*（Vol. I）（Longdon: Longman, Orme, Brown, Green, and Longmans, 1839）, p. 531.

③ Eliza A. Morrison, *Memoirs of the Life and Labours of Robert Morrison*（Vol. I）（Longdon: Longman, Orme, Brown, Green, and Longmans, 1839）, pp. 439 - 441

④ 苏精：《马礼逊与中文印刷出版》，台北学生书局，2000，第 12～13 页。

⑤ Eliza Morrison：《马礼逊回忆录》，顾长声译，广西师范大学出版社，2004，第 65～66 页。

国，得以阅读一部分中文版的圣经了"[①]。此后一直至 1814 年，马礼逊一共用中文出版了至少九种传教书刊，包括：1810 年的《耶稣救世使徒行传真本》（即《使徒行传》）、1811 年的《神道论赎救世总说真本》、1812 年的《圣路加氏传福音书》、1812 年的《问答浅注耶稣教法》、1813 年 2 月 18 日的《厄拉氏亚与者米士及彼多罗之书》、1813 年的《耶稣基利士督我主救者新遗诏书》、1813 年的《耶稣基利士督我主救者新遗诏书》、1814 年的《古时如氏亚国历代略传》。这些出版物的出版地在澳门抑或广州，历来有不同的说法，这些书刊可按出版时间顺序排列如表 3－1 所示。

表 3－1　马礼逊早期（1810~1814 年）中文著作目录*

	名称	日期	出版地	说明
1	耶稣救世使徒行传真本（Acts of the Apostles in Chinese）	1810 年	澳门或广州	木刻,线装一册,剑桥大学图书馆藏本。英文题记说明在广州出版,但据本书考证,应在澳门出版。楷体大字疏朗,蔡轩所书
2	神道论赎救世总说真本	1811 年	澳门或广州	木刻,线装一册,大英图书馆、牛津大学图书馆及哈佛大学燕京图书馆藏有大字本,牛津大学图书馆及哈佛大学燕京图书馆又藏有后刻小字本。藏本没有注明出版地,据本书考证,应在澳门出版。楷体大字疏朗,蔡轩所书
3	圣路加氏传福音书（The Gospel according to St. Luke'to the Missionary Society）	1812 年	澳门或广州	木刻,线装一册,剑桥大学图书馆藏本。据本书考证,应在澳门出版。楷体大字
4	问答浅注耶稣教法	1812 年	澳门或广州	木刻,线装一册,大英图书馆、伦敦大学亚非学院图书馆及哈佛大学燕京图书馆藏大字本,伦敦大学亚非学院图书馆及哈佛大学燕京图书馆又藏有小字本。英文题记说明在广州出版,据本书考证,应在澳门出版。楷体大字

① Eliza Morrison：《马礼逊回忆录》，顾长声译，广西师范大学出版社，2004，第 69 页。

	名称	日期	出版地	说明
5	厄拉氏亚与者米士及彼多罗之书	1813 年 2 月 18 日	澳门或广州	木刻,线装一册,剑桥大学图书馆藏本。英文题记说明在广州出版,据本书考证,应在澳门出版。字体无说明
6	耶稣基利士督我主救者新遗诏书	1813 年	澳门或广州	木刻,线装八册,大英图书馆藏本,楷体大字书写。没有注明出版地,据本书考证,应在澳门出版。楷体大字,蔡轩所书
7	耶稣基利士督我主救者新遗诏书	1813 年	澳门或广州	木刻,线装四册,大英图书馆藏本,宋体小字书写。没有注明出版地,据本书考证,应在澳门出版。宋体
8	古时如氏亚国历代略传	1814 年	澳门或广州	木刻,线装一册,大英图书馆、伦敦大学亚非学院图书馆及哈佛大学燕京图书馆藏本。没有注明出版地,据本书考证,应在澳门出版。宋体
9	养心神诗	1814 年	澳门或广州	木刻,线装一册,大英图书馆藏本英文题记为 1818 年在广州出版,据本书考证,应在澳门出版。宋体

  ＊此目录是根据苏精《马礼逊的中文印刷出版活动》一文,结合笔者在伦敦大英图书馆、剑桥大学图书馆和伦敦大学亚非学院图书馆考证制作的,苏精的考证订正了包括伟烈亚力（Alexander Wylie）的《来华基督教传教士纪念集》（*Memorials of Protestant Missionaries to the Chinese*, Shanghai, 1867）在内众多前人研究的内容,详见苏精《马礼逊与中文印刷出版》,台北学生书局,2000,第 20～22 页。

　　这个目录所收入的,应该说还不是 1814 年及其以前马礼逊主持印刷的中文出版物的全部。据目前的文献看,他还曾经在刻印这些书刊的时候,印刷过传教单张。像他在 1811 年 1 月 7 日写给伦敦传教会的信中,就说明在《使徒行传》成功印刷的同时,他"还付印了 1000 张传教单张"①,只是,这个单张的内容和下落,像前述那"印好的福音书"一样,不见于马礼逊其后的书信和报

<hr>

　　①　Eliza Morrison:《马礼逊回忆录》,顾长声译,广西师范大学出版社,2004,第 68 页。

告，也没有找到任何的原件，目前唯一的线索是前述的《亚洲学会杂志》中提供的马礼逊著作目录。

　　上列马礼逊的中文出版物当中，像 1810 年出版的《耶稣救世使徒行传真本》，虽然该书的原件上刊有英文题记"printed at Canton, 1811 by Mr. Morrison"，可是，该题记的年份有误，应为 1810 年，而曾经查阅原件的苏精也无法确定出版地，只能说"不是广州就是澳门"①，再加上此后马礼逊在澳门东印度公司印刷所出版的英语出版物当中，也有将澳门出版的在题记中说成是在广州出版的例子②，因此，这个题记的资料不完全可靠。不过，最能说明这批出版物是在澳门出版的，是当时澳督的态度。

　　1813 年 7 月 4 日，伦敦传教会应马礼逊要求派遣来华协助其工作的第二位基督教新教传教士米怜（William Milne）与其新婚夫人一起抵达澳门，马礼逊随即与米怜一起拜会当时澳门的法官和澳督，希望为米怜留在澳门做准备。马礼逊在同年 7 月 5 日的日记中，记录了他去拜会一名在日记中没有说明名字的先生 ③，"请求他批准米怜在此居留"，结果，那位先生"断言说无人可以在澳门居留，只有在此纯粹经商的英国人方始准予居留"。那位先生又对马礼逊说："澳门的中国官员禁止在澳门设置宗教机构的，等等"。"他最后同意不积极干预，而考虑让米怜先生作为一位要学习中文的学生逗留澳门"。在同一天的日记里，马礼逊还写道："可是，米怜夫妇到达澳门的消息不胫而走，在澳门，不论是英国人还是葡萄牙人，都对他俩抱敌视态度。我相信教会（天主教会）已经向澳督告状，最后，立法会（议事会）议开会讨论后全体表决：'米怜先生不得

①　苏精：《马礼逊与中文印刷出版》，台北学生书局，2000，第 12 页。
②　详见本章第三节。
③　根据日记内容和马礼逊抵澳初期的活动推断，该位先生应是当时的澳督花利亚（Bernardo Aleixo de Lemose Faire）。因为马礼逊在 1813 年 7 月 9 日的日记中曾经说，花利亚在"几天前接见我时非常客气，谈了差不多一个小时，但今天对我却非常冷淡"。详见 Eliza Morrison《马礼逊回忆录》，顾长声译，广西师范大学出版社，2004，第 89 页。

居留澳门'。"①

在澳门议事会表决不让米怜留在澳门的四天后，当时的澳督花利亚（Bernardo Aleixo de Lemose Faire）传召马礼逊，并对马礼逊明言，米怜必须在八天之内离开澳门。马礼逊当时曾单膝向花利亚下跪，"恳求他不要坚持下达这道命令，盼能延长米怜在澳门的居留"②，结果花利亚重申只有从事商业活动的英国人和葡萄牙人才可以居留，而且让米怜留下会违背天主教的信仰。接着，花利亚说："过去曾有人要求我取缔你马礼逊居留在澳门，因为你在此刻印中文书籍。但我出于对你的私人友谊，克制自己不向立法会（议事会）提出你的问题。"③最后，花利亚只是将米怜留澳的期限由八天改为十八天，但还是不允许米怜居留在澳门。

上面一段引自马礼逊1813年7月9日日记的对话，说明马礼逊与当时的澳督花利亚具有"私人友谊"关系。花利亚曾经三次就任澳门总督。第一次是从1783年至1788年，第二次是从1806年至1808年，第三次是从1810年至1814年。也就是说，早在马礼逊1807年初次抵达澳门的时候，他和花利亚很可能已经相识。不过，上面一段引文最重要的是说明了当时马礼逊在澳门"刻印中文书籍"，而且当时的澳督对此也是知情的，只是基于私人友谊关系没有对马礼逊的出版行为进行任何的干预。也就是说，前述马礼逊在1814年以前刻印的九种中文书籍，尤其是1813年以前刻印的七种书籍，至少有一部分是在澳门印刷的。

另外，当时清廷对天主教的种种禁令也增加了马礼逊在内地印刷出版的难度。除了前文引述的"嘉庆十年十一月十二日"上谕以外，1811年（清嘉庆十六年），嘉庆再次下谕旨重申严禁内地人民信奉天主教，又颁布惩治条例。这些条例，最后还经刑部正式写入《大清律例》当中，其内容如下：

① Eliza Morrison：《马礼逊回忆录》，顾长声译，广西师范大学出版社，2004，第89页。
② Eliza Morrison：《马礼逊回忆录》，顾长声译，广西师范大学出版社，2004，第89页。
③ Eliza Morrison：《马礼逊回忆录》，顾长声译，广西师范大学出版社，2004，第89页。

西洋人在内地传习天主教，私自刻印经卷，倡立讲会，蛊惑多人，及旗人等向西洋人转为传习，并私立名号，煽惑及众，确有实据，为首者拟绞立决，其传教煽惑而人数不多，亦无名号者，拟绞监候，仅止听从入教不知悛改者，发新疆给额鲁特为奴，旗人销除旗档。如有妄布邪言，关系重大，或持咒蛊惑诱污妇女，并诓取病人目睛等情，仍临时酌量，各从其重者论。至被诱入教之人，如能悔悟，赴官首明出教者，概免治罪；若被获到官始行悔悟者，于遣罪上减一等，杖一百，徒三年；倘始终执迷不悟，即照例发遣，并严禁西洋人在内地置买产业，其失察西洋人潜住境内并传教惑众之该文武各官，交部议处。[1]

上面的谕旨和惩治条例，除了明确禁教方针及对违旨者的处罚以外，最重要的是将防止传教士私入内地的责任加诸两广总督身上，"倘嗣后仍有西洋人潜出滋事者，一经发觉，惟该督抚是问，即当重治其罪"。由此可以推断，马礼逊来华初期，广东当局对传教活动就相当警惕，而且马礼逊对此也是知情的，像上面的惩治条例就曾经被马礼逊翻译为英文，连同信件一同寄回伦敦传教会[2]。所以前文提及的在 1809 年 3 月马礼逊的中文老师容三德曾经因为将马礼逊澳门家中一份"印好的福音书"走私进入广州而被捕一事，也可以说明当时马礼逊要在广州印刷出版，确实比在澳门困难得多，也反证了因为与澳督具有私人友谊关系，他曾经在澳门从事中文出版工作的极大可能。

总的来说，正如本书多次提到的，以往学者普遍认定 1822 年出版的《蜜蜂华报》（A Abelha da China）为澳门出版的第一份报纸，当中最重要的根据是葡萄牙两项有关出版的法令：1737 年颁

---

① 见《钦定大清会典事例》，转引自顾卫民《中国天主教编年史》，上海书店出版社，2003，第 343 页。

② Eliza Morrison：《马礼逊回忆录》，顾长声译，广西师范大学出版社，2004，第 79 页。

布的禁止葡萄牙海外属地（各殖民地）出版的法令以及 1768 年开始实行的新闻检查（预检）制度。该两项制度都规定只有葡萄牙本土可以进行合法出版工作，其他地方不容许出版任何刊物。这项法令一直实行到 1820 年 8 月 24 日，因为葡萄牙本土拥护宗教的立宪派（即改革派）起义成功，推翻帝制，创立了君主立宪制度，并颁布了宪法，葡萄牙的立法机关决定解除出版禁令，葡萄牙的各个海外省也随即有了出版自由。可是，马礼逊在东印度公司印刷所成立以前的这段中文出版经历，已经有力地驳斥了在《蜜蜂华报》出版以前澳门因为出版法令的限制而没有出版活动的说法，并说明当时澳门虽然还在禁止出版令的管治之下，却并非完全没有印刷活动。马礼逊可以在澳门找到中文印刷商的帮助，印刷数量达至数千册的图书，说明那时的澳门，或那时仍由香山县管理的澳门华人社区，存在着印刷活动。最重要的是，他们的工作，看来不受澳门葡萄牙当局禁止出版的法令影响。不过，在《蜜蜂华报》出版以前，马礼逊在澳门进行的其实还有英语书刊的出版活动，这将在下文继续探讨。

第三节　东印度公司印刷所时期：中国境内第一所
西式印刷所

1814 年，应澳门东印度公司的要求，英国东印度公司董事会决定派出印刷工人汤姆斯（Peter Perring Thomas）带同一部印刷机及相关器材来澳。汤姆斯在 1814 年 9 月抵达澳门 ①，澳门东印度公司印刷所由此成立。这家印刷所，就是中国境内设立的第一家西式印刷所。虽然这家印刷所不是由基督教机构直接成立的，可是，由于其与马礼逊有密切关系，所以也归入这一章。

作为中国境内设立的第一家西式印刷所，澳门东印度公司印刷所与西方的近代印刷传入中国有极大的关系，其影响也极为深远。

---

① 苏精：《马礼逊与中文印刷出版》，台北学生书局，2000，第 89 页。

本节的研究显示，这家印刷所的出版物至少具有四个重要性。第一，像马礼逊早期的出版物一样，澳门东印度公司印刷所的早期出版物是在《蜜蜂华报》出版以前澳门具有出版活动的另一个明证。澳门的近代出版史，应该以此为起点。第二，印刷所最早的出版物之一——马礼逊的《中文原本翻译》（*Translations from the Original Chinese, with Notes*），像林则徐的"澳门新闻纸"一样，是由译报辑录成书的，马礼逊翻译的是当时的"京报"内容，这是迄今发现的以西方读者为对象的最早的"京报"英译出版物。第三，印刷所的其他出版物，像广告与告示，丰富了我们对当时澳门社会传播活动的认识。第四，所有的这些出版物，都是近代东西文化交流的重要见证。

不过，以往有关这所印刷所的研究并不多，目前最重要的研究，是葡裔学者白乐嘉（J. M. Braga）的《澳门出版的开端》（*The Beginnings of Printing at Macau*）以及台湾学者苏精的《马礼逊与中文印刷出版》两本专著。白乐嘉和苏精的研究，均参阅了藏于英国的伦敦传教会和东印度公司的档案资料。本节内容也多参考二人的研究，并在二人所提供的线索基础上，加入了笔者在伦敦参阅刊物原件所做的修正。

东印度公司成立澳门印刷所最直接的原因是为了印刷马礼逊的《华英字典》。正如前文提及，编辑字典是伦敦传教会在马礼逊来华前交付给他的学习中文和翻译圣经两者以外的另一个任务。早在来华以前，马礼逊就在伦敦的皇家学会（Royal Society）借得一本拉丁文和中文字典，并且抄写了当中的主要部分，作为自己编纂字典的参考 ①。来华不到两个月，马礼逊发现当时中国人使用的是《康熙字典》，便开始抄写字典的内容；其后，他又从东印度公司的医生皮尔森（Alexander Pearson）处借得另一部拉丁文和中文字典，便以这两部拉丁文和中文字典连同《康熙字典》一起，作为

---

① 　William Milne, *A Retrospect of the First Ten Years of the Protestant Mission to China* (Malacca: Anglo - Chinese Press, 1820), pp. 55 - 56.

他编纂《华英字典》的基础，积极开展编写工作①。

不过，东印度公司印刷所得以成立，最主要的原因还是当时的公司大班（President）罗伯赐（John W. Roberts）的支持。早在马礼逊初抵澳门的时候，他就带着英国皇家学会会长班克斯（Sir Joseph Banks）的介绍信，拜访曾经跟随英国马嘎尔尼使团见乾隆皇帝的东印度公司人员史当东（George Staunton）。史当东在两个月后将马礼逊介绍给罗伯赐。罗伯赐一开始便对马礼逊非常友善，此举令东印度公司其他职员对马礼逊也有好感，其后，东印度公司医生皮尔森得知马礼逊正在编纂字典，消息辗转传到东印度公司职员当中，大家都对此项工作表示支持。1808 年 5 月，马礼逊正式接到罗伯赐表示支持他出版字典的消息，罗伯赐同时表示愿意让马礼逊住进东印度公司的商行，改善其生活条件，以集中精神编写字典②。可以说，早在 1809 年 2 月马礼逊获聘为东印度公司译员以前，罗伯赐已经非常支持字典的出版工作。

罗伯赐对马礼逊的帮助，除了是对他个人的支持，也是为公司考量的结果。根据苏精的分析，罗伯赐聘用马礼逊为译员，是"因为长期以来办事处一直为中国语文问题感到困扰"③。其后，罗伯赐的继任人爱芬斯顿（John F. Elphinstone）同样支持马礼逊的出版计划。爱芬斯顿在接任时要求马礼逊正式提交出版计划，好让罗伯赐的口头支持承诺可以成为公司的政策，令字典的出版工作不受公司的人事变动影响。马礼逊提交出版计划后，爱芬斯顿即极力游说伦敦的东印度公司董事会支持，提出"欧洲长久以来迫切需要一部广为流通的中文字典，英国东印度公司如能促其实现，将为公司带来赞助知识的文化美誉，不但增进英国对中国的了解，也可

---

① 这段经过，可参考苏精《马礼逊与英国东印度公司印刷所》，载苏精《马礼逊与中文印刷出版》，台北学生书局，2000，第 79～112 页。

② 苏精：《马礼逊与中文印刷出版》，台北学生书局，2000，第 84～85 页。

③ 1808 年，法国入侵葡萄牙，英国担心法国会因而取得澳门，先行从印度派兵占据澳门，事后中、英、葡三方就事件谈判，英方因为缺乏译员而感到不便，此事是令罗伯赐决定聘用马礼逊为翻译的主因。详见苏精《马礼逊与中文印刷出版》，台北学生书局，2000，第 86～87 页。

能促使中国对英国及英国人刮目相看，从而有助于公司的对华贸易"①。于是，在爱芬斯顿以"字典、国家荣耀和东印度公司利益三者联结在一起"的说辞下，董事会在 1814 年 4 月，发函知会公司的广州办事处，"新雇用一名印刷工汤姆斯（Peter Perring Thomas），带着一台印刷机、一副活字等设备搭船来华"，又同时说明纸张应在中国购买，因为董事会相信中国生产的纸张品质更好。通知中又规定，"印刷工作只限于在澳门进行，也不准印刷任何传教书刊，但是如果有空档，则无妨印刷一些'有用的'出版品，例如语言、历史、风俗艺术、科学等足以增进欧洲了解中国的图书"②。

根据本书统计，从 1814 年至 1834 年印刷所关闭的二十年间，东印度公司印刷所一共出版了至少二十八种出版物，当中包括了字典、图书、杂志、单张和马礼逊翻译"京报"成书的作品，下文将分类简述这些出版物的特点。

一、译报作品：《中文原本翻译》

《中文原本翻译》（*Translations from the Original Chinese, with Notes*）为东印度公司印刷所成立后最早的出版物之一，在 1815 年初出版，为全英文著作。葡裔学者白乐嘉在其著作中将该书记录为 "*Translations of Extracts from the Peking Gazette, from the Original Chinese with Notes*"，直译为《京报摘译——附注解中文原本翻译》。不过，根据笔者在伦敦大英图书馆（British Library）参阅的该书原件，该书在 1815 年出版时只有 "*Translations from the Original Chinese, with Notes*" 的名称，可是，该书内容确实是"京报摘译"，因此，"京报摘译"四字很可能是白乐嘉阅读该书后所加的题记。为与该书的正式英语名称统一，本书采《中文原本翻译》的译法。

---

① 苏精：《马礼逊与中文印刷出版》，台北学生书局，2000，第 88~89 页。
② 苏精：《马礼逊与中文印刷出版》，台北学生书局，2000，第 88~89 页。

《中文原本翻译》全书分成十一章，除第一章外，其余各章均有独立标题。书中第三章至第十章均以"京报"（Peking Gazette）为标题，标题上都以中国的皇帝年号纪年方式和西式的公元纪年两种方式标示日期，内容译自从 1813 年 10 月 29 日至 1814 年 3 月 6 日"京报"上载的消息，每则消息独立为一章，内容有嘉庆帝的上谕，也有地方官和儒生的奏章，奏章内容连同嘉庆的朱批均被翻译，有时还会附上马礼逊的按语。

《中文原本翻译》是迄今发现的欧洲人最早的系统翻译"京报"内容的出版物，具有特别的意义。有关《中文原本翻译》的具体内容以及马礼逊译报工作的特点，将于本书第六章详述。

二、字典及工具书

东印度公司印刷所的设立是为了出版马礼逊所编的字典。印刷所在经营的二十年间，共印刷出版了三部字典、四种方便英人学习中文的工具书和一部专供在马六甲英华书院学生学习英文的工具书。此外，正如前述东印度公司董事会的指示一样，印刷所还出版了一部介绍增进欧洲了解中国的语言、历史和风俗艺术的图书——《中国一览》，又两度出版了广州英国商行的图书馆目录。十九世纪三十年代，随着来华贸易的外国人日增，印刷所又出版了具有商业指南作用的《华英通书》及其附册。下文是这些字典及工具书的简介。

（1）《华英字典》（Robert Morrison, *A Dictionary of the Chinese Language, in Three Parts. Part the First, Containing Chinese and English, Arranged According to the Radicals; Part the Second, Chinese and English Arranged Alphabetically; and Part the Third, English and Chinese*, Macao: Printed at the Honorable East India Company's Press, by P. P. Thomas, 1815 – 1823）。

1815 年至 1823 年出版，是马礼逊撰写和编辑的中英文字典，也是世界上首套中英文字典，以金属活字印刷。一套共三册（三部分），"第一部分"1815 年出版，为汉英词典，按部首排列，共

分三卷，中文名称是《字典》。"第二部分"也是汉英词典，1819
年出版，以声韵次序排列，共分两卷，中文名称为《五车韵府》。
"第三部分"1823年出版，为英汉词典，全书为一卷，没有注明中
文名称。

（2）《广东土话字汇》（R. Morrison, *Vocabulary of the Canton
Dialect*, Part I – English and Chinese; Part II – Chinese and English;
Part III – Chinese Words and Phrases, Macao, China: Printed at the
Honorable East India Company's Press, by G. J. Steyn, and Brother,
1828）。

1828年出版，为马礼逊编写的字典，专为学习广东方言者而
编，中英对照，为首本以广东话和英语对照出版的字典。

（3）《福建方言字典》（W. H. Medhurst, Batavia, *A Dictionary
of the Hok – këèn Dialect of the Chinese Language*, *According to the
Reading and Colloquial Idioms*: *Containing about 12000 Characters*,
the Sounds and Tones of which are Accurately Marked; *– and Various
Examples of Their Use*, *Taken Generally from Approved Chinese
Authors. Accompanied by a Short Historical and Statistical Account of Hok-
këèn*; *A Treatise on the Orthography of the Hok – këèn Dialect*; *the
Necessary Indexes*, Macao, China: Printed at the Honorable East India
Company's Press, by G. J. Steyn and Brother, 1832）。

1832年出版，由另一基督教传教士麦都斯（W. H. Medhurst）
编写，以福建方言闽南语为基础对照英语而成。书中收入了一万二
千个闽南方言的文字解释和读音，又有专文介绍福建的历史和概
况，同时收入了介绍福建方言表音法的论文。

（4）《中文对话与单句》（Robert Morrison, *Dialogues and
Detached Sentences in the Chinese Language*; *with a Free and Verbal
Translation in English. Collected from Various Sources. Designed as An
Initiatory Work for the Use of Students of Chinese*, printed at the
Honorable East India Company's Press, by P. P. Thomas, Macao,
1816）。

1816 年出版，为马礼逊编写的字典类书籍，专为初学中文者而设，中英对照。内容多为日常用语，包括与家访者对话和购买物品时的用语。马礼逊在该书的序言中谓，书中内容是他在学习中文时翻译的，也有一部分由当时东印度公司的人员提供。

（5）《英国文语凡例传》（R. Morrison, *A Grammar of the English Language*: *for the Use of the Anglo - Chinese College*, D. D. Macao, China: Printed at the Honourable East India Company's Press, by P. P. Thomas. Macao, 1823）。

1823 年出版，为马礼逊编写的英语文法书，专门为当时马六甲英华书院的学生编写，以方便其学习中文。

（6）《贤文书》（John Francis Davis, F. R. S. Member of the Asiatic Society, *Hien Wun Shoo*: *Chinese Moral Maxims*, *with a Free and Verbal Translation*: *Affording Examples of the Grammatical Structure of the Language*, London: John Murray, Macao, China: Printed at the Honble Company's Press, by P. P. Thomas, 1823）。

1823 年由德庇时（John Francis Davis）[1]写成，书中以中国的古训作为中文教材，中英对照出版。值得一提的是，德庇时（1795—1890）在 1844～1848 年曾经就任香港的第二任总督，同时兼任英国驻中国全权大使及商务总监。他在 1813 年被任命为广州东印度公司商行的文案，曾经在 1816 年和 1834 年分别随英国使节阿美士德（Lord Amherst）和律劳卑（Lord Napier）进京。他曾多次将中国的古诗词和典籍内容翻译为英语，又著有介绍中国历史和概况的书籍，因此被视为当时英国重要的汉学家。

（7）《单词集——广州及澳门贸易专用》（*A Vocabulary*, *Containing Chinese Words and Phrases Peculiar to Canton and Macao*, *and to the Trade of Those Places*; Together with the Titles and Address of All of the Officers of Government, Hong Merchant, &c. &c. Alphabetically Arranged, and intended as and Aid to Correspondence and Conversation in

---

① 又译"戴维斯"。

the Native Language, Macao, China: Printed at the Honorable Company's Press, by P. P. Thoms, 1824)。

1824 年出版，为德庇时的工具书著作，书中实质上分为三部分，首部分是介绍在广州和澳门的日常生活与商业用语的汉英词汇对照表；第二部分为根据字母顺序排列的广州十三行行商及各国政府派驻机构的名称和地址；第三部分为广东话日用对话表。

三、其他工具书

（1）《中国一览》（R. Morrison, *A View of China, for Philological Purposes; Containing a Sketch of Chinese Chronology, Geography, Government, Religion & Customs Designed for the Use of Persons Who Study the Chinese Language*, Macao: Printed at the Honorable East India Company's Press, by P. P. Thomas. Published and sold by Black, Parbury and Allen, Booksellers to the Honorable East India Company, London, 1817)。

1817 年出版，该书在澳门出版，在伦敦有专门的代售商。该书同样是中英对照印刷出版，书中介绍了中国的历法和天干地支等纪年方式、地理概貌、政府组织以及宗教和习俗，"这是英语系第一本中国历史书，是其时西方世界认识中国的通典"[①]。

（2）《广州英国商行图书馆目录》（*A Catalogue of the Library Belonging to the English Factory at Canton, in China*. Printed at the Hon. East India Company's Press, Macao, by P. P. Thomas)。

此目录至少出版了三次，分别在 1815 年、1819 年和 1832 年，为英国商行在广州设立的图书馆编著，但编著者不详。笔者在大英博物馆根据馆藏的 1819 年版本及其说明，发现该书在 1815 年已经出版，而不是苏精和白乐嘉记录的在 1819 年出版。根据 1819 年的版本原件，《广州英国商行图书馆目录》为八开本，共有六十八

---

① 李志刚：《马礼逊牧师与中国文化之交流》，载李志刚《基督教与近代中国文化论文集》，台北宇宙光出版社，1989，第 44 页。

页，书中有前言介绍英国商行广州图书馆成立的源起（1806 年成立）和使用规则，又详列了馆藏的神学、法学、哲学、生物学、历史学书籍目录，以及各种文学、游记和翻译作品，还有大量当时英国流行的学术和消闲杂志，如英国《地理学会杂志》（*Asiatic Journal*）、《中国传教杂志》（*Chinese Miscellany*）和《君子杂志》（*Gentleman's Magazine*），说明了当时在华外国人对本土资讯的需求。值得注意的是，根据大英博物馆的说明，1815 年版本的《广州英国商行图书馆目录》孤本，在 1992 年曾以三百至四百英镑的售价在伦敦的士弗比书店（Sotheby's）发售，书中有专页刊载所有捐助人及订阅者（Subscriber）的名单，唯刊载了这份订阅者名单的第十一页至第十二页刚好缺页，无法进一步追查。

（3）《华英通书 1831》（*The Anglo - Chinese Kalendar and Register, for the Year of the Christian Aera 1831, Corresponding with the Twenty - eighth Year of the Chinese Cycle of Sixty Years*, printed at the East India Company's Press, by G. J. Steyn, and Brother, Macao, China, 1831）。

1831 年出版，编者是马礼逊之子马儒翰（John Robert Morrison），马儒翰出版此书时才十七岁。有关此书的记录仅见于白乐嘉的《澳门新闻出版之始》[①]。据白乐嘉引述该书的前言，出版中、英和马来语三者及三种历法对照的历书，本来是在马六甲英华书院工作的传教士米怜逝世前的想法，可是，因为他的去世，"大家都在哀悼的气氛中忘记实现他的遗愿"。马儒翰编辑好《华英通书 1831》以后，本来只打算进行私人性质小范围的发行，可是，因为当时东印度公司大班马冶平的鼓励，该书得以在东印度公司印刷所出版。马儒翰称，希望历书可以对进入东方的岛屿以及中国的口岸的人有帮助。可是，该书是否中、英和马来语三者对照，抑或仅为中英对照，目前无法确定。

---

① J. M. Braga, "The Beginnings of Printing at Macau," *STVDIA Revista Semestral* No. 12（Separata）（Lisboa: Centro de Estudos Históricos Ultramarinos, Julho 1963）, p. 106.

（4）《华英通书 1832》（ *The Anglo - Chinese Kalendar and Register* , *for the Year of the Christian Aera 1832* , *Corresponding with the Twenty - nineth Year of the Chinese Cycle of Sixty Years* , *Which 29th year Commences on the 2d of Febrary* , *1832. With a Companion* , Macao, China： Printed at the East India Company's Press, by G. J. Steyn, and Brother）。

1832 年出版，马儒翰整理的第二部历书，内容是 1832 年的西历对照同年的农历。历书的英文全称中注明了本书连同附册一起出版。

（5）《华英通书 1832 年手册》（ *A Companion to the Anglo - Chinese Kalendar* ; *for the Year of Our Lord 1832* ： *Corresponding to the Alexandrian Year of the World 7334* ; *And the Chinese Cycle Era 4469* ; *Being the XIITH Year of the Reign of Taoukwang* , Macao, China： Printed at the Honorable East India Company's Press, by G. J. Steyn and Brother）。

1832 年出版，为《华英通书 1832》的附册，具体内容不详。

（6）《华英通书 1833》（ *The Anglo - Chinese Kalendar 1833* ）。

1833 年出版，马儒翰的第三部中英对照历书，有关此书的记录仅见于白乐嘉的《澳门新闻出版之始》①。

四、文学

（1）《三与楼》（ J. F. Davis, *San Yu - Low* ： *or the Three Dedicated Rooms. A Tale Translated from the Chinese* , Esq. of the Honble, Company's China Establishment, Canton, China： Printed by order of the Select Committee; at the Honourable East India Company's Press, by P. P. Thomas, 1815, p. 56, in - 8°）。

1815 年出版，是德庇时（ J. F. Davis ）的译作。《三与楼》为清初小说家李渔的小说作品《十二楼》中的一章。该书的出版资

---

① J. M. Braga, "The Beginnings of Printing at Macau," *STVDIA Revista Semestral* No. 12 （Separata）（Lisboa： Centro de Estudos Históricos Ultramarinos, Julho 1963）, p. 97.

料谓该书在广州的东印度公司印刷所印刷，实误，因该印刷所一直在澳门，所以该书应在澳门出版。

（2）《宋金郎团圆破毡笠》（*An Affectionate Pair*, *or the History of Sun - kin. A Chinese Tale*, translated from the Chinese by P. P. Thomas, printed in the service of the Hon. East India Company, China, printed for Black, Parbury, and Allen, London, 1820）。

1820 年出版，为东印度公司首位印刷工汤姆斯的译作。根据苏精的考证[①]，《宋金郎团圆破毡笠》为汤姆斯从《今古奇观》中翻译出来的。

（3）《花笺》（Peter Perring Thomas, *Chinese Courtship. In Verse. To Which is Added*, *An Appendix*, *Treating of the Revenue of China*, London: Published by Parbury, Allen, and Kinsbury, Leadenhall - Street, Sold by John Murray, Albemale - Street; and by Thomas Blanshard, 14, City - Road. Macao, China: Printed at the Honorable East India Company's Press, 1824）。

1824 年出版，也是汤姆斯的译作。笔者根据大英图书馆馆藏的该书原件，《花笺》实为一以牛郎织女故事为背景的中文"打油诗"。汤姆斯在书中以中英对照的方式，将诗歌原文和译文对照刊出，同时附有他的解说。本书附有各种经济财政税收资料，又在书末附上广西进士王贵生（Wang Kwi - shing）的文稿。

（4）《汉文诗解》［John Francis Davis, F. R. S. &c. President for the East India Company in China, *Poeseos Sinensis Commentarii. On the Poetry of the Chinese*, (*From the Royal Asiatic Transactions*) *To Which are Added*, *Translations & Detached Pieces*, Macao, China: Printed at the Honorable East India Company's Press, by G. J. Steyn and Brother, 1834］。

1834 年出版，是德庇时的又一译作，为汉诗英译集，以中英对照的方式印刷。

---

① 苏精：《马礼逊与中文印刷出版》，台北学生书局，2000，第 101 页。

五、报刊

《广州杂志》（*The Canton Miscellany*），月刊，1831 年 5 月由东印度公司自行出版，是印刷极为精美的杂志，以丝绸作封面，主要创办人为当时东印度公司的大班马冶平（Charles Marjoribanks）和时为二班的德庇时。一说共出版五期，一说为十期。有关《广州杂志》的详情，将于第六章第二节"外国人社区的形成与英文报刊的出现"中详述。

六、单张

（1）《华英字典》的广告宣传单张（The Public are hereby respectfully informed that there is now published at Macao, in China, a Dictionary of the Chinese Language; to consist of three parts...The Author of the above work, the Rev. Robert Morrison, has directed his attention to the collection of materials for it during the last ten years... Printed by P. Thomas, Macao, 1817）。

1817 年出版，从字面看，这是一个《华英字典》的宣传单张，根据白乐嘉转引考尔迭（Henri Cordier）的记载，目前此单张有一原件存于梵蒂冈图书馆。在考尔迭的记载中，这张传单还刊登了订阅者的名单（A list of the subscribers）[1]。这个出版物有两个很重要的特性：第一，它是纯粹的广告出版物，可以视为中国近代史上最早的印刷广告，与中国的广告史有很大的关系；第二，它是有订阅者的，有订阅者是否说明它是定期出版的抑或另有原因，这与整个近代中国新闻史都有关系。

（2）1831 年 5 月 20 日英国商行公告（NOTICE. Com. < Several recent acts of the Chinese Government have compelled the President... >

---

[1]　J. M. Braga, "The Beginnings of Printing at Macau," *STVDIA Revista Semestral* No. 12 （Separata） （Lisboa: Centro de Estudos Históricos Ultramarinos, Julho 1963）, p. 73, footnotes（86）.

R. Hudleston，Secretary，British Factory，Macao，20th May，1831）。

1831 年 5 月 20 日出版，其英语题记意为中国政府最近的命令胁迫了英国商行的主席，内容是清朝的最新命令。值得一提的是，这种印刷出版然后派发的公告单张，已经有报章"号外"的雏形。

（3）1831 年 5 月 30 日英国商行公告（RESOLUTIONS of the British Merchants of Canton，Canaton，30th May，1831）。

1831 年 5 月 30 日出版，内容是广州英国商行针对前述公告中提及的"中国政府最近的命令"所做的决议，又是一个类似报章"号外"的出版物。

（4）1831 年 6 月 10 日英国商行公告（NOTICE. Com. < The President，etc.，Select Committee on the 20th Ultimo gave public notice … > H. H. Lindsay，Secretary，British Factory，Macao，June 10th，1831）。

1831 年 6 月 10 日出版，内容为针对前述"中国政府最近的命令"而向公众发出的通告。从 1831 年 5 月 20 日、1831 年 5 月 30 日和 1831 年 6 月 10 日这三号通告发出的时间来看，当时中英关系应该相当紧张。这三个通告均只见于白乐嘉的《澳门新闻出版之始》，目前仍未找到原件以做进一步研究。但可以肯定的是，当时东印度公司已经将印刷品用于亟须通知公众的时效性极高的内容上。

七、其他

（1）《观察记——开放中国第二个通商口岸的良策》（*Observations on the Expediency of Opening a Second Port in China*，*Addressed to the President and Select Committee of Supercargoes for the Management of the Affairs of the Honourable East India Company in China*，Macao：Printed by Permission of the Select Committee；at the Honorable East India Company's Press. By P. P. Thomas，1817）。

1817 年出版，为东印度公司茶叶检查员波尔（Samuel Ball）的作品，内文实为波尔向东印度公司管理商船事务的负责人所做的一个报告，提议在广州以外，在中国开辟第二个通商口岸。

（2）《早期澳门史》（A. L. Knt, *Contribution to an Historical Sketch of the Portuguese Settlements in China*, *Principally of Macao*, *of the Portuguese Envoys & Ambassadors to China*, *of the Roman Catholic Missions in China and of the Papal Legates to China*, Macao, China, 1832）。

本书即瑞典裔学者龙思泰（Anders Ljungstedt）的著作《早期澳门史》，1832 年出版。龙思泰为当时广州瑞士洋行的大班，晚年在澳门生活，根据一名葡萄牙学者的手稿及其个人累积的史料写成该书。该书最早刊登在《广州杂志》（*The Canton Miscellany*）上，后来才由东印度公司印刷所独立出版。

八、小结

这些出版物的特点可以归纳如下。

作为在中国境内设立的第一所西式印刷所，澳门东印度公司印刷所出版了众多具有"第一"地位的出版物。《华英字典》是世界上首部中英字典，也同时是最早的以西方铅活字印刷而成的字典。而印刷所出版的其他中英对照工具书刊，包括《广东土话字汇》和《福建方言字典》等中国方言字典的出版物，都是最早的英语中文文法、日常会话、中国历法和中国知识教材，对普及十九世纪西方人对中国和中文的认识有极大的意义。而且，这些作品也早已超出了工具书的范围，成为了解十九世纪中西文化文流的重要文本。

印刷所的其他出版物，像马礼逊的《中文原本翻译》（*Translations from the Original Chinese*, *with Notes*）是第一本以西方读者为对象的系统翻译中国报刊——"京报"的作品，在中国新闻出版史上具有特殊的意义。还有，像广告与告示的出版，丰富了我们对当时的澳门出版活动的认识。而且，正如本节开始时所言，这些印刷品本身，就像马礼逊早期的中文出版物一样，是葡萄牙1737 年出版禁令实施以后、《蜜蜂华报》出版以前澳门具有出版活动的另一个证明。

从印刷的技术而言，澳门东印度公司印刷所至少还有两方面的贡献。第一，与十六和十七世纪天主教传教士带入西方活字印刷机的情形不同，这次西方近代活字印刷术再一次被引进来华以后，由于印刷《华英字典》的需要，西方近代活字印刷术首次应用到中文印刷中，虽然当时的中文活字印刷只是应用于中英对照的文本，中国当时也有自己的活字印刷术，可是，将中文铅活字应用到西式印刷术中，仍然是中国印刷史上具有革新意义的一步。第二，据苏精的考证，从 1815 年筹备印刷《华英字典》至 1834 年印刷所随着东印度公司结束在华专利而关闭的二十年间，印刷所累计铸造了中文铅活字二十余万个，当中包含了两万中文字 [1]。在铸造和利用这套曾经是中国境内唯一一套应用于西方活字印刷术的中文活字的过程中，澳门东印度公司印刷所培养了中国第一批活字印刷术的印工。这些印工，包括后期在印刷所担当重任的葡萄牙人司汀（G. J. Steyn）兄弟 [2]，还有早期便已追随马礼逊的中国人梁发及其他华籍印工。

这些印工，后来在澳葡政府成立自己的印刷所出版《蜜蜂华报》的时候，"在排印上有很大的帮助" [3]，对其后广州外国人所办的报社以至香港开埠以后的印刷工作都有贡献，为这些后来利用现代印刷术的地方培养了印工，为广州、香港等地的近代印刷史开端做了软件——人才的培养工作。曾经长时间主编《中国丛报》（Chinese Repository）、1833 年来华的美国传教士卫三畏，在其日记中这样描述他抵华初期在《中国丛报》工作的情形："……印刷所里的许多工人都是来自殖民地澳门的葡萄牙人，因此使他非常吃惊的是，为了指挥印刷工人，他发现自己学习的首先是葡文而不是中文。" [4]香港开埠以后最早出版的《香港公报》（Hong Kong Gazette）

---

① 苏精：《马礼逊与中文印刷出版》，台北学生书局，2000，第 107 页。
② 苏精：《马礼逊与中文印刷出版》，台北学生书局，2000，第 97 页。
③ 苏精：《马礼逊与中文印刷出版》，台北学生书局，2000，第 98 页。
④ 卫斐列（Frederick Wells Williams）：《卫三畏生平及书信——一位美国来华传教士的心路历程》（The Life and Letters of Samuel Wells Williams），顾钧、江莉译，广西师范大学出版社，2004，第 24 页。

和《中国之友报》（*Friend of China*），创办人都是马礼逊之子马儒翰，报社的印工都是来自澳门的葡萄牙人。白乐嘉就曾经明言，香港开埠以后很长的一段时间里，所聘请的印工都是来自澳门的葡萄牙人 ①。像梁发等华裔印工，则在东南亚和内地城市的现代印刷工作中发挥过重要的作用。这些，其实都是澳门出版工作对整个中国近代出版史所具有的不可代替的带动作用。

而且，所有的这些出版物，都是近代东西文化交流的重要见证。"很特别的是东印度公司虽然唯利是图，这家印刷所的主要目标并不在于商业，而是为了赞助文化，更是只为了出版一部书而成立的……同样特别的是这家中国境内的印刷所，没有出版过一部全是中文的书，甚至出版的书也不以中国读者为对象，而是远在欧美各国的读者，他们或是为了到中国传教、经商，或是对中国有政治目的，或者以中国为学术研究的对象，东印度公司澳门印刷所的出版物，对于增进十九世纪西方国家对中国的知识与态度，不论是了解、同情或野心，都产生相当的作用。同时，直到1834年随着东印度公司对华贸易专利结束而关闭前，这家印刷所在澳门当地和中国政府与人民、葡澳当局，都有密切的互动关系，见证了鸦片战争前中外关系发展过程中，一个很有意义但为人忽略的主题。"②

第四节　澳门马家英式印刷所时期：
中国近代报刊的孕育

早在东印度公司印刷所结束以前，马礼逊已经决定成立自己的印刷所。1832年11月，马礼逊在澳门成立了马家英式印刷所（The Morrison's Albion Press），印刷所内备有1826年他从英国带回澳门的中国第一部石印机，以及1832年他购自伦敦的英

---

① J. M. Braga, "The Beginnings of Printing at Macau," *STVDIA Revista Semestral* No. 12 (Separata)（Lisboa：Centro de Estudos Históricos Ultramarinos, Julho 1963），p. 81.

② 苏精：《马礼逊与中文印刷出版》，台北学生书局，2000，第80～81页。

式（Albion）印刷机与活字，他在此开始了其人生第三阶段的印刷出版事业。

以往对马家英式印刷所及其出版物的研究相对来说比较零散，即使在白乐嘉和苏精的专著中也没有系统的研究，可是，笔者发现，马礼逊这家私人印刷所出版了在澳门以至中国新闻史上极为重要的近代报刊：中国境内出版的第一份中文报刊、第一份用铅活字排印的报刊和澳门历史上第一份中文报刊的《杂闻篇》，以及中国史上首份中英合刊的报刊——《传教者与中国杂报》（*The Evangelist and Miscellanea Sinica*）。而且，这家印刷所还开创了中国石印的先河，以及用铅活字排印中文报刊的创举。

马家英式印刷所由马礼逊一人独自成立，其成立的最重要原因，是为了实现他的传教理想。

马礼逊来华的头二十年，他的出版工作一直受到教会组织和东印度公司的支持。后者一直支持马礼逊出版字典和其他介绍中国历史文化的著作，有关这方面的内容，本章第三节已有详述，在此不赘。指派马礼逊来华的伦敦传教会，以及英国圣经公会（British and Foreign Bible Society）和宗教小册会（Religious Tract Society）三个组织，则一直支持他的中文传教刊物的出版工作。可是，1826年马礼逊在伦敦结束其长达两年的休假前，"为了他创办的马六甲英华书院，和伦敦会的理事会相持不下，理事会以冷淡抵制的态度对待再度来华的马礼逊，包括不支持他的所有印刷出版活动。更不利的是马礼逊同时也疏远了另两个影响力巨大的团体：英国圣经公会（British and Foreign Bible Society）、宗教小册会（Religious Tract Society），两者在马礼逊以往的印刷活动中，都捐助过大批经费。但是从1823年以后，英国圣经公会的补助款都直接送到马六甲，因为当地有马礼逊的圣经刻板；至于宗教小册会，1827年因为一笔三百镑的印刷费与马礼逊发生争执后，就停止了对他的补助"①。

---

① 苏精：《马礼逊与中文印刷出版》，台北学生书局，2000，第17页。

在这样的情形下，一直相信出版是打进异教世界（中国）的唯一方法①的马礼逊，只有以个人的积蓄和向在华商人筹募经费的方式，继续其中文宣教物品的出版工作。

另外，1832年9月，在广州和澳门的外国人圈子当中，已经开始流传东印度公司将关闭其在华办事处的消息，公司印刷所前途未卜。此时，马礼逊已经觉得自己从英国购买印刷机才是可以令其出版工作持久发展的办法②。就在马礼逊的传教出版工作进入低潮的同时，澳门和广州的外国人印刷出版活动却繁荣起来。"面对这些新局面，马礼逊有深刻的感慨，他身为先驱传教士，有二十年的经验与声誉，如今却只能眼看年轻一辈的新来者，活跃地从事他一直认为是在华传布福音利器的印刷与出版。几经徘徊考虑，他终于下定决心，要以个人之力加入竞争，不仅进行石印与活版，甚至投资于铸造中文字范、字模与活字"③。

1832年11月，马礼逊成立马家英式印刷所，并由其儿子马儒翰担任负责人。11月19日，马礼逊将他在同年9月4日发表、纪念其来华廿五周年的《基督教在华廿五年发展经过》的英语报告付印成单张，成为马家英式印刷所的首份出版物④。翌年，马礼逊开始了出版生涯上一个短暂而新鲜的尝试——出版报刊。1833年4月29日，马礼逊创办了中文报刊《杂闻篇》。现存可查的资料显示，《杂闻篇》是首份以中文活字印刷的报刊，是中国境内出版的第一份报刊，也是澳门历史上的首份中文报刊。《杂闻篇》⑤以雕刻铅活字排印，共出版三期，每期四页，内容有传教文章、一般知识和少量新闻。《杂闻篇》的印数庞大，每期印

---

① 汤森（William John Townsend）：《马礼逊——在华传教的先驱》（*Robert Morrison: The Pioneer of Chinese Missions*），王振华译，郑州大象出版社，2002，第191页。

② J. M. Braga, "The Beginnings of Printing at Macau," *STVDIA Revista Semestral* No. 12 (Separata)（Lisboa: Centro de Estudos Históricos Ultramarinos, Julho 1963），p. 102.

③ 苏精：《马礼逊与中文印刷出版》，台北学生书局，2000，第18页。

④ 苏精：《马礼逊与中文印刷出版》，台北学生书局，2000，第18页。

⑤ Eliza A. Morrison, *Memoirs of the Life and Labours of Robert Morrison*（Vol. II）（Longdon: Longman, Orme, Brown, Green, and Longmans, 1839），pp. 477 - 479.

量达两万份。1833 年 5 月 1 日，马礼逊又在马家英式印刷所出版《传教者与中国杂报》（*The Evangelist and Miscellanea Sinica*）①。《传教者与中国杂报》为中英合刊的不定期刊物，是中国历史上首份中英合刊的报刊。可是，因为《传教者与中国杂报》的部分内容引起澳门天主教神父的不满，澳葡政府遂致函东印度公司，以违反当时的"出版预检制度"的名义，下令关闭马家英式印刷所②。事件除导致马礼逊在当时的《广州纪录报》（*Canton Register*）撰文捍卫出版自由外，还令马礼逊父子决定将印刷机移送到广州继续其出版工作③。

1833 年底，马家英式印刷所的平版印刷机和石印机分别被搬到广州，由马儒翰照料使用④，马家英式印刷所也就结束了其在澳门仅仅一年的出版史。可是，印刷所搬到广州以后不久，就因为 1834 年 8 月 1 日马礼逊逝世，马儒翰无心继承其出版事业而结束其前后不足两年的历史。

虽然这家私人印刷所的历史短暂，可是，从 1832 年 11 月至 1834 年 8 月，印刷所还是出版了众多书刊，当中包括图书、小册子、中文的圣经祈祷文和赞美诗，以及专为当时在中国工作的外国人、船员撰写的英语祈祷文。这些印刷品全部以雕刻铜活字合并马礼逊购自英国的平版印刷机印刷，开创了以西方近代印刷术配以中文铜活字印刷的先河。在新技术的帮助下，这些印刷品的印量很

---

① 苏精认为，《杂闻篇》是《传教者与中国杂报》引起澳门的天主教神父的不满以后，马礼逊出版以代替《传教者与中国杂报》的刊物，这个说法不实，因为《杂闻篇》在《传教者与中国杂报》出版以前己经出版。有关苏精的说法，见苏精《马礼逊与中文印刷出版》，台北学生书局，2000，第 18～19 页及第 178 页。又，白乐嘉的专著中没有提及《杂闻篇》的出版。

② Eliza A. Morrison, *Memoirs of the Life and Labours of Robert Morrison* (Vol. II) (Longdon: Longman, Orme, Brown, Green, and Longmans, 1839), pp. 479 – 480.

③ J. M. Braga, "The Beginnings of Printing at Macau," *STVDIA Revista Semestral* No. 12 (Separata) (Lisboa: Centro de Estudos Históricos Ultramarinos, Julho 1963), pp. 102 – 113.

④ Eliza A. Morrison, *Memoirs of the Life and Labours of Robert Morrison* (Vol. II) (Longdon: Longman, Orme, Brown, Green, and Longmans, 1839), pp. 488 – 489.

大，特别是用以宣教的单张和小册子，动辄达到万份，其中的很大部分曾经依靠当时日益增加的往来中国沿海各口岸的外国商船散发到内地不同的城市。综合各种记载，目前可考名称的这些出版物如表 3 - 2 所示。

表 3 - 2　马家英式印刷所出版物

	名称	编著者	出版日期	说明
1	*To the Churches of Christ, in Europe, America, and Elsewhere*	马礼逊	1832 年 11 月 19 日	马礼逊在 1832 年 9 月 4 日来华廿五周年当日撰写的基督教在华廿五年发展经过的宣传单张 ①
2	*The Evangelist and Miscellanea Sinica*（《传教者与中国杂报》）	马礼逊	1833 年	每期四页，内容有中国伦理观念、宗教家传记、以广州时事为主的中国新闻等。其中有关宗教的言论引起澳门天主教不满，总督下令关闭印刷所。中英文合刊，每份售卖一角②
3	《杂闻篇》（*Tsǔ-wǎn-pien*，"A Miscellaneous Paper"）	马礼逊	1833 年	雕刻铅活字排印，共三期，每期四页，内容有传教文章、一般知识和少量新闻。每期印数达两万份。伦敦大学亚非学院图书馆藏本③
4	《祈祷文赞神诗》④	梁发、马礼逊	1833 年	雕刻铅活字排印，祈祷文为梁发作品，赞神诗为马礼逊作品。伦敦大学亚非学院图书馆藏本
5	*A Sermon Preached on Board the American Ship "Morrison"*	马礼逊	1833 年	为英语的圣经祈祷文，专为美国商船"马礼逊号"的船员撰写和出版 ⑤
6	《华英通书 1834》（*Anglo - Chinese Kalendar for 1834*）	马儒翰	1834 年	为马儒翰编著的第四本同类著作，前三本在东印度公司印刷所印刷。是马家英式印刷所搬往广州以后出版的

续表

名称	编著者	出版日期	说明
7	J. R. Morrison, *A Chinese Commercial Guide Consisting of a Collection of Details Respecting Foreign Trade in China*, printed at the Albion Press, and sold at the Canton Register Office, 4 Danish Hong, Canton, 1834 (《商业指南》)	马儒翰	1834 年	是《华英通书 1834》的附册, 同样在广州出版, 是早期外国人出版的在华商业指南

注: ①此记载出于 J. M. Braga, "The Beginnings of Printing at Macau," *STVDIA Revista Semestral* No. 12 (Separata) (Lisboa: Centro de Estudos Históricos Ultramarinos, Julho 1963), pp. 102 – 103。

②J. M. Braga、苏精二人以及《马礼逊回忆录》一书中均有此记载, 笔者也参阅了伦敦大英图书馆及伦敦大学亚非学院图书馆的馆藏原件。

③苏精:《马礼逊与中文印刷出版》, 台北学生书局, 2000, 第 51～52 页, 笔者也参阅了伦敦大学亚非学院图书馆的馆藏原件。

④苏精:《马礼逊与中文印刷出版》, 台北学生书局, 2000, 第 52～53 页。

⑤J. M. Braga, "The Beginnings of Printing at Macau," *STVDIA Revista Semestral* No. 12 (Separata) (Lisboa: Centro de Estudos Históricos Ultramarinos, Julho 1963), p. 103.

表 3 – 2 列出的仅为可考名称的出版物, 而且都是以马家英式印刷所的平版印刷机印刷的, 还没有包括以石印方式印出的作品①。马家英式印刷所出版的书报及单张, 绝对超出表中所列的范围, 像白乐嘉就记录了梁发利用印刷所的设施印刷了一共九种宣教小册子②。这些未能确认的出版物, 应该说大多数都是宣教的小册子和单张, 其在澳门和中国新闻史上的重要性, 远远不如上表所列的《杂闻篇》和《传教者与中国杂报》。不过, 在以往澳门和中国新闻史的研究中,《杂闻篇》完全没有被提及,《传教者与中国杂

---

① 马礼逊父子的石印工作与马家英式印刷所的存续时间并不完全重合, 早在马家英式印刷所成立以前, 马礼逊已经开始尝试石印工作。

② J. M. Braga, "The Beginnings of Printing at Macau," *STVDIA Revista Semestral* No. 12 (Separata) (Lisboa: Centro de Estudos Históricos Ultramarinos, Julho 1963), p. 103.

报》则长期以《澳门杂文编》或《杂文篇》的名义出现，而且，相关的记载都语焉不详，有的研究还认为最早的中英文合刊报刊是《依泾杂说》，但有关《依泾杂说》的记载比《澳门杂文编》更模糊不清。鉴于这些报刊对澳门以至中国新闻史均有极其重要的意义，本书将另辟章节，在第五章"马礼逊与中国首份中文报刊和双语报刊"中再行探讨。

第五节　马礼逊出版工作的意义及影响

限于题目范围，本书只探讨了马礼逊在中国，包括澳门和内地的出版物，没有涉及他在马六甲和英国本土出版的著作。作为基督教第一个来华的传教士，从 1807 年到 1834 年的二十七年间，马礼逊出版过的著作数量可观，种类繁多，而且同时有中英文两个语种，他的出版物，从数量、种类到影响，均可以说是传教士当中的佼佼者。可是，从已有研究看，以往有关马礼逊在华出版活动的研究并不多，清晰介绍他的报刊出版活动的研究更少，究其原因，应该说与基督教来华时正值西方列强借鸦片贸易开始大举进攻中国的近代史有密切的关系。

"在以往的历史教科书或史学著作中，我们对西方传教士来华的目的、动机和性质的评判，常常停留在'传教加条约的破坏性'的模式上。传教士来华固然有此性质，但事实上，传教事业的性质是多重性的，有时甚至颇为模糊。"[①]这种"传教加条约的破坏性"模式，其实也影响了新闻史和出版史的研究，致使研究经常局限在那种将传教士与不平等条约再与中国沦为半殖民地三者捆绑在一起的角度当中，有关马礼逊在华出版工作的旧有研究，应该说也常常遇上这种观念模式造成的限制。

为此，在尝试尽可能清晰缕述马礼逊来华的背景及其具体出

---

① 　王振华：《译者的话》，载汤森（William John Townsend）《马礼逊——在华传教的先驱》，大象出版社，2002，第 1 页。

版工作的同时，本书亦试图根据史实，对马礼逊的在华出版工作进行重新评价。首先，必须肯定的是，马礼逊曾经在传教的同时，在东印度公司担任译员，而东印度公司进行的鸦片贸易确实贻害了不少中国人。可是，马礼逊本人曾多次明言自己反对向中国人贩卖鸦片，他本人在东印度公司从事的只是口译和笔译两种工作，最重要的是，"马礼逊来华的动机是单纯的，虽然他抱有进入中国的宏愿，但他初抵中国时根本没有传教的可能。语言不通，中国政府禁止传教，使他只能辗转在广州、澳门之间学习语言，继而在东印度公司谋得一职暂且栖身。尽管他曾经随英国特使阿美士德到过北京，一生中担任过不少职务，做过很多工作，但他说，他第一的身份还是传教士"①。可以说，以传教士为其第一身份自居的马礼逊，其在华的著述、出版、翻译以至参与和推动教育、医疗和慈善事业的最终目标都是为他的个人传教理想服务的。

长篇累牍的阐析马礼逊在华出版工作与其传教目标的关系，并非要为马礼逊的传教事业功绩做解读，而是因为有关马礼逊在华出版工作的影响，首先需要从他的传教工作开始总结。

正如本章第二节所言，马礼逊在华最早的出版工作可以追溯到1809年的"印好的福音书"。从那时开始，马礼逊曾经长期专注于用中国的木刻雕版印刷他的中文圣经以及其他宣教小册子和单张。按照传统的说法，西方传教士在近代进入中国的同时，也把西方的近代印刷术传入，这样的论断是正确的。可是，以往的研究忽略了另一个重要的现象，就是西方传教士在引进西方的近代印刷术的同时，又或是在引进西方近代印刷术以前，其实也把中国传统的雕版印刷的优点重新引介至西方，从而做出了将中国文化西传的"东学西传"贡献。当年伦敦传教会的人员在收到马礼逊寄到伦敦的三册《使徒行传》时，传教会的人员就回信说："你寄来的《使徒

---

① 王振华：《译者的话》，载汤森（William John Townsend）《马礼逊——在华传教的先驱》，大象出版社，2002，第3页。

行传》中文版的样本，使这里的英国基督徒们大开眼界。他们亲眼看到了中国的方块字，认为这是东方的真品。这引起他们极大的兴致。"[1]马礼逊对中文木刻雕版印刷术的采用，一如天主教耶稣会传教士在十六世纪对木刻雕版的采用，是另一个能说明当时澳门已经有中文印刷出版活动的证据。另外，过去学界一直流传一种刻板印象式的说法，就是传教士进入中国之时便带来了西方近代印刷术，从而改变了中国的出版模式。可是，上述的这些出版活动，再一次证明了以传教为目标、以印刷术为交流工具的最早期中西文化交流史，从印刷技术的层面而言，是外来人——传教士首先采用和适应中国的印刷术，是中国的雕版印刷术首先吸纳了急于向中国人进行文字布道的传教士。这也是过去为人忽略的中西文化交流的一个重要细节。

不过，马礼逊在中国近代出版史上的贡献并不是体现在他对中国传统的木刻雕版印刷的采用上。恰恰相反，从印刷需要中英夹杂的《华英字典》开始，马礼逊便一直寻求比木刻雕版印刷中文字效果更好的印刷方法。结果，他一方面推动了中文铅活字的铸造和使用，另一方面历史性地将石印引进中国，既出版了大量中英夹杂的字典和图书，又出版了中国最早的以铜活字印刷的中文报刊《杂闻篇》。他以石印方式出版的出版物虽然不多，目前可考的只有 1831 年由梁发和屈昂二人印刷的三种传教单张，以及书名及著者均不详的传教小册[2]，这些作品对后世的影响虽然不大，可是，他对这些印刷术的使用，已经完成了将之引入中国的重要使命。

以往有不少论者提出澳门的近代新闻出版业对中国的近代新闻出版业有带动效应，可是，这种带动效应如何，一直缺乏足够的例证，马礼逊的在华出版工作，应该说很能代表澳门的这种带动作用。作为西方近代印刷术的使用者，马礼逊以及为印刷其字典而成

---

① Eliza Morrison：《马礼逊回忆录》，顾长声译，广西师范大学出版社，2004，第 75~76 页。

② 苏精：《马礼逊与中文印刷出版》，台北学生书局，2000，第 177 页。

立的东印度公司印刷所，在直接引进西方印刷术的同时，还直接培养了中国最早的掌握现代印刷术的印工。正如本章第三节所言，像印工葡萄牙人司汀（G. J. Steyn）兄弟等人，为其后澳葡政府成立自己的印刷所、出版《蜜蜂华报》，以及其后在澳门、广州和香港成立的印刷所，培养了懂欧洲语言的最早的技术人才，对早期在华外文报刊的出版工作有技术上的带动作用。从马礼逊早年来华便一直追随其左右的中国人梁发和屈昂以及其部分家人，也是马礼逊培养的重要印工。笔者在伦敦大学亚非学院找到的一个文件就显示，1834 年在广州的十四名华人基督徒中，为梁发亲属的就有七人，当中五人是专责不同工序的印工①。梁发和屈昂是最早懂得应用西式平板印刷机和石印技术的华人，二人都曾经长时间在马六甲英华书院和澳门从事出版活动，又因为二人都受洗进教，在马礼逊逝世后自己在香港和广州等地传教和出版宣教物品，可以肯定，他们以及其他最早跟随马礼逊的其他华籍印工，曾经为近代出版术在中国的传播起过重要的作用。

马礼逊另一个与传教及印刷工作同时扯上关系的贡献是他所确立的传教 - 出版模式对其后继人的示范作用，并因此而间接地进一步推动了中国的近代出版业。像最早来华的其中一个美国传教士卫三畏（Samuel Wells Williams）最初就是以印工身份来华的。1832 年，卫三畏受其父推荐成为美国对外传教机构美部会派驻中国的人员，他在前往中国以前，便要首先在美国学习印刷技术②。其后来华的众多基督教传教士，也都秉持以出版开教的理想，为中国近代早期的出版事业做出过贡献。卫三畏对中国的蜡版印刷有所推动③。伦敦会上海布道站的传教士麦都斯（William Medhurst），创

① Letter from Leäng Afä, 1834, Oct 18, 见伦敦大学亚非学院图书馆档案：CWM/LMS. China. Personal Box. Robert Morrison, Paper. Box 2。

② 卫斐列（Frederick Wells Williams）：《卫三畏生平及书信——一位美国来华传教士的心路历程》（*The Life and Letters of Samuel Wells Williams*），顾钧、江莉译，广西师范大学出版社，2004，第 6~12 页。

③ 《中华印刷通史》，网址：http://www.cgan.net/book/books/print/g - history/big5_12/09_ 1.htm。

立了上海第一个应用西方印刷术的中文出版机构——墨海书馆 ①，并因而影响了像王韬一类最早自办报刊的中国人。这些事例，应该说，都与马礼逊的传教－出版模式一脉相承。十九世纪来华的传教士就是在这种模式下，让中国人认识了西方印刷术以至现代报刊的力量，真正兴起自办报刊的念头，然后再付诸行动，开创了国人自办报刊的新时代。

　　当然，从中西文化交流的角度看，马礼逊以及澳门东印度公司印刷所的出版工作同样是别具意义的。正如前文多次提及，《华英字典》《广东土话字汇》《福建方言字典》等中文文法、日常会话、历法、文学和历史等工具书与译著的出版（见表3－3），对普及十九世纪西方人对中国和中文的认识有极大的意义。这些作品是建构十九世纪欧洲人对中国认识的最重要文本，也是了解十九世纪中西文化交流的重要文本。

表3－3　澳门东印度公司出版目录

	名称	出版年份
1	Robert Morrison, *Translations from the Original Chinese*, *with Notes*（《中文原本翻译》,本书的印刷地资料原文为"Canton, China: Printed by Order of the Select Committee; at the Hon. E. I. Co's Press, by P. P. Thomas, 1815",经考证本书该于1815年在澳门东印度公司印刷）	1815
2	J. F. Davis, *San Yu -Low*: *or the Three Dedicated Rooms. A Tale Translated from the Chinese*（《三与楼》）（Macao: East India Company's Press, by P. P. Thomas, 1815）	1815
3	Robert Morrison ed. , *A Dictionary of the Chinese Language*, *in Three Parts. Part the First*; *Containing Chinese and English*, *Arranged According to the Radicals*; *Part the Second*, *Chinese and English Arranged Alphabetically*; *and Part the Third*, *English and Chinese*（《华英字典》）* （Macao: The Honorable East India Company's Press, by P. P. Thomas, 1815 – 1823）	1815 ~ 1823

① 苏精：《马礼逊与中文印刷出版》，台北学生书局，2000，第229~238页。

	名称	出版年份
4	Robert Morrison, *Dialogues and Detached Sentences in the Chinese Language; with a Free and Verbal Translation in English. Collected from Various Sources. Designed as an Initiatory Work for the Use of Students of Chinese* (《中文对话与单句》) (Macao：The Honorable East India Company's Press, by P. P. Thomas, 1816)	1816
5	*Observations on the Expediency of Opening a Second Port in China, Addressed to the President and Select Committee of Supercargoes for the Management of the Affairs of the Honourable East India Company in China* (《观察记——开放中国第二个通商口岸的良策》) (Macao：The Honorable East India Company's Press, by P. P. Thomas, 1817)	1817
6	*The Public are hereby respectfully informed that there is now published at Macao, in China, a Dictionary of the Chinese Language; to consist of three parts…The Author of the above work, the Rev. Robert Morrison, has directed his attention to the collection of materials for it during the last ten years* (《华英字典》的广告宣传单张) (Macao：the Honorable East India Company's Press, by P. P. Thomas, 1817)	1817
7	R. Morrison, *A View of China, for Philological Purposes; Containing a Sketch of Chinese Chronology, Geography, Government, Religion & Customs Designed for the Use of Persons Who Study the Chinese Language* (《中国一览》) (Macao：Printed at the Honorable East India Company's Press, by P. P. Thomas. Published and sold by Black, Parbury and Allen, Booksellers to the Honorable East India Company, London, 1817)	1817
8	*A Catalogue of the Library Belonging to the English Factory at Canton, in China* (《广州英国商行图书馆目录》) (Macao：the Honorable East India Company's Press, by P. P. Thomas, 1819)	1819
9	*An Affectionate Pair, or the History of Sun-kin. A Chinese Tale* (《宋金郎团圆破毡笠》), translated from the Chinese by P. P. Thomas (Macao：The Honorable East India Company's Press, printed for Black, Parbury, and Allen, London, 1820)	1820
10	R. Morrison, *A Grammar of the English Language: for the Use of the Anglo-Chinese College* (《英国文语凡例传》) (Macao：The Honorable East India Company's Press, by P. P. Thomas, 1823)	1823
11	John Francis Davis, *Hien Wun Shoo: Chinese Moral Maxims, with a Free and Verbal Translation: Affording Examples of the Grammatical Structure of the Language* (《贤文书》) (Macao：The Honorable East India Company's Press, by P. P. Thomas, 1823)	1823

	名称	出版年份
12	Robert Morrison, *A Vocabulary, Containing Chinese Words and Phrases Peculiar to Canton and Macao, and to the Trade of Those Places; together with the Titles and Address of All of the Officers of Government, Hong Merchant, &c. &c. Alphabetically Arranged, and intended as and Aid to Correspondence and Conversation in the Native Language*（《单词集——广州及澳门贸易专用》）(Macao: The Honorable East India Company's Press, by P. P. Thomas, 1824)	1824
13	Peter Perring Thomas, *Chinese Courtship. In Verse. To Which Is Added, An Appendix, Treating of the Revenue of China, &c. &c* (《花笺》) (Macao: The Honorable East India Company's Press, 1824)	1824
14	R. Morrison, *Vocabulary of the Canton Dialect* (《广东土话字汇》) (Macao: The Honorable East India Company's Press, by G. J. Steyn, and Brother, 1828)	1828
15	*The Anglo-Chinese Kalendar and Register, for the year of the Christian Aera 1831, corresponding with the Twenty-eighth year of the Chinese cycle of sixty years*(《华英通书 1831》) (Macao: The East India Company's Press, by G. J. Steyn, and Brother, 1831)	1831
16	R. Hudleston (Secretary of the British Factory), NOTICE Com〈 Several recent acts of the Chinese Government have compelled the President … 〉(1831 年 5 月 20 日英国商行公告) (Macao: The Honorable East India Company's Press, 20th May, 1831)	1831
17	*RESOLUTIONS of the British Merchants of Canton, Canton*(1831 年 5 月 30 日英国商行公告) (Macao: The Honorable East India Company's Press, 30th May, 1831)	1831
18	H. H. Lindsay (Secretary of the British Factory), NOTICE Com〈 The President, etc. , Select Committee on the 20th Ultimo gave public notice … 〉(1831 年 6 月 10 日英国商行公告) (Macao: The Honorable East India Company's Press, June 10th, 1831)	1831
19	*The Canton Miscellany* (《广州杂志》)	1831
20	*A Catalogue of the Library of the English Factory at Canton* (《广州英国商行图书馆目录》) (Macao: The Honorable East India Company's Press, 1832)	1832

	名称	出版年份
21	The Anglo-Chinese Kalendar and Register, for the Year of the Christian Aera 1832, Corresponding with the Twenty-nineth Year of the Chinese Cycle of Sixty Years, Which 29th Year Commences on the 2nd of Febrary, 1832 (《华英通书 1832》) (Macao: The East India Company's Press, y G. J. Steyn, and Brother, 1832)	1832
22	A Companion to the Anglo-Chinese Kalendar; for the Year of Our Lord 1832: Corresponding to the Alexandrian Year of the World 7334; And the Chinese Cycle Era 4469; Being the XIITH Year of the Reign of Taoukwang (《华英通书 1832 年手册》) (Macao: The Honorable East India Company's Press, by G. J. Steyn and Brother, 1832)	1832
23	W. H. Medhurst, A Dictionary of the Hok-këen Dialect of the Chinese Language, According to the Reading and Colloquial Idioms: Containing about 12000 Characters, the Sounds and Tones of Which are Accurately Marked; – and Various Examples of Their Use, Taken Generally from Approved Chinese Authors. Accompanied by a Short Historical and Statistical Account of Hok-këen; A Treatise on the Orthography of the Hok-këen Dialect; the Necessary Indexes, &c (《福建方言字典》) (Macao: The Honorable East India Company's Press, by G. J. Steyn and Brother, 1832)	1832
24	A. L. Knt, Contribution to an Historical Sketch of the Portuguese Settlements in China, Principally of Macao, of the Portuguese Envoys & Ambassadors to China, of the Roman Catholic Missions in China and of the Papal Legates to China (《早期澳门史》) (Macao: The Honorable East India Company's Press, 1832)	1832
25	John Francis Davis, Poeseos Sinensis Commentarii. On the Poetry of the Chinese, (From the Royal Asiatic Transactions) To Which are Added, Translations & Detached Pieces (《汉文诗解》) (Macao: The Honorable East India Company's Press, by G. J. Steyn and Brother, 1834)	1834

　＊《华英字典》的内容分成三部分，这三部分实际上是分期出版的，"第一部分"在 1815 年出版，"第二部分"在 1819 年出版，"第三部分"在 1823 年出版。

第四章　本土政争与澳门葡文报刊的开端

从戈公振的《中国报学史》开始，1822 年在澳门出版的葡文周报《蜜蜂华报》（*A Abelha da China*）便一直被认为是澳门出版的第一份报章，同时是中国境内出版的首份近代报纸和外国人在中国境内创办的第一份外报。可是，正如本书导论所指出的，《蜜蜂华报》的这几个"第一"还有着疑问，还不能解释有关《蜜蜂华报》的所有问题。

目前，对《蜜蜂华报》进行过较全面研究的有 1998 年出版的程曼丽专著《蜜蜂华报研究》①，佐治·欧维士（José Augusto dos Santos Alves）在 2000 年出版的专著《澳门的公共舆论——十九世纪二三十年代的澳门报业》(*A Opinião Pública em Macau, A Imprensa Macaense na Terceira e Quarta Décadas do Século XIX*)②。这两部专著，都是目前最主要的有关《蜜蜂华报》的研究，尤其是程曼丽的《蜜蜂华报研究》，更是迄今为止唯一以《蜜蜂华报》为对象的个案式研究。可是，这些研究还不足以移除学者对《蜜蜂华报》身份的疑问。

本章将首先对照各种有关《蜜蜂华报》以前可能有报刊出版的记录，尝试将有关《蜜蜂华报》的身份疑点一一列出，试图在解答一些历史疑问的同时，提出《蜜蜂华报》以前可能曾经出版过的报刊资料，供学者做进一步研究。在这个基础上，再从目前有

---

① 该书为程曼丽在中国人民大学新闻学院的博士论文，1998 年 11 月由澳门基金会出版。

② José Augusto dos Santos Alves, *A Opinião Pública em Macau, A Imprensa Macaense na Terceira e Quarta Décadas do Século XIX* (Macau: Fundação Oriente, 2000).

原件可查的《蜜蜂华报》的特殊出版背景开始，就《蜜蜂华报》以来至鸦片战争前的澳门葡文报刊业进行介绍。

第一节 《蜜蜂华报》的历史疑点及《消息日报》
是否存在

正如前文所述，以往史家认定 1822 年出版的《蜜蜂华报》（A Abelha da China）为澳门出版的第一份报纸，其最重要的证据是葡萄牙两项有关出版的法令：1737 年颁布的禁止葡萄牙海外属地（各殖民地）出版的法令以及 1768 年开始实行的新闻检查（预检）制度，该两项制度都规定只有葡萄牙本土可以进行合法出版工作，其他地方不容许出版任何刊物。1820 年 8 月 24 日，葡萄牙本土的立宪派（即改革派）起义成功，推翻帝制，创立了君主立宪制度，并颁布了宪法，葡萄牙的立法机关决定解除出版禁令，葡萄牙的各个海外省立即出现了报纸、书籍和其他的出版物，因此才有《蜜蜂华报》的出版。可是，正如本书第三章所述，早在 1822 年《蜜蜂华报》出版之前，伦敦传教会传教士马礼逊（Robert Morrison）和澳门东印度公司在澳门已有大量的出版活动，这些活动证明了当时澳门葡萄牙当局并没有严格地执行出版禁令，出版活动在允许出版的新法令实施以前已经存在。而且，根据本书考证，当时受惠于澳葡政府宽松执法在澳门从事出版活动的，还有马礼逊和澳门东印度公司以外的英美人士，以及澳门圣约瑟修院（St. Joseph Colleague，葡语为"Seminário de S. José de Macau"）的天主教神父。

根据白乐嘉在《澳门新闻出版之始》中的记载，东印度公司可以在理论上没有出版自由的澳门从事出版活动，这样的特权，很快引起了当时的其他居澳人士的注意，"就在 1815 年东印度公司印刷所出版了首本书籍后，其他的英美印刷商也紧跟其后，在澳门享受了不受禁止印刷法令和预检制度约束的特权"[①]。不过，白乐嘉

---

① J. M. Braga，"The Beginnings of Printing at Macau，" *STVDIA Revista Semestral* No. 12（Separata）（Lisboa：Centro de Estudos Históricos Ultramarinos，Julho 1963），p. 60.

并没有列明"其他的英美印刷商"是谁，印刷出版了什么书籍。伦敦传教会另外一名传教士麦都斯（Walter Henry Medhurst）在1838年发表的著作中也称自己利用了这个特权，出版了自己的书。麦都斯在其1838年出版的《中国现状及前景》（*China: Its State and Prospects*）一书中就直言："外国人在澳门，只要租住葡萄牙人的屋，那间屋便成了自己的城堡，可以在里面印书，无论多少册都可以。"① 其他英美书商是否确实仿效东印度公司印刷所在禁止出版期间出书，仍然有待考证。不过，这段记载仍然从侧面证明了当时居澳人士在家中安装印刷机出版刊物的可能。

　　另外，东印度公司的这种出版特权也引起了居澳葡萄牙天主教徒的不满，并由此引发他们正式向澳葡政府争取无须官方许可也可以出版的权利。根据白乐嘉的记载，圣约瑟修院早在1815年已经不理会出版禁令，自行在修道院内印刷出版了有关天主教圣人生活事迹的二十四卷（volumes）出版物，之后，又用木刻雕版的方式，印刷出版了一些书②。可是，这二十四卷（volumes）有关圣人生活事迹的出版物究竟是什么出版物，是中文的抑或葡语的，是报刊抑或宣教书籍，笔者目前还没有找到其他记载及刊物原件做进一步研究。

　　其后，在圣约瑟修院的压力下，澳葡政府最终向因为拿破仑入侵而流亡国外的葡萄牙国王若奥六世（João VI）申请正式的出版许可。根据澳门市政厅的往来书信档案记录，当时澳门的首席法官亚利鸦架（Miguel de Arriaga Brum da Silveira）在1818年12月29日曾经致函葡萄牙国务秘书斐达德（José Joaquim da Silva Freitas），为圣约瑟修院向葡王申请出版许可③。1819年10月1日，斐达德回复亚利鸦架，表示葡王已经允许圣约瑟修院的出版，该回函译文如下：

---

① Medhurst, *China. Its State and Prospects* (London: Boston, Crocker & Brewster, 1838), p. 238.

② J. M. Braga, "The Beginnings of Printing at Macau," *STVDIA Revista Semestral* No. 12 (Separata) (Lisboa: Centro de Estudos Históricos Ultramarinos, Julho 1963), p. 69.

③ 信件原载于 Father B. Videira, *LIVRO da Copia legal dos Alvaras, Avizos, Cartas Regias, & e mais papeis pertencentes a Camara Episcopal de Macau*, pp. 90 – 94。

你在去年 12 月 29 日的来信已经向皇上报告了。皇上同意许可圣约瑟修院神父提出的出版申请，允许他们印刷用以宣教的书籍和报章。为了切实执行这一许可，国王下令，圣约瑟修院的出版工作需要由修院的神父指挥和管理，并受澳门教区主教监督。①

从这封回函的内容看，早在 1821 年底葡萄牙革命成功的消息传至澳门以前的 1819 年，澳门的圣约瑟修院已经率先取得出版许可，可以合法出版报刊与书籍，这是过往史家没有留意的澳门出版史上的细节。圣约瑟修院在《蜜蜂华报》出版以前究竟有没有出版报刊？回答这个问题，除了可以考证上述的"二十四卷（volumes）有关圣人生活事迹的出版物"以外，至少可以循这两条线索追查：第一，圣约瑟修院是否曾经出版《消息日报》（或《消息报》）②（Diário Noticioso）？第二，《蜜蜂华报》创刊初期究竟在何处印刷？其所利用的印刷设备是属于哪一个印刷所的？东印度公司印刷所是否曾经代印《蜜蜂华报》？

关于《消息日报》或《消息报》（Diário Noticioso）的中文记载，以往仅见于 1998 年成书的施白蒂（Beatriz Basto da Silva）的著作《澳门编年史——十九世纪》。书中施白蒂根据文德泉神父（Pe. Manuel Teixeira）《澳门教区档案》（Arquivos da Diocese de Macau）第 I 册的资料，谓在 1807 年 6 月 4 日，"若阿金·若泽·赖特（Joaquim José Leite）主办的《消息报》在他生活的澳门修道院里创刊。这份

---

① 上述译文由笔者翻译，信件原载于 Father B. Videira, *LIVRO da Copia legal dos Alvaras, Avizos, Cartas Regias, & e mais papeis pertencentes a Camara Episcopal de Macau*, pp. 90 - 94。

② 《消息日报》在下文将引述的《澳门编年史——十九世纪》一书中被翻译为《消息报》。可是，根据其葡语原文 "Iníco do Diário Noticioso"，该报应为《消息日报》的意思。因为"日报"是专有的报业名词，本书将以《消息日报》作为 *Iníco do Diário Noticioso* 的中译。下文除引文外，均从此一译法，谨作说明。

报一直发行到 1834 年，记述了澳门和修道院里日常的生活”①。

《澳门编年史——十九世纪》一书中，共有五次提到《消息日报》，兹将所有这些记录列举如下：

1801 年（5 月 20 日）拉匝禄修士若阿金·若泽·赖特（Joaquim José Leite）抵澳门。在此，他生活了 52 年，1852 年 6 月 25 日逝世，享年 89 岁。在他担任修道院长时期，教会司铎团活动频繁，并向澳门的年青（轻）人开放。他的《消息报》，为我们今天编辑澳门编年史提供了很大帮助。②

1807 年（6 月 4 日）若阿金·若泽·赖特（Joaquim José Leite）主办的《消息报》在他生活的澳门修道院里创刊。这份报一直发行到 1834 年，记述了澳门和修道院里日常的生活。③

1808 年（7 月 5 日）至少有 11 艘英轮自孟买来到澳门，它们带来了葡王室举家迁往巴西的惊人消息。（参阅赖特《消息报》）④

1817 年（1 月 30 日）深夜 3 点接近 4 点时，发生两次有感地震，在地震的几秒钟内，屋架发出咯吱声，门窗也沙沙作

---

① 施白蒂（Beatriz Basto da Silva）：《澳门编年史——十九世纪》，澳门基金会，1998，第 8 页。

② 此段引文中的“《消息报》”原为“《日记》”，笔者根据施白蒂的葡语原文将之订正。施白蒂在葡语原著中，一直以“Diário Noticioso”或“Diário”指称《消息报》，上述一段记载的葡语原文以“Diário”入文，将之译成“日记”，相信为翻译时没有参阅上下文造成的笔误。引文见施白蒂（Beatriz Basto da Silva）《澳门编年史——十九世纪》，澳门基金会，1998，第 3 页。

③ 施白蒂（Beatriz Basto da Silva）：《澳门编年史——十九世纪》，澳门基金会，1998，第 8 页。

④ 施白蒂（Beatriz Basto da Silva）：《澳门编年史——十九世纪》，澳门基金会，1998，第 9 页。

响，地震持续了 5 秒钟左右。（参阅赖特《消息报》）①

　　1820 年（11 月 24 日）赖特（Leite）办的《消息报》记录了若阿金·文森特·德·雷戈总督即日前往帝汶就职的消息。

上述五段记录清楚显示，第一段是《消息日报》创办人赖特神父的小传，当中说明了施白蒂在编著十九世纪澳门编年史时得到了《消息日报》的"帮助"。第二段是备受争议的《消息日报》出版记录。第三段至第五段是引自《消息日报》刊载的事件记录。笔者曾与施白蒂联系，她说自己引用的《消息日报》（*Diário Noticioso*）确实出自文德泉的《澳门教区档案》，她本人没有见过《消息日报》（*Diário Noticioso*）的原件，但相信《消息日报》是赖特神父（Leite）的手稿，没有印刷出版。

　　文德泉神父的《澳门教区档案》（*Arquivos da Diocese de Macau*）第 I 册是在 1970 年出版的，书中收入了他当时在圣若瑟修院找到的关于《消息时报》的全部内容，其引言这样描述《消息日报》：

　　　　这个日报收藏在圣若瑟修院的档案里，由 1807 年 6 月 4 日一直出版到 1834 年 10 月。报刊没有作者名称，但通过其行文可以得知作者是若阿金·若泽·赖特（Joaquim José Leite）。

　　　　澳门历史在这一时期（即 1807 年至 1834 年期间）是非常有趣却又动荡不安的。为什么？因为 1810 年发生了抗击海盗的事件，1822 年发生了自由革命。在 1835 年，发生了宗教团体被裁撤的事件，发生了市政厅被解散只剩下一个简单的市政议会的事件，发生了英国人试图打开中国门户的事件，也就有

---

① 施白蒂（Beatriz Basto da Silva）：《澳门编年史——十九世纪》，澳门基金会，1998，第 20 页。

了后来的鸦片战争与香港开埠，发生了南京和北京教区的变化，上述教区最后的葡萄牙裔神父死亡。还有，圣若瑟修院任命在修院中学习的澳门青年为神父，此外还有二十七年间好几任澳督到来和就职的消息。这个刊物，至今没有公开出版，所以不为人知，但它是名副其实的澳门历史宝库，有许多宝贵的资料可以照亮澳门的历史……

　　阅读此报，可以看到，澳门的神父继承了耶稣会的光荣传统，组成了自己的教区，教育了澳门的青年一代，在精神上训导他们，这里的许多青年，后来在里斯本、科英布拉、伦敦、孟买、槟城和新加坡的大学完成了学业。[1]

根据《澳门教区档案》收录的关于《消息日报》的内容，《消息日报》存续的具体起止时间是 1807 年 6 月 4 日至 1843 年 10 月 3 日，比文德泉描述的时间长十年，一共存续了三十七年。在这三十七年间，《消息日报》以不定期发行的形式记录当时发生的事件，其中 1812 年和 1813 年没有记载任何内容，其余各年均依事件发生日期罗列，记录了一共 1139 条消息。这些消息可以分成两大类：第一类是教会消息，包括圣若瑟修院的内部消息、当时天主教中国教区和亚洲各教区的消息，当中人事消息最多，其次是介绍不同教区面对的问题，这一类内容的记录非常简略，常常只有一句话，像"1815 年 4 月 30 日，André 神父抵达，加入传教团"[2]；第二类是当时的社会大事，包括发生在中国澳门和内地，以及亚洲乃至欧洲的大事，这部分消息大多较为详细，像 1814 年 7 月 17 日记录的一次日食消息中，有整个日食的时间记录和形态描述[3]，这类消息都

---

① Pe. Manuel Teixeira, *Arquivos da Diocese de Macau*（Volume I）（Macau：Tipografia da Missão do Padroado，1970），pp. 113 – 114。引文为笔者翻译。

② Pe. Manuel Teixeira, *Arquivos da Diocese de Macau*（Volume I）（Macau：Tipografia da Missão do Padroado，1970），p. 129.

③ Pe. Manuel Teixeira, *Arquivos da Diocese de Macau*（Volume I）（Macau：Tipografia da Missão do Padroado，1970），p. 126.

以类似现代新闻学的客观消息方式写成，同样是了解当时历史的宝库。

根据《葡萄牙海外历史档案馆馆藏澳门及东方档案》（*Macau e o Oriente no Arquivo Histório Ultramarino*）[①] 提及的一份1811年2月1日的档案，赖特的确曾经编写"每日消息"（diário noticioso）[②]。不过，从上引文德泉神父所说的"这个刊物，至今没有公开出版，所以不为人知"来看，笔者倾向于相信《消息日报》当年很可能只在圣若瑟修院及少数有关部门和群体中流通，不是公开发行的报刊。

另一个可能与《消息日报》曾经出版有间接关联的线索，是《蜜蜂华报》创刊初期的印刷问题。苏精在其《马礼逊与中文印刷出版》一书中认为，《蜜蜂华报》是由澳门东印度公司印刷所代印的，所以他在编辑澳门东印度公司印刷所出版目录的时候，就把《蜜蜂华报》列入其中[③]，他的根据是伦敦大学亚非学院图书馆内编号为"EIC，G/12/227"的"Canton Consultation，22 August，1822"文件。文件中谓，当1822年澳门葡萄牙人发生政争，立宪派于8月间自保皇派手中夺得政权后，新议会决议办报，"便函请当时澳门唯一拥有印刷设备的英国东印度公司办事处协助，办事处觉得并无不妥，即指示汤姆斯往访议会秘书处商洽进行办法"[④]。就在汤姆斯往访议会秘书处商洽代印办法后的二十天，即当年9月12日，《蜜蜂华报》便创刊了。苏精由此认为《蜜蜂华报》是在东印度公司印刷所出版的。

不过，白乐嘉对东印度公司印刷所是否曾经代印《蜜蜂华报》有不同的看法。他认为，《蜜蜂华报》是在当时立宪派成立的新政

---

① Isaú Santos, *Macau e o Oriente no Arquivo Histório Ultramarino*（Volume I）（Instituto Cultural de Macau, 1997）, p. 1503. 上述文件的档案编号为"A. H. U-Macau, cx. / 32, doc. no21"，其葡萄牙原文为：Informação（cópia）de Joaquim José Leite sobre a criação de funeionamento e actividades do Seminário de S. José de Macau。

② A. H. U-Macau, cx. / 32, doc. no21.

③ 苏精：《马礼逊与中文印刷出版》，台北学生书局，2000，第109页。

④ EIC, G/12/227, Canton Consultation, 22 August 1822.

府辖下的政府出版处印刷的，他虽然没有明确说明《蜜蜂华报》不是由东印度公司印刷代印的，但在编制从 1815 年至 1834 年间澳门出版图书目录的时候，并没有将《蜜蜂华报》视为东印度公司印刷所的出版物①。

笔者曾经查阅了《蜜蜂华报》每一期存报，发现从创刊号开始，该报在每一期的最后一页末端均会注明 "Na Typographia do Governo" 的字样，意为 "在政府印刷处印刷"。可是，根据东印度公司的文件记录，在 1822 年 8 月 20 日东印度公司确实曾应新政府的要求，指令印工汤姆斯前往澳葡政府的议会秘书处商洽代印办法的内容，《蜜蜂华报》是在当年 9 月 12 日创刊的，即使当时汤姆斯与议会秘书处人员会面的结果是新政府将自己成立印刷所，按十九世纪初的国际交通状况看，他们不可能在二十天内从印度或葡萄牙等地运来印刷机开印《蜜蜂华报》。因此，《蜜蜂华报》从创刊开始便 "在政府印刷处印刷" 这一论断确实有可怀疑的地方。

不过，立宪派的新政府确实曾成立了自己的印刷所。马礼逊在 1822 年 11 月 12 日致伦敦传教会司库汉基先生（W. A. Hankey）的报告——《中国传教差会创立十五周年的回顾》中有一段文字，可以证明澳门立宪政府在 1822 年确实成立了印刷所并且在出版 "中国新闻"。该段文字的英语原文是这样的：

The Honourable Company's press at Macao has emboldened the New Portuguese Government to establish a press, and they venture to print and publish Chinese News. ②

上文意为 "澳门东印度公司印刷所的存在，实际上鼓励了新

---

① J. M. Braga, "The Beginnings of Printing at Macau," *STVDIA Revista Semestral* No. 12 (Separata) (Lisboa: Centro de Estudos Históricos Ultramarinos, Julho 1963), pp. 131 – 135, "Appendix Ⅲ".

② Eliza A. Morrison, *Memoirs of the Life and Labours of Robert Morrison'D. D.* (Vol. Ⅱ) (Longdon: Longman, Orme, Brown, Green, and Longmans, 1839), p. 180.

的葡人政府成立一个印刷所，现在，他们已经敢于印刷和出版中国新闻"①。根据这一段马礼逊在华传教工作报告的内容，革命后的澳葡新政府为刊印《蜜蜂华报》而成立的印刷所，其成立日期不会晚于1822年11月12日。

结合上述各条，如果澳门政府的印刷所真的没有赶在《蜜蜂华报》创刊之时成立，那么在目前肯定印刷所已经成立于1822年11月12日或更早以前，该报的确很可能需要由东印度公司印刷所或其他印刷所代印。如果当时《消息日报》真的已经在圣约瑟修院出版，而东印度公司最终没有代印《蜜蜂华报》，那在政府印刷所成立以前，圣约瑟修院印刷所便可能是代印《蜜蜂华报》的地方。

有关《消息日报》和《蜜蜂华报》创办初期的印刷问题，还需要更多的考证才可以下定论。不过，根据笔者目前掌握的资料，除了上文提及的圣约瑟修院在1815年出版的二十四卷（volumes）有关圣人生活事迹的出版物以及《消息日报》以外，现时至少还有一个档案文件可能与《蜜蜂华报》出版以前的报刊出版活动有关。

在刘芳编的《汉文文书：葡萄牙国立东波塔档案馆藏澳门及东方档案文献》中，有五条资料被归类为"报"，当中的三条为"'报'抄本"，文献的日期均为1823年1月2日，内容重复，均为"大西洋小船顶补第四号额船"②；另外两条"'报'副本"的日期均是1821年2月3日，内容相似，分别为"第二十号船往大西洋贸易"③和"第二十号船开行"④。1821年2月3日，也就是

---

① 在此顺带一提，中文版的《马礼逊回忆录》将该段话译为"澳门东印度公司的印刷所，是得到葡萄牙新政府的鼓励而开设的，现在已经敢于印行中国新闻了"。这段译文明显不符英语原文的原意。该译文见 Eliza Morrison《马礼逊回忆录》，顾长声译，广西师范大学出版社，2004，第203页。

② 刘芳编《汉文文书：葡萄牙国立东波塔档案馆藏澳门及东方档案文献》，澳门文化司署，1997，第40页，编号第"0102"和"0104"及页42编号第"0112"号文献。

③ 刘芳编《汉文文书：葡萄牙国立东波塔档案馆藏澳门及东方档案文献》，澳门文化司署，1997，第42页编号第"0110"号文献。

④ 刘芳编《汉文文书：葡萄牙国立东波塔档案馆藏澳门及东方档案文献》，澳门文化司署，1997，第42页编号第"0111"号文献。

在《蜜蜂华报》出版（1822 年 9 月 12 日）的一年多以前，是否已经有报刊的存在，应该可以从这些存于葡萄牙国立东波塔档案馆中的"报"原件中得到进一步的确认。

根据上文的考据，本书将沿用施白蒂和白乐嘉的说法，将《蜜蜂华报》定性为"取消海外省办报禁令后在澳门立即出现的第一份报纸"[1]，它也是迄今为止已发现了原件的澳门最早出版的报刊和中国最早的外报。不过，即使《消息日报》曾经出版，也不影响《蜜蜂华报》的重要性，因为它是葡萄牙近代史上立宪革命成功以后在澳门出版的首份报章，是澳门历史上首个超越宗教文化因素而由政治因素激发出现的现代媒体。《蜜蜂华报》的出版，象征着澳门从由天主教和基督教传教士主导出版事业的宗教文化出版年代，过渡到具有政治功能的澳门新闻出版业的新时代。

第二节　澳门早期政制发展及《蜜蜂华报》的出版背景

正如前述，《蜜蜂华报》是葡萄牙立宪革命成功以后在澳门出版的首份报章。它的出现，与葡萄牙本土和澳门的政治生态以至政制发展息息相关。可是，为什么葡萄牙本土的政治变革会在葡人入居澳门二百多年后才成为催生报刊出版的因素？这与澳门的政制发展史有很密切的关系。

葡萄牙人在 1557 年正式入居澳门。根据澳门史学者吴志良的研究，葡人在东来后的头二百多年间，均是以类似"自治"的模式进行自我管理的。"1560 年，居澳葡人已选出驻地首领（Capitão de Terra）、法官和四位较具威望的商人，形成管理组织，处理社区内部事务。这个后人称为委员会的组织，就是议事会的雏形。"[2] 居澳葡人在这个委员会的管理下进行自治，遵守中国法律。1580

---

① 施白蒂（Beatriz Basto da Silva）：《澳门编年史——十九世纪》，澳门基金会，1998，第 29 页。

② 吴志良：《生存之道——论澳门政治制度与政治发展》，澳门成人教育学会，1998，第 49 页。

年，葡萄牙从海外殖民地印度果阿派出王室法官（Ouvidor）到澳门，"将葡萄牙法律延伸至居澳葡人"①。自此，居澳葡人虽然在议事会的管理下经历了两个多世纪的自治，但不同程度上受到葡萄牙法律的制约。不过，这段时期葡萄牙本土对澳门政治的直接影响和干预并不明显，葡萄牙政治真正渗透至澳门，是从 1783 年《王室制诰》颁布时开始的。

葡萄牙在 1623 年开始，即由印度总督负责委派一名总督来澳工作。初期，澳门总督的权力并不大，而且经常受到本土议事会的制约和干预。1783 年 4 月 4 日，葡萄牙海事暨海外部部长卡斯特罗（Martinho de Melo e Castro）以女王唐娜·玛丽亚（D. Maria I）的名义向印度总督发布圣谕，授予总督必要的权力，以便其主导澳门地区的政治生活。这个圣谕，就是后来被俗称为《王室制诰》的文件。《王室制诰》颁布以后，"总督有权干预澳门葡人内部管理的大小事务，对议事会决策有否决权"②。葡萄牙透过总督加强了对澳门的管治，澳门政局从此也变得与葡萄牙本土的政治变化息息相关。

《蜜蜂华报》（A Abelha da China）在澳门出版的直接导因，是 1820 年葡萄牙发生的一场政治革命。1820 年 8 月，葡萄牙北部城市波尔图发生了一场由立宪党人发动的军事政变，立宪党人随后在首都里斯本成立军事执政团控制政局，正式推翻帝制，创立君主立宪制度。1821 年，葡萄牙新政府废除了 1737 年的禁止海外出版书报法令和自 1768 年开始实行的新闻检查制度，通过了《新闻自由法案》。这次革命，促进了葡萄牙新闻事业的发展。葡萄牙新闻事业的第一次大飞跃是在 1820 年革命之后，这一年里斯本发行了六份日报，而且都是政治性报纸。当时一位记者指出："现在所有的理发馆、鞋店，所有的货摊、酒吧或其他店铺都变成

---

① 吴志良：《生存之道——论澳门政治制度与政治发展》，澳门成人教育学会，1998，第 52 页。

② 吴志良：《生存之道——论澳门政治制度与政治发展》，澳门成人教育学会，1998，第 98～99 页。

了议员的会场。"① 因为 1768 年实施的新闻检查制度，同时禁止葡萄牙海外地区出版报纸，所以 1821 年新闻检查制度废除后，当年 12 月 22 日，（葡萄牙）海外殖民地——印度果阿便出现《果阿钞报》（*Gazeta de Goa*）。澳门葡人也不甘落后，于次年 9 月 12 日创办了《蜜蜂华报》②。新闻法规的变革令使得包括澳门在内的葡萄牙海外地区有出版报纸的法理基础，不过，《蜜蜂华报》在澳门出版，还与革命后葡澳两地的政治斗争有直接关系。革命后葡萄牙仍然处于立宪派和保守派的政争当中，这两派的争斗还延伸至澳门。

前面说过，澳门自开埠以来，居澳葡人逐渐建立了一种以议事会为主要管治权力机关的机制，本地葡人在治理澳门时，有相当大的自治权，这种情况一直维持到十八世纪后期。1783 年，葡萄牙颁布了《王室制诰》，赋予派驻澳门的总督相当大的管治权力，大大削弱了居澳葡人的自治权。"《王室制诰》的颁布，对澳门葡人是一个沉重的打击，他们从此逐渐丧失了主导性的社会影响力，不能似过去那样积极参与与自身生活和前途息息相关的澳门行政管理，维护所居城市的利益。"③ 因此，当葡萄牙政变的消息在 1822 年传至澳门后，土生葡人便想借立宪运动，夺回把持在澳督手上的权力。《蜜蜂华报》的创办人巴波沙（Paulino da Silva Barbosa）就是立宪党澳门分部的首领，他把创办的报纸以蜜蜂命名，就是因为"蜜蜂会咬人，而被咬的当然是旧有建制和保皇忠君的人了"④。其后，"巴波沙以绝大多数票当选为（澳门）总督，执掌包括议事会权力在内的临时政府。《蜜蜂华报》成为自由党⑤的有力武器，以社论、读者来信形式检举报复旧势力"⑥。以巴波沙为首的澳门立

① J. H. 萨拉依瓦:《葡萄牙简史》，李均报、王全礼译，花山文艺出版社，1994，第 319 页。
② 吴志良:《东西交汇看澳门》，澳门基金会，1996，第 93 页。
③ 吴志良:《生存之道——论澳门政治制度与政治发展》，澳门成人教育学会，1998，第 99 页。
④ 吴志良:《东西交汇看澳门》，澳门基金会，1996，第 93 页。
⑤ 即前述的立宪党，或称立宪派。——引者注
⑥ 吴志良:《东西交汇看澳门》，澳门基金会，1996，第 95 页。

宪党人，也正式从保皇派（即保守派）手中夺走权力，进行他们自称的民主自治运动。

由此可以推论，真正导致《蜜蜂华报》出版的，是在澳门日益强大的葡萄牙本土政治力量和澳门土生葡人的自治诉求之间的斗争。葡萄牙立宪革命的成功，只是让澳门立宪党人乘势发动政变的一个机会。所以，当巴波沙等人将管治权从澳督欧布基（José O. Castro Cabral e Albuquerque）手上夺回来以后，他们在《蜜蜂华报》的创刊号这样写道：

> 受议事会之托编辑本报，我们认为，作为编辑的主要责任是真实坦诚地表达加速取得上月 19 日胜利的原因。这是难忘的日子，澳门人聚集在自由亭周围，推翻了忍受多年的专制统治。虽然我们承认这项任务非我们力量所能完成的，但并未因此不能显示我们要齐心合力、结束独裁专政的决心。这次胜利，巩固了市民的权利和义务，并在大众的欢呼声中，依居民的普遍愿望建立了临时政府……①

于是，《蜜蜂华报》从创刊伊始，便站在居澳葡人的角度，为葡萄牙立宪革命的胜利而呐喊，为从总督手中夺回权力而欢呼。它以立宪派机关报和立宪派政府公报自居，又同时以保皇派为攻击和报复的对象。其内容以登载当时澳门政府的自治机关议事会的通告和会议记录为主，也刊载不少葡萄牙与中国官员处理澳门事宜和澳门政情的消息。

其后《蜜蜂华报》的发展也继续与葡萄牙本土的政治发展密切相关。1823 年 6 月，葡萄牙本土发生君主复辟政变，立宪派政府被推翻，政变影响延伸至葡萄牙的其他殖民地和澳门。同年 9 月 23 日，澳门本土的保皇派人士成立了新政权，大肆搜捕立宪派人士，又在澳门法院前当众焚烧 1823 年 8 月 28 日出版的《蜜蜂华

① 吴志良:《东西交汇看澳门》，澳门基金会，1996，第 94～95 页。

报》。其后，保皇派人士以新政权的权力，接管了《蜜蜂华报》，从 1823 年 9 月 27 日的第五十四期开始，《蜜蜂华报》改由保守派出版，一直至 1823 年 12 月 27 日出版终刊号为止。从由立宪派主持到由保守派主持的一年零三个月期间，《蜜蜂华报》一共出版了六十七期[①]。

第三节　《蜜蜂华报》的特点

《蜜蜂华报》的创刊人都是当时澳门立宪运动的代表人物，由于他们掌控了当时澳葡政府的管理权，所以《蜜蜂华报》实质上是具有官报性质的报刊，每期均刊出政府的公文、决议、命令、任命文书以至政府宣言及会议记录，等等。不过，《蜜蜂华报》的官报性质没有影响其基本的传递新闻功能，报刊曾经刊载的新闻消息包括葡萄牙本土和各属地的消息、国际及地区新闻和本地的船期消息等，也曾报道像 1822 年 11 月 1 日广州外国商行所在的十三行发生的大火灾一类的新闻。《蜜蜂华报》为两栏小报，在创刊初期头版多为"澳门"消息。从第五十四期开始，因应《蜜蜂华报》改由保守派出版，保守派大大加强了其官报性质，在每一期头版头条均注明为"官方法令"（Artigos Officiaes）。该报设有杂文、政论文的栏目，也刊登读者来信和广告。

根据程曼丽的《蜜蜂华报研究》所做的统计，《蜜蜂华报》各期所刊的内容中，新闻类文体占总量的百分之三十，非新闻类占百分之七十[②]，其新闻类文体包括了政论文章及各类新闻[③]，非新闻类文体包括了政府公文公告和会议记录等公文体文献和读者来信，其中，这些公文体文献占《蜜蜂华报》所有篇幅的一半以上，"是

---

① 澳门基金会和澳门大学在 1994 年将搜罗到的各期《蜜蜂华报》影印出版了合订本，但仍缺 1823 年 3 月 20 日那期的其中四页。
② 程曼丽：《蜜蜂华报研究》，澳门基金会，1998，第 100 页。
③ 程曼丽：《蜜蜂华报研究》，澳门基金会，1998，第 122 页。

支撑这份报纸的核心内容"①。从这些量化分析的数据可以看出，《蜜蜂华报》的首个特点就是其官报性质，所以才会以平均每期过半的篇幅刊登政府文件。

值得注意的是，这个"官报"的性质，其实也是现实政权风格的一个窗户。以前期（1823 年 9 月 27 日出版的第五十四期以前）的《蜜蜂华报》为例，由于当时的立宪派政府标榜自己拥护立宪、崇尚自由与民主，所以其在《蜜蜂华报》刊登的公文体文献当中，来自里斯本的公函、公文和公报等，"多为规范的公文体，形式比较严谨"②，而来自澳门本土立宪派新政府的，"对于热衷于君主立宪的自由派人士来说，它们是宣传政纲、唤起民众、抨击政府、反驳谬误的最直接、最有效的方式"③。于是，这些公文体文献连同《蜜蜂华报》的政论文章，便令该报在具有官报性质的同时，更像一份政党报纸。

应该指出的是，在《蜜蜂华报》所处的年代，葡萄牙首都里斯本出版的都是"政治性报纸"。当时，英、美、法等西方国家，也处于资产阶级革命后的政党报纸时期，"因为资产阶级虽然推翻了封建统治，但是资本主义的发展还没有给报纸的'大众化'提供物质条件。教育未普及，文盲多；工商业不够发达，广告少，报纸经济不能自给；印刷造纸技术尚未能使报纸降低报价大量印行"④。加上当时英、美、法三国均行议会制，政党需要工具宣传其言论、争取选票，"所以三国资产阶级革命后，报业的主体是政党报纸。它们在经济上依靠政府、政党的津贴，报价高昂，读者对象是政客、上层资产阶级分子。报纸是政党、政客争夺政治、经济权利的新闻工具，内容以政论为主，新闻不仅数量少，而且主要是政治新闻"⑤。

① 程曼丽：《蜜蜂华报研究》，澳门基金会，1998，第 100 页。
② 程曼丽：《蜜蜂华报研究》，澳门基金会，1998，第 101 页。
③ 程曼丽：《蜜蜂华报研究》，澳门基金会，1998，第 103 页。
④ 张隆栋、傅显明主编《外国新闻事业史简编》，中国人民大学出版社，1994，第 45 页。
⑤ 张隆栋、傅显明主编《外国新闻事业史简编》，中国人民大学出版社，1994，第 45～46 页。

革命后葡萄牙本土的报纸，实际上也具有英美这些政党报纸的特点，而在同一历史条件下出现的《蜜蜂华报》，在澳门也是政党的有力武器。

这里所指的政党报纸特性，首先体现在《蜜蜂华报》那种非常明确而强烈的政治目标上。"报纸不遗余力地抨击保守势力赖以寄生的专制体制，为民主运动的胜利鼓舞与欢呼：……这次革命结束了专制统治，明确了公民的权利与义务，并在大众的欢呼声中成立了临时政府。这个政府成立的时间虽然不长，却已表明，它是符合全体澳门居民的意愿的，是爱国的，它所做的一切都是符合国家利益的。"① 当时，居澳葡人已经出现了以澳门为根的"土生葡人"和来自葡萄牙本土的"非澳门居民"两个族群，因此，《蜜蜂华报》中经常强调"全体澳门居民"，其实是一种凸显本土澳门人也就是"土生葡人"的方式。

除了这种以区别"全体澳门居民"和"外人"的意识以外，《蜜蜂华报》还在其他方面表现其政党报纸特性，攻击政敌是当中最重要的手段。根据程曼丽的研究，从创刊开始，《蜜蜂华报》就着力批判保守派的代表人物亚利鸦架及其所代表的澳葡政府。"为了加强批判力度，加深人民对旧有政权本性的认识，报纸采取了'请看事实'的做法，大量刊登原政府发布的有关决议、文件、会议记录（报纸的前三分之一篇幅基本上是这些旧的档案材料），同时刊登揭露问题的读者来信和市民提案，将政府成员的所作所为公诸于众。"② 一系列揭露亚利鸦架不当行为的"读者来信"和与之相配合的社论，可以说是当中的突出者③。

标榜追求民主的《蜜蜂华报》，还以刊登大量市政议会记录和通知所有居澳葡人参加市政议会公告的方式促进民主运动的发展，又直接以报纸作为组织民主运动的工具，呼吁"全体澳门居民"

---

① 程曼丽：《蜜蜂华报研究》，澳门基金会，1998，第44～45页。
② 程曼丽：《蜜蜂华报研究》，澳门基金会，1998，第47页。
③ 程曼丽：《蜜蜂华报研究》，澳门基金会，1998，第47～53页。

参加报纸倡导的政治活动①。更明显的是，为了保持其改革派的形象，《蜜蜂华报》在国际新闻的取材上，明显倾向于报道世界各地的革命等政治运动的消息，从葡萄牙到西班牙的资产阶级革命，到巴西的独立运动，以至西亚、南英和欧洲各国的政治运动，都成了《蜜蜂华报》所报道的外国消息中的重中之重②。

值得一提的是，《蜜蜂华报》从创刊开始就着力提倡言论自由的重要性，并以言论自由为政治自由的基石。佐治·欧维士在其《澳门的公共舆论——十九世纪二三十年代的澳门报业》一书中，引用《蜜蜂华报》上一篇题为《记录》（*Momória*）③的文章，做了如下的评论：

> 《记录》（*Momória*）的作者非常明确地表明了对于传媒的自由空间以及它的组成部分的认识：印刷自由、政治自由、允许大众的质疑、传播当权者的活动。舆论，就像最终达成的协议和期刊，这样的媒体不得不依靠新的社会和政治组织，它使撰稿人或记者、作家的职能更加明确，即成为国家的代言人。
>
> 他们对世界说：我认为我在议会担任的职责就是促进并且扩大传媒的结构，我的后辈在艺术和科学上的发展，将会成为传媒业繁荣和扩展的一个源头，唯一一个可以极好地保证这一点的就是教会。《蜜蜂华报》用不容置疑的语调高声地说，传媒自由显然不在任何一个被黑暗笼罩的国家生存，只有科学的光明可以教育人民在自己和他人相互之间是存在着一种责任的，就像彼此之间的一种相互制约。所有的葡萄牙人都是崇尚爱心和平等的，他们对于不同地区或者不同肤色的人不会有例外的待遇，所有人都有希望，都可以在公司就职或者在传媒界

---

① 程曼丽：《蜜蜂华报研究》，澳门基金会，1998，第53～58页。
② 程曼丽：《蜜蜂华报研究》，澳门基金会，1998，第78～97页。
③ 根据内文推断，《记录》（*Momória*）应为立宪派首领巴派沙发表的一篇演说。

找到一席之地。……我特许同意所有的公民有说话和发表自己的感想以及诚实地对政治时事发表感言的自由。①

从这一段文字可见，当时的《蜜蜂华报》创办人对言论自由和公民权利的观点，深受席卷欧美的资产阶级革命风潮的影响，可以说，因为这样的一个特点，《蜜蜂华报》在发展其浓烈政治特点的同时，也成了在中国领土上最早引介和探讨西方言论自由与公民权利等观念的报刊。

综上所述，正如不少史家所言，《蜜蜂华报》是一份政治性很强的报刊。它的政治性，首先体现在其官报的性质之上，然后体现在它的政党报纸性质当中。这是《蜜蜂华报》最重要的特点。而且，综观自《蜜蜂华报》以来所出版的葡文报刊，很多时候它们都像《蜜蜂华报》一样，既像政府的官报，也像一份政党报纸。

第四节　澳门葡文报刊业的开端及其后续发展

《蜜蜂华报》停刊以后，执政的保皇派便利用其资源，于 1824 年 1 月 3 日创办了《澳门钞报》（一译《澳门报》）（Gazeta de Macau）。而《澳门钞报》实际上与《蜜蜂华报》一样，是执政者的喉舌，是《蜜蜂华报》的延续。不过，该报比《蜜蜂华报》具有更明显的官报性质，报刊的刊头上刊有当时澳门市议会的徽号，内容以政府公告及各类政令为主，也刊载地区和国际新闻。版式与《蜜蜂华报》完全相同，为两栏小报，头版头条均注明为"官方法令"（Artigos Officiaes），连刊在版头的口号也与第五十四期易手和改版后的《蜜蜂华报》相同，引用了葡萄牙诗人贾梅士的同一诗句，不过，该报的言论远比《蜜蜂华报》温和。根据本人查核其原报，其主要内容有：官方法令、来自葡萄牙的重要消息、中葡两

---

① José Augusto dos Santos Alves, *A Opinião Pública em Macau*, *A Imprensa Macaense na Terceira e Quarta Décadas do Século XIX*（Macau: Fundação Oriente, 2000）, p. 35.

国官员的往来信件的葡译，最重要的是，这些葡译的文件主要都是关于当时外商特别是英商在广州的贸易情况、外国商船在伶仃洋的停泊情况，以及鸦片船的进出情况等，还会刊登澳葡政府与一些市民之间的信件往来。

《澳门钞报》最重要的特点是在《蜜蜂华报》的基础上，大大扩充了商业内容。从创刊开始，《澳门钞报》便设有澳门贸易栏，刊登商船进出时间表，还会注明每艘船的船长和乘客名字，以及各船所载的主要商品。就内容而言，比《蜜蜂华报》的简单货船抵达讯息要丰富得多。从 1824 年 3 月 20 日的那期开始，该报还刊登广州进行大减价的商品价格，以及澳门海关开列的商品名录。

另一个特别的地方是，当时本地新闻难求，《澳门钞报》会摘译欧洲各国以及美国和南美诸国的报章内容，所译报刊来自的城市包括：葡萄牙的里斯本、西班牙的马德里和巴塞罗那、英国伦敦、俄罗斯圣彼得堡、意大利罗马，以至意大利的达特列斯特港（Trleste）、十九世纪俄国的新兴谷物大港奥德萨（Odessa）、荷兰的加迪斯（Cadiz）港口、法国西南港口城市巴荣纳（Bayonne）、地中海畔的英属殖民地直布罗陀（Gibraltar）[1]。这些近乎全球化的资讯，都可以从《澳门钞报》上找到。不过，这些资讯来源的一个共同特点是都来自当时的国际大城市或港口城市，可见仍然是与当时全球发展的港口贸易有关。

1825 年底，本地消息越加缺乏，上述的各地报刊摘译几乎占据整个版面。公众对报刊也失去了兴趣，最后，该刊在 1826 年 12 月 16 日出版终刊号后停刊。

《澳门钞报》（*Gazeta de Macau*）停刊后的第二年，1827 年的 11 月，由英国大鸦片商马地臣（James Matheson，1796—1878）创办的《广州纪录报》（*Canton Register*）在广州创刊，成为外国人在

---

① J. M. Braga，"The Beginnings of Printing at Macau，" *STVDIA Revista Semestral* No. 12（Separata）（Lisboa: Centro de Estudos Históricos Ultramarinos，Julho 1963），p. 81.

中国创办的第一份英语报章。《广州纪录报》无论从版面到内容，均与《澳门钞报》有明显的继承关系，特别是对商业消息的处理，两报的方式相似，但《广州纪录报》比《澳门钞报》采用更多的篇幅。从《广州纪录报》开始，在华英国人和美国人纷纷在广州和澳门创办英语报章，直至鸦片战争前夕，连同马礼逊创办的中英合刊报刊——《传教者与中国杂报》（*The Evangelist and Misellanea Sinica*），在华外人在澳门和广州一共出版了六种英语报刊。

与此同时，澳门的葡文报业却在《澳门钞报》以后沉寂了八年。1834 年 10 月《澳门纪事半月刊》（*Chronica de Macao*，又译《澳门钞报》，但为免混淆，本书统一用《澳门纪事半月刊》的译法）创刊，澳门的葡文报业才再度活跃起来，连同《消息日报》（*Diário Noticioso*）在内，在鸦片战争前共创办了十二种葡文报刊。这些报刊的特点是刊期种类多，存续期短，政治、商业和文学内容均有。下文将按出版顺序，简介《澳门纪事半月刊》以来至鸦片战争前出版的各种葡文报刊。

《澳门纪事半月刊》（*Chronica de Macao*），为半月刊，1834 年 10 月 12 日由保守派创办，受当时的澳门总督支持出版，言论上拥护当时的葡萄牙皇室政权。共出版四十五期，1836 年 11 月 18 日停刊。其版式与《蜜蜂华报》完全相同，为两栏小报，头版刊载"澳门"消息或"官方法令"。社长为科尔多瓦（Manuel Cordova）。

《恒定报》（*O Invariável*）为月刊，在 1834 年 8 月创刊，该报直译的全称是《永恒月刊新杂志》（*O Invariável Novo Jornal*）。现在已没有该刊的存报，故该刊的出版及编辑人员资料不详，停刊时间不详。葡裔学者高美士（Luís G. Gomes）在其《澳门图书目录》（*Bibliografia Macaense*）[①] 一书中记载，曾经看过这份月刊其中八期的手稿。

《澳门帝国人报》（*O Macaísta Imparcial*）为三日刊，1836 年 6 月 9 日创办，是同期外国人在中国创办的刊期最密的报刊。该报创刊时，其社长曾经致信知会当时的澳门市政厅，明确表示与官方合

---

① Luís G. Gomes, *Bibliografia Macaense*（Macau：Instituto Cultural de Macau, 1987）.

作的意愿。该报又在第一版、第二版和第五版预留一部分栏目给澳葡政府发布消息。由于当时澳葡当局仍然没有自己的政府公报，因此《澳门帝国人报》实际上具有为官方发布政令的功能。该报的发刊辞说："外国人在广州办报以前，澳门已有了自己的报纸，所以今天我们的出版，或许不值得像之前出版的报纸一样，受到公众特别的赞赏和接受。可是，我们希望保持公正，忠实报道政治和区内的消息，报道旅客和船只出入澳门的情况，我们保证会在星期一和星期四准时出版，希望这张报纸可以由此而得到人们的尊重。我们将不私不党、遵循法律，我们希望公众认同我们的努力。"① 从其发刊辞看，该报在立场上也是支持葡萄牙政府的。1837 年 7 月 5 日起，该报全称改为 *O Macaista Imparcial Registo Mercantil*，直译是《公正澳门人商业纪录报》，是澳门史上首份在报刊名称中强调商业内容的报刊，共出版一百五十九期，1838 年 7 月 19 日出版终刊号后停刊。据存报，其为三栏小报，头版为官方法令，包括葡萄牙本土《政府日报》（*Diario do Governo*）的政令和澳门本土政府的公告文字。社长为克鲁兹（Felix Feliciano da Cruz）。

《澳门政府宪报》（*Boletim Official do Governo de Macau*），该报定期出版，于 1838 年 9 月 5 日创刊，是澳门出版的第一份政府公报，比《蜜蜂华报》的出现晚十六年。1836 年 12 月 7 日，葡萄牙政府通过海事暨海外部长，颁令在海外省出版一份政府公报，公报的编辑工作由政府秘书负责。法令同时规定，公报主要用于发布行政命令、官方文件和其他一切与公众利益有关的文章。法令颁布两年后，澳门执行了这项决定，《澳门政府宪报》创刊，成为澳门第一份政府公报。不过，关于这是不是澳门的第一份政府公报，目前仍然有不同的说法。这份公报出版五期后，在 1839 年 1 月 9 日停刊，后于 1840 年 1 月 8 日复刊至 1844 年再次停刊。其后，澳门还出版过政府公报，却因为葡萄牙海外省的权力改变而改变名称，或中断出版。

---

① 《中国丛报》第五卷第四期，转引自汤开健、陈文原、叶农主编《鸦片战争后澳门社会生活记实——近代报刊澳门资料选粹》，花城出版社，2001，第 43 页。

《澳门人邮报》（*Correio Macaense*），于 1838 年 10 月创刊，为月刊，该报自称为"政治文学杂志"，1839 年 3 月以后停刊，共出版六期。由于该报各期均已散佚，具体出版资料不详。

《真正爱国者月刊》（*O Verdadeiro Patriota*）是另一份出版时间极短的葡文报刊，从 1838 年 10 月创刊至 1839 年 7 月停刊，共出版十期，由于各期均已散佚，具体出版资料不详。

《商报》（*O Comercial*），于 1838 年创刊，从现在仅存的 1841 年 2 月 6 日出版的《商报》第三十四期的副刊看，该报刊载有物价资料、广告和政府文书。《中国丛报》（*Chinese Repository*）曾转载其在 1840 年 9 月 12 日号上刊登的美国海员在澳门死亡事件的报道，说明该报也刊登地区新闻消息。该报约在 1842 年停刊，估计为月刊，其版式为两栏小报，与《蜜蜂华报》相同。社长为利马（Miranda e Lima）。

周报《澳门报》（*Gazeta de Macau*），于 1839 年 1 月 17 日创刊，该报是以刊载新闻为主的周报，共出版三十二期，各期均已散佚，具体出版资料不详。据文德泉记载，该报留有版位用来刊登政府档案和官方文章①。1839 年 8 月 29 日以后停刊，其社长彼亚度（Manuel Maria Dias Pegado）旋即创办《在华葡人周报》（*O Portuguez na China*）。

《在华葡人周报》（*O Portuguez na China*），于 1839 年 9 月 2 日由彼亚度创办。该报刊登了鸦片战争期间，英国海军统帅义律（Charles Elliot）在 1841 年 1 月 20 日宣布结束对华谈判，与清廷钦差大臣琦善达成了"穿鼻草约"的消息和草约的葡文译本（草约内容包括割让香港和恢复广州贸易）。由于草约的英文原件已经散佚，所以《在华葡人周报》刊登的这个葡文译本非常重要②。澳门中央图书馆现在仅存 1840 年 11 月 26 日出版的第六十三期，其版

---

① Pe. Manuel Teixeira, *A Imprensa Periódica Portuguesa no Extremo-Oriente*（Macau: Notícias de Macau, 1965），p. 30.

② Pe. Manuel Teixeira, *A Imprensa Periódica Portuguesa no Extremo-Oriente*（Macau: Notícias de Macau, 1965），p. 33.

式与《蜜蜂华报》相同，为两栏小报，其头版头条位置登载有广告，之后为人物传记式的纪念文章。该报在 1843 停刊，具体日期不详。

从上述简介可知，鸦片战争前在澳门出版的葡文报刊（表 4－1），虽然不一定同《蜜蜂华报》和《澳门钞报》那样与执政者有着密切的关系，却都具有明显的亲政府特点，至少是向政府示好和支持政府的。这种现象，应该说，和当时澳门虽然有了出版自由，但所有报刊均需要经过政府预检才能出版的政策有关。澳葡政府以预检制度有效地控制了反对派的言论。这种执政势力几近垄断报业的情况，一直到 1910 年 10 月 5 日葡萄牙本土发生了共和革命以后才改变①。

概括而言，《蜜蜂华报》至少在三个方面对后世有影响。第一，其确立的"官报"加"党报"的发展模式，在其后几乎一直为澳门出版的葡文报章所仿效。第二，该报纸的版式设置及栏目分类等办报的技术元素，也为其后包括《澳门钞报》在内的葡文报刊吸收，而《澳门钞报》在《蜜蜂华报》基础上发展而来的版面与内容，又为《广州纪录报》所借鉴，这也可以说是《蜜蜂华报》对中国近代报刊的一种带动作用。第三，其对后世的出版技术传播同样有贡献。根据白乐嘉的考证，《澳门钞报》的社长罗萨（António José da Rocha）仅为名义上的社长，该报实际上由当时的奥古斯汀修道院（Augustinian Monastery）院长孔塞桑（Frey José da Conceição）负责编辑。而且，该报名义上由当时的市议会印刷，其编辑部和印刷所却都是在奥古斯汀修道院内②。《澳门钞报》停刊后，其印刷机借予圣若瑟修院，修院用该设备印刷了数本书籍，又培训了一批葡人印刷工和排字工人。后来，香港开埠，来自圣若瑟修院的这些年轻人，像当日东印度公司印刷所培训的葡裔印工一

---

① 林玉凤：《澳门葡文报章的发展特点》，《澳门研究》第十辑，第 117～163 页。

② J. M. Braga, "The Beginnings of Printing at Macau," *STVDIA Revista Semestral* No. 12（Separata）（Lisboa: Centro de Estudos Históricos Ultramarinos, Julho 1963）, p. 80.

样，成为香港最早的印刷工和排字工人①，这可以说是《澳门钞报》对香港早期出版业的间接作用，也是《蜜蜂华报》对后来中国近代报业具有带动效应的另一个明证。

表 4 – 1　鸦片战争前葡文报刊出版目录

	报刊名称	类型	创刊日期	简介
1	*Diário Noticioso* 《消息日报》	日报	1807 年 6 月 4 日	据文德泉在《澳门教区档案》(*Arquivos da Diocese de Macau*)第 I 册中记载,该报由若阿金·若泽·赖特(Joaquim José Leite)在圣若瑟修院出版,没有公开发行,一直出版到 1834 年 10 月。该报曾经记录了当时中国澳门、印度、葡萄牙以及中国内地的社会和教会消息。目前仍未找到该报原件
2	*A Abelha da China* 《蜜蜂华报》	周报	1822 年 12 月 9 日	迄今仍保有原件的澳门出版的第一份葡文报刊。创刊人是当时澳门立宪运动的代表人物巴波沙(Paulino da Silva Barbosa)。该报每期均刊出政府的公文、决议、命令、任命文书以至政府宣言及会议记录等,该报设有杂文、政论文的栏目,也刊登读者来信和广告。《蜜蜂华报》共出版六十七期,从 1823 年 9 月 27 日的第五十四期开始,由于保守派重新掌权而立宪派人物被追捕,《蜜蜂华报》改由保守派出版一直至 1823 年 12 月 27 日终刊
3	*Gazeta de Macau* 《澳门钞报》	周报	1824 年 1 月 3 日	当时保守派为取代《蜜蜂华报》而出版的,实际上是《蜜蜂华报》的延续,但比《蜜蜂华报》具有更明显的官报性质,报刊的刊头上刊有当时澳门市议会的徽号,内容以政府公告及各类政令为主,也刊载地区和国际新闻。版式与《蜜蜂华报》完全相同。该刊共出版五十期,散佚部分较多,澳门中央图书馆现存其中的大约二十五期。1826 年 12 月 16 日停刊。社长为罗萨(António José da Rocha)

① J. M. Braga, "The Beginnings of Printing at Macau," *STVDIA Revista Semestral* No. 12（Separata）（Lisboa: Centro de Estudos Históricos Ultramarinos, Julho 1963）, p. 81.

	报刊名称	类型	创刊日期	简介
4	*Chronica de Macao*《澳门纪事半月刊》	半月刊	1834 年 10 月 12 日	为保守派创办，受当时的澳门总督支持出版，言论上拥护当时的葡萄牙皇室政权。共出版四十五期，1836 年 11 月 18 日出版终刊号后停刊。第十一期及二十期保留在澳门中央图书馆内，其余的四十三期已经散佚。 据存报看，其版式与《蜜蜂华报》完全相同，为两栏小报，头版刊载"澳门"消息或"官方法令"。社长为科尔多瓦（Manuel Cordova）
5	*O Invariável*《恒定报》	月刊	1834 年 8 月	《恒定报》直译的全称是《永恒月刊新杂志》（*O Invariável Novo Jornal*），现在已没有该刊的存报，故该刊的出版及编辑人员资料不详，停刊时间不详。葡裔学者高美士（Luís G. Gomes）在其《澳门图书目录》（*Bibliografia Macaense*）*一书中记载，曾经看过这份月刊其中八期的手稿
6	*O Macaísta Imparcial*《澳门帝国人报》	三日刊	1836 年 6 月 9 日	《澳门帝国人报》创刊时已明确表示与官方合作的意愿，预留一部分栏目给澳葡政府发布消息。由于当时澳葡当局仍然没有自己的政府公报，因此《澳门帝国人报》实际上具有为官方发布政令的功能。 1837 年 7 月 5 日起，该报全称改为 *O Macaísta Imparcial Registo Mercantil*，直译是《公正澳门人商业纪录报》，是澳门史上首份强调商业内容的报刊，共出版一百五十九期，1838 年 7 月 19 日出版终刊号后停刊。现存该刊的第一百零七期至第一百五十九期，第一期至一百零六期散佚。 据存报看，其为三栏小报，头版为官方法令，包括葡萄牙本土《政府日报》（*Diario do Governo*）的政令和澳门本土政府的公告文字。 社长为克鲁兹（Felix Feliciano da Cruz）
7	*Boletim Official do Governo de Macau*《澳门政府宪报》	不定期	1838 年 9 月 5 日	这是澳门出版的第一份政府公报，比《蜜蜂华报》的出现晚十六年。 这份公报出版五期后，在 1839 年 1 月 9 日停刊，后于 1840 年 1 月 8 日复刊至 1844 年再次停刊。其后，澳门还出版过政府公报，却因为葡萄牙海外省的权力改变而改变名称，或中断出版

续表

	报刊名称	类型	创刊日期	简介
8	*Correio Macaense*《澳门人邮报》	月刊	1838 年 10 月	属政治文学杂志，1839 年 3 月以后停刊，共出版六期，各期均已散佚，具体出版资料不详
9	*O Verdadeiro Patriota*《真正爱国者月刊》	月刊	1838 年 10 月	1839 年 7 月以后停刊，共出版十期，各期均已散佚，具体出版资料不详
10	*O Comercial*《商报》	不详（估计为月刊）	1838 年	现在仅存 1841 年 2 月 6 日出版的第三十四期的副刊，藏于澳门中央图书馆内，刊载有物价资料、广告和政府文书，该报也刊登地区新闻消息。约在 1842 年停刊，具体出版资料不详。其版式为两栏小报，与《蜜蜂华报》相同。社长为利马（Miranda e Lima）
11	*Gazeta de Macau*《澳门报》	周报	1839 年 1 月 17 日	以刊载新闻为主的周报，共出版三十二期，各期均已散佚，具体出版资料不详。据记载，该刊留有版位用来刊登政府档案和官方文章。1839 年 8 月 29 日以后停刊，其社长彼亚度（Manuel Maria Dias Pegado）旋即在 9 月 2 日创办《在华葡人周报》（O Portuguez na China）
12	*O Portuguez na China*《在华葡人周报》	周报	1839 年 9 月 2 日	澳门中央图书馆现在仅存 1840 年 11 月 26 日出版的第六十三期，其版式与《蜜蜂华报》相同，为两栏小报，其头版头条位置登载有广告，之后为人物传记式的纪念文章。该报刊登了鸦片战争期间，英国海军统帅义律（Charles Elliot）在 1841 年 1 月 20 日宣布结束对华谈判，与清廷钦差大臣琦善达成了"穿鼻草约"的消息和草约的葡文译本。由于草约的英文原件已经散佚，所以《在华葡人周报》刊登的这个葡文译本非常重要。该报在 1843 停刊，具体日期不详。社长为彼亚度（Manuel Maria Dias Pegado）

* Luís G. Gomes, *Bibliografia Macaense* （Macau：Instituto Cultural de Macau，1987）.

第五章　马礼逊与中国首份中文报刊和双语报刊

　　本章将根据在英国发现的刊物原件，集中研究 1833 年由马礼逊创办的两份报刊①：中文的《杂闻篇》和中英合刊的《传教者与中国杂报》（*The Evangelist and Misellanea Sinica*），即过去被翻译为《澳门杂文篇》或《杂文篇》的报刊。这两份报刊都是澳门以至中国新闻史上非常重要的刊物。根据笔者考证，《杂闻篇》是中国境内出版的第一份近代化中文报刊、第一份用铅活字排印的报刊、澳门历史上第一份中文报刊，而《传教者与中国杂报》则是中国历史上出版的首份中英文合刊的报刊。

　　在笔者已涉猎的各种基督教在华传播史研究和澳门以至中国新闻史研究中，仅苏精在 2000 年出版的《马礼逊与中文印刷出版》一书中提及《杂闻篇》的出版。而且，正如本书第三章所言，苏精在其书中虽然论及《杂闻篇》，可是他只是从"马礼逊的中文出版物"的角度来解读《杂闻篇》的，显然不清楚从中国新闻出版史的角度看，《杂闻篇》是中国境内出版的第一份近代化报刊，也是澳门历史上出版的第一份中文报刊。按照以往通行的说法，澳门的华文新闻史是从 1893 年《镜海丛报》出版的时候开始的，因此，《杂闻篇》的发现，对澳门新闻史具有非常重大的意义，因为它将澳门华文新闻出版史的起点提前了六十年。

---

① 报刊（periodical）包括报纸和期刊，由于早期刊物尚不完全具备现代意义上的报纸与期刊的形态特征，故本章对《杂闻篇》和《传教者与中国杂报》的定位不做区分。——编者注

　　《传教者与中国杂报》原件的发现同样重要，因为这个报刊就是长期被译为《澳门杂文篇》或《杂文篇》的报刊，而且，它不是马礼逊出版的英语报刊。根据本书研究，《传教者与中国杂报》是中英文合刊的报刊，也是魏源最早在《海国图志》一书中所记录的《依泾杂说》。因此，本书将根据《传教者与中国杂报》的发现，尝试澄清以往有关《澳门杂文篇》和《依泾杂说》的种种模糊记录，将《传教者与中国杂报》确认为中国最早出版的中英文合刊报刊。

　　下面，本书将考证《杂闻篇》和《传教者与中国杂报》的出版经过，在订正旧有论述的同时，分析两报刊在中国以及澳门新闻史上的意义。

第一节　澳门的第一份中文报刊：《杂闻篇》的发现经过及其特征

　　《杂闻篇》(*Tsŭ-wǎn-pien* ，"A Miscellaneous Paper")是马礼逊在澳门创办的第一份中文报刊，为不定期刊物，共出版三期，分别是1833年4月29日的第一期、1833年8月29日的第二期和1833年10月17日的第三期。每期印刷量达到两万份。从出版年份看，《杂闻篇》比1833年8月1日在广州创办的《东西洋考每月统记传》(*Eastern Western Monthly Magazine*)还要早三个月。因此，《杂闻篇》是中国最早的近代化中文报刊、外国人在中国境内创办的第一份中文报刊。

　　以往有关基督教在华传播史研究和澳门新闻史以至中国新闻史的研究中，通常只会记载马礼逊的中文圣经翻译与出版，以及他与另一位伦敦传教会传教士米怜在1815年于马六甲创办的第一份中文近代报刊——《察世俗每月统记传》等活动。《杂闻篇》的名字，以往未见于任何记载，包括当时的《中国丛报》(*Chinese Repository*)、已出版的中文版的《马礼逊回忆录》、其他有关基督教在华传教史以及澳门史和中国新闻史专著，只有英国传教士伟烈亚力 (Alexander Wylie)在1867年出版的书目《来华基督新教传教士纪念集》(*Memorials of Protestant Missionaries to the Chinese*)当中，收录了一条马礼逊编辑的"中文杂志《杂文篇》"①。目前最早又最准确记载《杂闻篇》的是前文提及的台湾学者苏精在 2000 年出版的《马礼逊与中文印刷出版》一书。苏精在其书中说明，伟烈亚力的记述名称有误，"可能因为不曾见过而误为《杂文篇》"②。另外，因为马礼逊在出版《杂闻篇》的 1833 年也创办了中英文合刊的 *The Evangelist and Miscellanea Sinica*（直译为《传教者与中国杂报》），而该刊在广为学者引述的中文文献中，又一直以《澳门杂文篇》或《杂文篇》的译名出现③。因此，本书认为，《杂闻篇》过往未被提及又未被追查，很可能是由于人们对中英文合刊的 *The Evangelist and Miscellanea Sinica* 中译名称的误会。

苏精在《马礼逊与中文印刷出版》一书中，根据现藏于伦敦大学亚非学院图书馆的《杂闻篇》原件，简介了《杂闻篇》的出版时间、刊物特点和各期内容④，又订正了伟烈亚力的记述，同时在书中提供了《杂闻篇》创刊号的影印件⑤。

笔者就是根据苏精书中提供的资料，在伦敦大学亚非学院图书馆的伦敦传教会档案中找到《杂闻篇》原件的。可是，查找《杂闻篇》的过程并不顺利，因为《杂闻篇》并没有被直接收入任何伦敦传教会档案的目录之中，连亚非学院图书馆的负责人也不清楚《杂闻篇》的存在，读者只能从"共有 2358 盒，每盒包括 3～6 卷（jacket），每卷又有数束（file）"的文件中，以逐一查找的方式找寻《杂闻篇》的踪迹。结果，笔者在一盒马礼逊的私人书信当中，找到了被夹在信件中间的《杂闻篇》原件⑥。

---

① 苏精：《马礼逊与中文印刷出版》，台北学生书局，2000，第 36 页。
② 苏精：《马礼逊与中文印刷出版》，台北学生书局，2000，第 35～36 页。
③ 这些中文文献包括方汉奇主编《中国新闻事业通史》（第一卷），中国人民大学出版社，1992，第 283～285 页；钟紫：《澳门的新闻传播事业》，载广东省政协文史资料研究委员会编《香港报业春秋》，广东人民出版社，1991，第 315 页。必须说明的是，钟紫一文称《澳门杂文篇》为一中英文合璧的周刊，但其说法似不为后来者引用。
④ 苏精：《马礼逊与中文印刷出版》，台北学生书局，2000，第 51～52 页。
⑤ 苏精：《马礼逊与中文印刷出版》，台北学生书局，2000，第 XVIII 页。
⑥ 《杂闻篇》存放于编号为 CWM/LMS. China. Personal Box. Robert Morrison Paper. Box 1 的档案盒里。

亚非学院图书馆收藏的《杂闻篇》是该刊所出版的全数三期，即 1833 年 4 月 29 日出版的第一期、1833 年 8 月 29 日出版的第二期、1833 年 10 月 17 日出版的第三期。其中，第一期和第三期的《杂闻篇》各有一份原件，第二期有两份原件。《杂闻篇》的板框比十六开小，为 13.4cm × 9.2cm。各期均有四页，且为双面印刷，每期仅首页有版头，全页不分栏，四周有双框装饰，以类似"京报"的黄色纸印刷，但各期所用纸张的纸质明显有差异。第一期、第三期用的纸较厚，第二期用的纸极为单薄。每一期头版的版头中间为刊名，由右至左横排"杂闻篇"三字；刊名右有方格，内书"壹号"等刊期号及"癸巳年"三字，说明其以干支纪年方式标示年份；刊名左则另有方格，内以中式数字由右至左书写出版的月日。报刊的内文以由右至左的中式书写方式直排。除了不分栏外，其第一版的版式已经接近现代报刊的样式，而不是在十九世纪中后期仍然流行的中国书册式版面。

《杂闻篇》以马礼逊购自英国的平版印刷机结合中文活字印刷，比 1853 年创刊的香港最早的中文报刊《遐迩贯珍》早二十年使用这种印刷方式，是中国历史上首份以活字排印的报刊。值得一提的是，《杂闻篇》一如《察世俗每月统记传》，已经采用了顿号"、"和句号"。"两种标点符号。不过，《杂闻篇》比《察世俗每月统记传》更进一步，其标点符号已经正式句读在正文之间，而不是将标点标于文字旁边，这也比《遐迩贯珍》等后来刊物采用的《察世俗每月统记传》式的标点方式要先进。在每个段落结束以前，《杂闻篇》还以"O"号为段落标记，又在人名右方加私名号单线，在地名和国名右旁加双线。在发现《杂闻篇》以前，澳门公认最早采用标点符号的报刊是 1913 年 6 月 3 日创办的日报《澳门通报》，因此，从报刊使用标点符号的历史的角度而言，这部分的澳门新闻史也有改写的必要。

第二节　《杂闻篇》的内容特点

现存各期《杂闻篇》的原件上均有马礼逊手写的文字，上面清晰说明该刊在马家英式印刷所印刷，每期印数为两万份，相信为同期报刊印量之最。各期《杂闻篇》之后又有一个单张的手写文件，上面有马礼逊以英文书写的各期内文介绍，以及下面的说明：

Chinese Publication at Morrison's Albion Press, 1833

Tsǔ-wǎn-pien "A Miscellaneous Paper" of 4 Pages

上引马礼逊手书文件清晰说明，《杂闻篇》是马家英式印刷所在1833年的中文出版物，《杂闻篇》是传教报刊（A Miscellaneous Paper），每期出版四页。《杂闻篇》各期篇幅均不多，每期只有四则消息或文章，兹将各期内容整理如表5-1所示。

表5-1　《杂闻篇》各期内容简介

期号	第一期(号)	第二期(号)	第三期(号)
出版日期	1833年4月29日	1833年8月29日	1833年10月17日
第一则	无标题(第一页至第三页) 内文介绍"天下万国同一家的观念"，介绍了"地球"上的"天下诸国"有"数之万千口"，将地球各国按宗教信仰来划分，介绍各国的宗教信仰	无标题(第一页至第三页) 内文根据《神天圣书》介绍摩西其人其事	标题:善恶之报(第一页至第三页) 内文将十诫内容写成教训，指不跟从将会遭上天惩罚
第二则	无标题(第四页) 介绍《神天圣书》在近十年已有汉文，为外国人翻译,在马六甲出版	无标题(第三页) 内文由摩西引入对"法律"的解释:"法律者，神天上帝之十诫之律也"	无标题(第三页) 内文为介绍天主事迹:"神爷火华者,原造成天地生化人物也"

	第一期(号)	第二期(号)	第三期(号)
出版日期	1833 年 4 月 29 日	1833 年 8 月 29 日	1833 年 10 月 17 日
第三则	标题:父母及孩子之本分(第四页) 内文阐析父母的天职是"要教孩子走路及学习神天之理"等	标题:胎生聋而哑巴者论(第三页至第四页) 内文解释人为何会"胎生聋",并介绍西方各国的聋人学校如何教聋人说话。最后是一则消息:"又闻得英吉利国医生,会教聋哑者发仁之心,想来中华为传这个法子"	无标题(第四页) 为宣教内容,内文谓"信神者,稳当居住且享安乐不惧怕灾祸也"
第四则	标题:孩子待双亲之本分(第四页) 内文劝导子女"要孝顺,要照主诚做事,忤逆是大恶也"	标题:外国书论(第四页) 内文介绍西方活字印刷术的技术和方法,又特别介绍何谓"新闻纸"	标题:神天准人悔罪致施赦恩诏(第四页) 内文解释"耶稣可替人赎罪","世人可赎罪"

　　从表 5 - 1 可见,《杂闻篇》的绝大多数篇幅仍然是刊载宣传基督教信仰的内容,符合马礼逊创办马家英式印刷所的原意。可是,除了宣教内容以外,《杂闻篇》也刊载了一些别具意义的消息与文章,兹一一分述如下。

　　《杂闻篇》第一期的第一篇文章,虽然旨在介绍基督宗教,可是,其介绍的方式是结合世界地理,将地球各国按宗教信仰来划分,介绍各大洲各国的宗教信仰情形,如:

　　　　在世界上有敬信塿偶者,有教信穆罕默德,即回回教者,有敬信神天上帝、救主耶稣者,又有几百万如氏亚国后裔,散住各国之间,敬信神天而不肯信救世主耶稣者。[1]

---

[1] 《杂闻篇》第一号,1833 年 4 月 29 日,第 2 页。

值得留意的是，文中在介绍世界四大宗教及其分支时，明显有批评其他教派的意思："而敬信耶稣者，亦有分几条，即如巴巴会自称天主教者，又有辩正会敬信耶稣者，但不肯服巴巴会之教皇，其辩正会总是（手处）神天圣书内之言，或有别书所载，是皆虚妄之词，虽众人皆悦从信奉，惟辩正会则知其自作聪明，负罪神天。"① 像 "是皆虚妄之词，虽众人皆悦从信奉，惟辩正会则知其自作聪明，负罪神天" 这种说法，应该说是对东正教的一种攻击。

另外，文中又说"原造化天地万物者，名之神爷火华三字"②，这是中文文献中首次出现天主的中译名字——爷火华。"爷火华"就是后来各中文文献中将 "天主" 译为 "耶和华" 的源头。这个天主名字的翻译，是马礼逊引以为傲的，他在《传教者与中国杂报》的第三期中就提及了自己在《杂闻篇》中首次中译了天主的名字，还在《传教者与中国杂报》的同一篇文章中，说罗马天主教在所有中文文献中并没有介绍天主的中文名字，文中隐含攻击之意。这部分内容，相信是引起当时澳门天主教不满并要求澳葡政府取缔马家英式印刷所的原因。有关这方面，详见本章第六节。

《杂闻篇》第一期第二则介绍《神天圣书》的内容，应该是最早介绍中文圣经在华出版的中文文献③。第三则和第四则内容，则很明显地将中国传统的伦理价值观 "父慈子孝"，应用于推广圣经内容之上，所以才有 "父母要教孩子走路及学习神天之理" 和 "要孝顺，要照主诚做事，忤逆是大恶也"④ 这一类的表述。

在《杂闻篇》的第二期，有两则内容特别重要，其一是第三则的《胎生聋而哑巴者论》⑤，文中从现代医学的角度说明失聪的

---

① 《杂闻篇》第一号，1833 年 4 月 29 日，第 2 页。
② 《杂闻篇》第一号，1833 年 4 月 29 日，第 3 页。
③ 《杂闻篇》第一号，1833 年 4 月 29 日，第 4 页。
④ 《杂闻篇》第一号，1833 年 4 月 29 日，第 4 页。
⑤ 《杂闻篇》第二号，1833 年 8 月 29 日，第 3～4 页。

原因，并以此反驳中国人对"胎生聋"种种迷信的论调。更重要的是，在分析了先天失聪的原因以后，《杂闻篇》刊登了该报的唯一一条"消息"——"又闻得英吉利国医生，会教聋哑者发仁之心，想来中华为传这个法子"①。

此外，《杂闻篇》的第二期还有另外一篇非常重要的文章，那就是《外国书论》，其全文如下：

> 友罗巴之各国，皆印书篇多用活字板，要印书时，则聚集各字，后刷完数百，或数千数万本，就撒散其字，各归其类，而再可用聚合刷他书。如是不必存下许多板，且暂时用之书篇，不必刻板之使费，故此在友罗巴各国，每月多出宜时之小书，论当下之各事理，又有日日出的伊所名，新闻纸三个字，是篇无所不论，有诗书六艺天文、地理、士、农、商、工之各业，国政、官衙词讼人命之各案本国各省吉凶新出之事，及通天下万国所风闻之论。真奇其新闻纸无所不讲也。②

这一段只有二百字的文献，是中国刊物上最早介绍西方活字印刷术的中文文献，文中还首次将中式木刻雕版和活字印刷术做了比较，这也是最早介绍西方报业的中文文献，而将"报刊"中译为"新闻纸"，相信亦典出于此。

根据以上的内容分析，《杂闻篇》虽然只出版了三期总共只有十二页的篇幅，其内容也以传播基督教为宗旨，可是，从《杂闻篇》上刊登"又闻得英吉利国医生，会教聋哑者发仁之心，想来中华为传这个法子"的消息到《外国书论》一文来看，《杂闻篇》还最早在中文报刊上引介了西方的医学观念、活字印刷术和"新闻纸"的概念。

---

① 《杂闻篇》第二号，1833 年 8 月 29 日，第 4 页。
② 《杂闻篇》第二号，1833 年 8 月 29 日，第 4 页。

第三节　《杂闻篇》的多个"第一"

从 1833 年 4 月 29 日创刊到 1833 年 10 月 17 日终刊，《杂闻篇》只存在了不到半年的时间，可是，这份不定期中文报刊的发现，还是令澳门新闻史以及中国新闻史中的不少定论需要改写。

首先，以往史界公认中国领土上出版的第一份中文近代报刊，是普鲁士籍传教士郭士立（Karl Freidrich August Gutzlaff）于 1833 年 8 月 1 日在广州创办的《东西洋考每月统记传》（*Eastern Western Monthly Magazine*）[1]。《杂闻篇》在 1833 年 4 月 29 日创刊，比《东西洋考每月统记传》要早三个月，因此，中国最早的近代化中文报刊、外国人在中国境内创办的第一份中文报刊，不是郭士立的《东西洋考每月统记传》，而是马礼逊的《杂闻篇》。而且，因为《杂闻篇》的发现，中国最早的近代化中文报刊和外国人在中国境内创办的首个中文报刊的出版地，应该从广州改写为澳门。

在这个前提下，澳门的新闻出版史也必须改写。以往史界确认的澳门第一份中文报刊是在 1893 年 7 月 18 日出版的周报《镜海丛报》[2]。《杂闻篇》的发现，令澳门华文报刊史的起点提前了六十年，澳门出版的第一份中文报刊是马礼逊的《杂闻篇》。

1853 年在香港创刊最早的中文报刊《遐迩贯珍》，以往也被认为是中国历史上首个以活字排印的中文报刊[3]，《杂闻篇》原件的发现，改写了这一定论。中国最早以西方印刷术结合中文活字排印的中文报刊是《杂闻篇》。而且，《杂闻篇》不是像《察世俗每月统记传》那种以木刻雕版印刷然后以中式线装形式出版的刊物，它是最早以近代报纸样式单页出版的报刊，也是最早以正式标点加

---

① 方汉奇、李矗主编《中国新闻学之最》，新华出版社，2005，第 32～33 页。
② 方汉奇、李矗主编《中国新闻学之最》，新华出版社，2005，第 56 页。
③ 方汉奇、李矗主编《中国新闻学之最》，新华出版社，2005，第 37 页。

入正文的刊物。它比以往在澳门发现的最早采用标点符号的《澳门通报》①（1913 年 6 月 3 日创办刊）早八十年出版，澳门中文报刊使用标点符号的历史起点也因此提前了八十年。根据《杂闻篇》第二期刊载的《外国书论》一文，我们也可以确定，中国报刊中最早介绍西方报刊出版情况的专文，不是刊登在 1834 年 1 月出版的《东西洋考每月统记传》上的《新闻纸略论》②一文，而是《外国书论》一文；以"新闻纸"作为报刊的中译名称，也应该从《外国书论》这一篇文章开始。

就出版量而言，《杂闻篇》每期的印量多达两万份，这与同期出版、影响最大的英文报刊《中国丛报》（Chinese Repository）的数百份相比，实在有天壤之别，这对当时仍然流行雕版小量印刷的中文出版物而言，可谓是一个观念上的冲击。可是，《杂闻篇》对当时的澳门以至中国社会而言，究竟有什么影响？笔者目前还没有找到相关记载，无法进一步解读。目前唯一可以肯定的是，当年跟随马礼逊当印工并在其后成为教士的梁发，曾经在 1833 年 9 月的广州府试期间，将四百余份第二期《杂闻篇》连同其他传教小册子，拿到广州三个城门附近派发给前来应考的士子，意图向中国士人传教③。从这段记载以及《杂闻篇》各期的内容也可以清晰地看到，《杂闻篇》虽然在澳门出版，但它的目标对象不是澳门人，而是全体华人，也就是马礼逊来华传教的目标对象。因此，我们也无须过度解读它对澳门社会的影响。

《杂闻篇》最重要的意义，是证明了早在 1833 年，基督教传教士已经在澳门应用了西方的近代印刷术印刷出版中文报刊，以行动将西方印刷术植入华文报刊的出版工作，这是中西文化交流史上的一个重大进展。《杂闻篇》的版式和标点的使用方法，让我们对近代中文报刊从书册式过渡到单张报纸形式的过程有了新的认识，

---

① 此为笔者的考证。
② 方汉奇、李矗主编《中国新闻学之最》，新华出版社，2005，第 178 页。
③ 苏精：《马礼逊与中文印刷出版》，台北学生书局，2000，第 28 页。

也见证了从《察世俗每月统记传》到《杂闻篇》出版的十八年间，马礼逊是如何将其传教目标与出版工作结合的，从而为我们留下了许多中国新闻史上的"最早"或者"第一"。

第四节　《依泾杂说》、《杂文篇》与《传教者与中国杂报》考

根据笔者考证，《依泾杂说》、《杂文篇》（或《澳门杂文篇》）和《传教者与中国杂报》实为同一份刊物，即马礼逊在 1833 年创办的 *The Evangelist and Misellanea Sinica*，其原件上只有英文报名，直译为《传教者与中国杂报》，但其内容实际为中英文对照，是中国境内出版的首份中英文合刊的报刊。

不少新闻史研究的著述都称《依泾杂说》为中国境内出版的首份中英文合刊的报刊，称《杂文篇》或《澳门杂文篇》为马礼逊创办的英语报刊，而《传教者与中国杂报》这一个名称，则较多地以"马礼逊创办的传教杂志"的身份出现在基督教在华传播史的研究当中。如果对照各种提及《杂文篇》和《传教者与中国杂报》的文献，可以轻易发现这两个刊物实为同一份报刊，即上文提及的 *The Evangelist and Misellanea Sinica*，只是《传教者与中国杂报》是根据英文名直译而来的中文名称，而《杂文篇》相信是出于前述伟烈亚力在 1867 年出版的书目《来华基督新教传教士纪念集》当中提及的"《杂文篇》"。因此，要确认《依泾杂说》即《杂文篇》或《传教者与中国杂报》，关键是求证《依泾杂说》是不是英语的 *The Evangelist and Misellanea Sinica*。

各种中国新闻史研究中有关《依泾杂说》的记载，从来都是非常简略的，常常只有寥寥数十字。在对照所有与《依泾杂说》相关的研究后，本书相信，这些记载都是根据成书于 1843 年的魏源名著《海国图志》而写成的，而且，从来没有学者提及《依泾杂说》的原件或提出超越《海国图志》所记载的《依泾杂说》的内容。《海国图志》的"夷情备采"一章，收入了林则徐根据其译

报资料汇编"澳门新闻纸"的内容加工而成的《澳门月报》一文①，文中的"论中国"部分有谈及《依泾杂说》的段落，其全文如下：

> 道光十七八年，澳门有依泾杂说，乃西洋人士罗所印，由英吉利字译出中国字，以中国木板会合英吉利活字板，同印在一篇。序云：数百年前，英吉利有一掌教僧，将本国言语同讷体那言语同印，今仿其法，所言皆用中国人之文字。此书初出时，中国人争购之。因其中多有讥刺官府之陋规，遂为官府禁止。中国居天下人中三分之一，其国又居阿细洲地方之半，周围东方各国，皆用其文字；其古时法律经典，皆可长久；其勇敢亦可与高加萨人相等，性情和顺灵巧，孝亲敬老，皆与欧罗巴有王化国分相等。惟与我等隔一深渊，即是语言文字不通。马礼逊自言只略识中国之字，若深识其文学，即为甚远。在天下万国中，惟英吉利留心中国史记言语，然通国亦不满十二人。而此等人在礼拜庙中，尚无坐（座）位。故凡撰字典、撰杂说之人，无益名利，只可开文学之路，除两地之坑堑而已。②

根据目前考证，最早注意到这一段文字并将之写进澳门新闻史的，应是钟紫收录在其《香港报业春秋》一书附录中的短文——《澳门的新闻传播事业》③，当中有关《依泾杂说》一段说明的全文如下：

> 《依泾杂说》——这是一份中、英文合壁（璧）的刊物，

---

① "澳门新闻纸"和《澳门月报》均不是报刊，是林则徐翻译当时在广州和澳门的内容整理而成的，前者是资料汇编，后者是文章。至于"澳门新闻纸"和《澳门月报》的关系，见宁树藩《关于"澳门新闻纸"和〈澳门月报〉》，载《宁树藩文集》，汕头大学出版社，2003，第356~364页。

② 魏源：《海国图志》（下），岳麓书社，1998，第1959~1960页。

③ 根据澳门历史学者陈树荣提供的资料，钟紫的《澳门的新闻传播事业》一文，最早是在1980年发表的。

1827 年创刊。根据魏源《海国图志》的《夷情备采》一章说："依泾杂说由英吉利字译出中国字，以中国木板会合英吉利活字板，同印在一篇。此刊一出，中国人争购之，以因其中多有讥剌官府陋规，旋为官府所禁云。"①

从上面引文可见，钟紫基本上沿用了《海国图志》里的文字，然后将《依泾杂说》确认为"一份中、英文合壁（璧）的刊物"，将《海国图志》中的"道光十七八年"误指为 1827 年。另外，初版时间（1982 年）比前引钟紫一书出版时间早的《中国新闻事业简史》，在介绍《依泾杂说》的时候，虽然没有说明资料出处，可是，从其行文看，应该也是引用《海国图志》的记载的：

> 约在 1837 年或次年，欧洲人罗②在澳门创办了一份中英文对照的刊物《依泾杂说》，英文用铅字，中文用雕版印刷，因便于学习中、英文，受到部分人欢迎，出版不久，即因讥讽官府陋规而被查禁，是被中国官府查禁的第一个近代报刊和外人报刊。③

这段文字，基本上还是在《海国图志》记载的基础上做进一步的解读，如"因便于学习中、英文，受到部分人欢迎"一句，应该是作者加入了自己对"此刊一出，中国人争购之"的原因的推测，而"是被中国官府查禁的第一个近代报刊和外人报刊"一句，则是对被引原文合理的解读。

目前最权威的中国新闻史通史专著《中国新闻事业通史》，对

---

① 钟紫：《澳门的新闻传播事业》，载广东省政协文史资料研究委员会编《香港报业春秋》，广东人民出版社，1991。

② 笔者推断此为对马礼逊的称呼，因马礼逊洋名为 Robert Morrison，音译是"罗拨·马礼逊"或"罗伯特·马礼逊"。——引者注

③ 本引文出自该书的第二版，见方汉奇、张之华主编《中国新闻事业简史》（第二版），中国人民大学出版社，1995，第 46 页。

《依泾杂说》的记载也没有超出《海国图志》的范围，因此，《依泾杂说》是否存在抑或另有其名，应该可以从上述一段《海国图志》引文提到的内容中找到线索。

《海国图志》引文中提供的《依泾杂说》出版线索中最重要的有三条：第一，该报在道光十七年，即 1837 年左右出版；第二，该报为中英文合刊；第三，该报曾因为言论问题被查封。

针对上述的第一个线索——1837 年左右出版，笔者查阅了已知的所有相关文献。在所有研究十九世纪初中期澳门新闻出版史著作里，除了上面提到的《中国新闻事业通史》《中国新闻事业简史》以及钟紫的《澳门的新闻传播事业》等内地出版的研究成果以外，其余的均没有 1827 年或 1828 年澳门曾经出版过一份中英文合刊报刊而该报又被停刊的记载。在白乐嘉的《澳门新闻出版之始》一书中，从 1822 年《蜜蜂华报》创办至 1834 年马家英式印刷所关闭期间，只记载了在 1833 年被查封的刊物——*The Evangelist and Misellanea Sinica*①，也就是被译为《杂文篇》或《传教者与中国杂报》的报刊。文德泉神父的《远东出版的葡文期刊》一书当中，自 1822 年至 1868 年的记载里面，总共记录了两种报刊被查封的事件，第一次同样是 *The Evangelist and Misellanea Sinica*②，第二次是 1868 年创刊的《独立报》（*O Independente*），该报在 1868 年创刊的同年，因为批评政府和被指人身攻击，被当时的澳督苏沙（Almirante António Sérgio de Sousa）勒令停刊③。

此外，笔者也查阅澳门历史档案馆里的十九世纪档案，以及山度士（Isaú Santos）编著的《葡萄牙海外历史档案馆馆藏澳门及东方档案》（*Macau e o Oriente no Arquivo Histório Ultramarino*）一书，

---

① J. M. Braga，"The Beginnings of Printing at Macau，" *STVDIA Revista Semestral* No. 12（Separata）（Lisboa：Centro de Estudos Históricos Ultramarinos，Julho 1963），pp. 103 – 105.

② Pe. Manuel Teixeira，*A Imprensa Periódica Portuguesa no Extremo-Oriente*（Macau：Notícias de Macau，1965），pp. 6 – 8.

③ 以上译自 Pe. Manuel Teixeira，*A Imprensa Periódica Portuguesa no Extremo-Oriente*（Macau：Notícias de Macau，1965），p. 40。

从 1827 年至 1837 年的档案中，均没有找到 The Evangelist and Misellanea Sinica 被查封以外的报刊被取缔的文件。因此，笔者大胆推断，即使历史上曾经出版过《依泾杂说》，它也不是在"1837年左右出版"的。

而且，正如前文所述，多年来所有记录《依泾杂说》的文献，基本上都同出一源，即《海国图志》，迄今为止没有《依泾杂说》原件被发现的记载，也没有比《海国图志》中的记载更详细的资料。而前述《海国图志》中提供的《依泾杂说》线索中最重要的一条——因为言论问题被查封，又刚好与《杂文篇》或《传教者与中国杂报》的记载吻合。目前，在中文专著里，对《杂文篇》记录得最详细的是《中国新闻事业通史》，该书有这样的一段记载：

> 《杂文编》是一份英文周刊。每期 4 页，这是一份宗教性的刊物，它的格言是："走向全世界，将福音传播给每一个人。"它大量刊登有关基督教义和传教士任务、职责方面的文章，也刊登有关中国及华侨聚居地区和国家事务的稿件，也有政治和商业方面的材料，每期还有一短篇中文稿。出至第 4 期时，澳门的葡萄牙当局查封了亚本印刷厂①。其理由是：一，该厂所印书刊含有反对天主教的内容；二，违反了葡政府有关在其领土上的印刷厂，须经批准的规定。该厂被封后，《杂文编》也就不得不随之停刊。②

在这个背景下，本书假设《依泾杂说》就是 The Evangelist and Misellanea Sinica，也就是《杂文篇》或《传教者与中国杂报》，将根据以下五条尝试确认《依泾杂说》与 The Evangelist and

---

① 即马家英式印刷所（The Morrison's Albion Press），相信引文中的亚本印刷厂是据"Albion Press"而来的音译。——引者注
② 方汉奇主编《中国新闻事业通史》（第一卷），中国人民大学出版社，1992，第284～285页。

Misellanea Sinica 之间的关系，同时考证前述《海国图志》中提供的《依泾杂说》存在的另外两个重要线索："该报为中英文合刊"和"该报曾因为言论问题被查封"。

第一，根据笔者在大英图书馆查得的《传教者与中国杂报》（*The Evangelist and Misellanea Sinica*）第一期至第三期及藏于伦敦大学亚非学院图书馆的第四期《传教者与中国杂报》前三页原件可以确认，《传教者与中国杂报》为中英文合刊的刊物，从其版面看，确实符合"由英吉利字译出中国字"和"同印在一篇"的描述，只是，原件及马礼逊自己的记载①与《海国图志》记载不同的是，《传教者与中国杂报》的中文部分，不是以中国的木刻雕版而是以活字印刷的。

第二，从 *The Evangelist and Misellanea Sinica* 各期原件的内容看，该报曾经刊载众多讨论天主教教义和暗讽天主教以及天主教在华传教工作的内容②，结合有关 *The Evangelist and Misellanea Sinica* 被查封的中、英、葡语文献，特别是当年澳葡政府致东印度公司要求查封 *The Evangelist and Misellanea Sinica* 的信件③，可以确认，该报是因为当时的澳门天主教主教向澳督投诉教会及天主教教义受到马礼逊出版的报刊的攻击，最终由议事会决议关闭马家英式印刷所而被取缔。从整个事件的发展看，其起因虽然不全然是"因其中多有讥刺官府之陋规"，但讽刺的是受政府确认和保护的天主教教会，其结果却同为"遂为官府禁止"。

第三，从《传教者与中国杂报》的报名 *The Evangelist and Misellanea Sinica* 原文看，"Evangelist"是圣经传道人的意思，其英语发音音节为"E-Van-Ge-List"，当中的第一个及第三个音节"E"和"Ge"非常接近"依泾"二字的普通话和广东话读音，为此，

---

① Eliza A. Morrison, *Memoirs of the Life and Labours of Robert Morrison*（Vol. II）（Longdon：Longman, Orme, Brown, Green, and Longmans, 1839），pp. 475–477.
② 这些内容将在本章第六节再行探讨。
③ J. M. Braga, "The Beginnings of Printing at Macau," *STVDIA Revista Semestral* No. 12（Separata）（Lisboa：Centro de Estudos Históricos Ultramarinos, Julho 1963），p. 108.

《依泾杂说》中的"依泾"二字很有可能是"Evangelist"的音译。"Misellanea Sinica"是古英语，意为"中国杂说"，极为符合《依泾杂说》中的"杂说"二字。因此，笔者相信，《依泾杂说》的名称是 The Evangelist and Misellanea Sinica 的音译和意译的结果。

第四，根据《传教者与中国杂报》第四期的原件，当中的第二页至第三页有一长篇文章，其标题为《印刷机与圣经》（The Press and the Bible），当中的内容与"数百年前，英吉利有一掌教僧，将本国言语同讷体那言语同印"相当吻合。可是，因为只存于伦敦大学亚非学院图书馆的第四期《传教者与中国杂报》已经严重破损，第三页和第四页内容模糊不清，无法再进一步确认该文的后半段是否与"今仿其法，所言皆用中国人之文字"相吻合。

第五，《海国图志》中有关《依泾杂说》的整段文字，从钟紫一文及《中国新闻事业简史》开始，便只是被节录引用，原文中有一段与马礼逊有关的内容：

> 马礼逊自言只略识中国之字，若深识其文学，即为甚远。在天下万国中，惟英吉利留心中国史记言语，然通国亦不满十二人。而此等人在礼拜庙中，尚无坐（座）位。故凡撰字典、撰杂说之人，无益名利，只可开文学之路，除两地之坑堑而已。①

如果马礼逊与《依泾杂说》的出版无关，当时整理介绍《依泾杂说》内容的时候，林则徐或其译报人员为何要加入这一段文字？因此，本书确信，《依泾杂说》的出版与马礼逊直接有关，他就是《依泾杂说》的创办人，而《依泾杂说》就是《杂文篇》或《传教者与中国杂报》，即 The Evangelist and Misellanea Sinica。只是，当年林则徐或其译报人员将 The Evangelist and Misellanea Sinica 译为《依泾杂说》，又因为其在记述《依泾杂说》的出版年份时有误，

---

① 魏源：《海国图志》（下），岳麓书社，1998，第1960页。

导致众多后来的史学者根据《海国图志》里的内容，误以为在
1833 年出版的 *The Evangelist and Misellanea Sinica* 以外，还有另一
份叫《依泾杂说》的报刊在 1827 年出版和被查禁。加上 *The
Evangelist and Misellanea Sinica* 的中译名称长期不统一，而报刊的
原件在中国各地又早已散佚，在澳门以及内地均没有其存报，目前
已知的只有一份孤本深藏于英国的图书馆之中，以往的新闻史学者
只有根据二手材料撰写《依泾杂说》与《杂文篇》或《传教者与
中国杂报》的内容，更无法求证《依泾杂说》《杂文篇》《传教者
与中国杂报》和 *The Evangelist and Misellanea Sinica* 这几个名字的
关系。

　　综上所述，笔者相信，中国史上首份中英双语报刊就是 *The
Evangelist and Misellanea Sinica*，该报曾经被翻译为《依泾杂说》
《杂文篇》《澳门杂文篇》《传教者与中国杂报》等多个名称。因
为《海国图志》记载的《依泾杂说》所引起的误会，以及多数的
新闻史学者未能亲见该报的原件，所以 *The Evangelist and
Misellanea Sinica* 长期被误认为是马礼逊创办的英语报刊，*The
Evangelist and Misellanea Sinica* 与《依泾杂说》也被误认为是两份
不同的报刊。为了更好地表达 *The Evangelist and Misellanea Sinica* 名
称的原意，同时避免已有中译名称引起的误会，本书谨以《传教
者与中国杂报》为 *The Evangelist and Misellanea Sinica* 的中译名称，
并由此提出，中国以及澳门历史上第一份中、英文合璧的刊物，就
是马礼逊创办的《传教者与中国杂报》（ *The Evangelist and
Misellanea Sinica* ）。

第五节　中国最早的中英文合刊报刊——《传教者与中国杂报》

　　根据本书第三章所述，1832 年 11 月马礼逊在其家中成立马家
英式印刷所（The Morrison's Albion Press），其儿子马儒翰为负责
人，在同年开始私人出版工作。

根据马礼逊自己的记载，在成立马家英式印刷所的时候，他除了利用了自己分别在 1826 年和 1831 年购自英国的石印机和平版印刷机以外，还投入了大量的金钱铸造中文活字①。利用这些设备，马礼逊首先在 1833 年 4 月 29 日创办了首份以中文活字排印的中国境内最早出版的中文报刊《杂闻篇》。两天之后，名义上由其子马儒翰任编辑的《传教者与中国杂报》（*The Evangelist and Misellanea Sinica*）在 1833 年 5 月 1 日创刊，成为中国历史上首份中英文合刊的报刊。可是，该报只出版了四期②，便因为部分内容引起澳门天主教神父的不满，澳葡政府遂致函东印度公司，以违反当时的"出版预检制度"的名义，下令关闭马家英式印刷所，同时取缔该报。从创刊到 1833 年 6 月 3 日停刊，该报只存在了一个月的时间。

根据原件，《传教者与中国杂报》为一般西式小报样式，比今天的 A4 略长，板框面积为 299cm × 210cm，每期四版，双面印刷。该报每期首页为花式报名大字样报头。报头下有横框，横框左则为刊期号，如"No. I"，右则为日期，如"MAY 1, 1833"，刊号与日期之间以大写刊有该报格言"GO YE INTO THE WORLD AND PREACH THE GOSPEL TO EVERY CREAUTRES"，相当于《中国新闻事业通史》中所说"走向全世界，将福音传播给每一个人"③。横框下分左右两栏，刊正文，英语文字全部由左至右横排，中文文字全部由右至左竖排。除头版外，其余各版版头均以普通小字字样印刷报名。比较特别的是，每期的后三页均会在相当于头版刊号的位置上注明页码，但各期页码为上期的接续，如第二期第二页至第四页标示为"6"至"8"，相信是由于出版时已计划以"卷"的方式将报章装订成册的设计。各期最后一页刊

---

① Eliza A. Morrison, *Memoirs of the Life and Labours of Robert Morrison'D. D.* （Vol. Ⅱ）（Longdon: Longman, Orme, Brown, Green, and Longmans, 1839), pp. 481 – 482.

② 白乐嘉谓该报共出版六期，但马礼逊自言只出版了四期，笔者也只找到四期的原件。

③ 方汉奇主编《中国新闻事业通史》（第一卷），中国人民大学出版社，1992，第284～285 页。

有该报小启，说明售价为"1 mace"①，同时刊出该报在澳门和广州的销售点以及出版社——马家英式印刷所，又说明订阅者将按期收到该报。

至于该报各期内容的特点，本书根据刊物原件上载有的篇章标题，将该报各期分成若干"则"，以引号标示各则标题原文，并据各则内容重点整理如表 5 - 2 所示。

表 5 - 2 　《传教者与中国杂报》(*The Evangelist and Miscellanea Sinica*) 内容摘要

期刊号与日期	第一期 1833 年 5 月 1 日	第二期 1833 年 5 月 21 日	第三期 1833 年 5 月 27 日	第四期① 1833 年 6 月 3 日
第一则	"清明祭祖祭文"，中文，全文 133 字。之后紧接上述第一则"清明祭祖祭文"的英译	"FEMALE EDUCATION"（妇女教育）内文以英语介绍一位中国作者劝导国人要让女人读书的短文，又举圣经内容论证女人读书识字的好处，最后刊出短文内容	"INSCRIPTION ON SCROLLS"（挥春）内文为翻译及解释"福禄寿"与"一本万利"的内容	"Religion Plays"（神功戏②）内文为最近澳门和香山地区大范围日夜上演神功戏的报道，并由此引出香山县丞的公告英译
第二则	无标题，为紧接在祭文翻译后的短评。内文介绍孔子的鬼神观念和论语中的相关内容，并旁及佛教的相近内容以及拜祖先的概念。文章最后谓希望基督之光可以照亮中国	"INFIDELITY"（无神论）内文为署名"DR. PHILIP"的来论，文中评论了"无神论"	"CHINESE RULES FOR DOMESTICS"（中国家训）内文介绍及解释中国的一则教导如何接见客人的家训。在英文后附有该家训的中文全文	"The Press and the Bible"（印刷机与圣经）前半段内文为西方印刷发展史与圣经印刷之间的关系，当中提及中国的传统印刷术。后半段由于原件残缺，不可辨

① "1 mace"应为清朝货币，即一钱。

期刊	第一期	第二期	第三期	第四期
号与日期	1833 年 5 月 1 日	1833 年 5 月 21 日	1833 年 5 月 27 日	1833 年 6 月 3 日
第三则	"The Christian's Tomb" （耶稣的墓） 内容为耶稣复活（Resurrection）的故事	"TO THE EDITOR" （致编者） 内文为署名"N"的读者来函，要求刊登其诗歌作品，其作品引用了圣经诗句作为名字	"A NARRATIVE OF FACTS" （事实的陈述） 署名"E. S."，讨论宗教信仰，占第二页半栏，第三版全版及第四页半栏的篇幅，是存报中最长的文章	
第四则	无标题短文，解释何谓真理和真理与道德的区别，并由此引介圣经的内容，特别提到使徒行传	"THE JEWS THE CALCUTTA CHRISTIAN OBSERVER FOR JAN, 1833" （犹太人——《加尔各答天主教观察报》1833 年 1 月号） 内文为有关犹太教的一些争论	"JEHOVAH" （耶和华） 内文介绍"天主"，文中指基督教已经在南中国海各地介绍了天主的名字是爷火华（即今耶和华），但天主教传教士仍没有中译天主名字	以下各则内容不可辨
第五则	" MARTYRDOM OF POLYCARP. BISHOP OF SMYRNA. A. D. 169" 介绍标题中言及的士麦那地区（即今伊兹密尔）主教的事迹	"CANTON" （广东） 内文为"广州新闻"，本书将另行节译	"PEKING GAZETTE" （京报） 内文为译自"京报"的新闻内容，本书将另行节译	

期刊号与日期	第一期 1833 年 5 月 1 日	第二期 1833 年 5 月 21 日	第三期 1833 年 5 月 27 日	第四期 1833 年 6 月 3 日
第六则	无标题短文,解释何谓"Skin for Skin",文章最后评论中国的偶像崇拜,并引用圣经批评中国人希望通过拜偶像而取得财富等想法	"CHINESE SAYING"(中国谚语)以中文印刷"俗语云:生不入公堂,死不入地狱",后以英语解释其意	"EDUCATION"(教育)内文由"京报"报道广东官员提出建立学校开始,评论中国教育状况及引介西方的学校教育观念	
第七则	"Chinese Ethics"(中国道德伦理)中文标题为"戒损人利己说",内文为一中文短文,全文 257字,"利乃义之贼也。晦庵云义者天理之所宜……"	"THE CHRISTIAN'S HOPE"(基督的愿望)署名为"DR. Flectcher"的文章,文中讨论死亡的意义	"PEACE SOCIETY"(和平协会)来自伦敦的消息,介绍和平学会召开十六周年年会的消息	以下各则内容不可辨
第八则	"Translation"(翻译)内文为"戒损人利己说"之英译	"Chinese Sheet"(中文"劝世文"单张)内文中英对照地介绍"消灾增福良方"	"Persecution under Nero"(尼禄的迫害)内文介绍古罗马暴君尼禄对天主教徒的迫害	
第九则	无标题短文,用"以己及物仁也,推己及物恕也""以恕己之心恕人,以责人之心责己"类比圣经中的"黄金定律"(Golden Rule),并讨论该定律该如何翻译,又指出这些思想仍然不是真理	"SEASONS"(季节)内容为最近北方的新闻,又摘译了皇令的内容	"孔夫子"无英语标题,但内文均为英语,介绍孔子其人及其一名后裔出任代理香山县丞(道堂)的消息	

续表

期刊号与日期	第一期 1833 年 5 月 1 日	第二期 1833 年 5 月 21 日	第三期 1833 年 5 月 27 日	第四期 1833 年 6 月 3 日
第十则	为一系列宗教人物介绍,包括:基督新教奠基人物之一的墨兰顿（Philip Melancthon）,墨兰顿为马丁路德的助手,曾为马丁路德作传;法国康布雷大主教（Fenelon Archbishop of Cambray）;拉提麦主教（Bishop Latimer）以及华蒂博士（Doctor Issac Watis）	"RETIREMENT OF AN AGED STATESMAN"（年迈国家官员退休）内文记录清朝一个官员请求皇上让其告老还乡的故事	无	以下各则内容不可辨
第十一则	"CHINA"（中国）内文为"中国新闻",本书将另行节译	无	无	

注:①由于第四期第三、四页破损严重,内容模糊至完全不可辨,该期只能整理出首两页的三则内容。

②神功戏实为粤剧表演的一种形式,在广东及港澳两地很流行。在澳门,每年的北帝诞、天后诞、哪吒诞等,供奉这些神祇的庙宇均会请来戏班演神功戏。

根据表 5-2 可见,《传教者与中国杂报》各期内容主要有三个类型：中国文化知识、宗教知识及教义讨论、各地消息及评论。表 5-2 中的"来论",因为内文均为对宗教教义的讨论,将列入"宗教知识及教义讨论"一并简述,不再另行分析。下文将据上述三个类型一一分述。

一、中国文化知识

这些内容可以说是《传教者与中国杂报》最重要的特色,

也是该报唯一以中英文对照方式刊出的内容。在刊出时，该报多以英语引介其中文内容，加以解释，然后再刊出中文原文。这部分内容包括：刊登在第一期的"清明祭祖祭文"、"戒损人利己说"和"以己及物仁也，推己及物恕也"、"以恕己之心恕人，以责人之心责己"；第二期的"妇女教育"中的短文、中国谚语"俗语云：生不入公堂，死不入地狱"和"消灾增福良方"；第三期的"挥春"中的"福禄寿"与"一本万利"，以及"中国家训"。

如果细看原文，可以发现这些中英文对照的内容，有非常明显的读者对象差异，当中的一部分明显以英美读者为对象，旨在介绍中国的传统观念；另一部分则以中国人为对象，明显有导人向善和教化民众的目标。

以英美读者为对象的内容，大多语出经典或民间谚语，像上述的"以己及物仁也，推己及物恕也"和"俗语云：生不入公堂，死不入地狱"等。也有一些较为生活化的内容，像"清明祭祖祭文""福禄寿""一本万利"。从引介这些文字的英语看来，马礼逊除了翻译其意义外，还会加上注音，指出像"福禄寿"与"一本万利"这些字词的广东话读音。从其英语的引介文字看，马礼逊是在向西方读者解释这些中国文字背后的意义。

另一类总共只有三篇，分别是第二期的"妇女教育"和"消灾增福良方"，以及第三期的"中国家训"。

与"妇女教育"的英语内容一并列出的是这一段中文文字：

> 女子不曾读书识字，每多不能明理，且性气偏执者居多，为丈夫者须多努力教导，不愁不改。彼猴子且教能做戏，狗子教能踏锥，老鼠教能跳圈，八哥教能吟诗。可见禽兽且能教通人事，何况他是个人。①

---

① *The Evangelist and Misellanea Sinica*, Vol. Ⅱ, p. 5,《传教者与中国杂报》第二期，第1页。

从上文可以清晰地看到，这是以"女子也是人"的角度，提倡妇女接受教育后对丈夫有好处。引介这一段中文的英语解说，几乎就是这段文字的英译，只是在其后多加了"为了肯定我们在中国的读者可以将这些内容向他们的当地人朋友推介，以下特别刊出这些文字的原文"①。

"中国家训"刊出时也有相同的处理手法。作者先用英语引介该段文字，又刊出了"英译"的文本内容，然后刊出：

> 在华外国人的家仆很少知道这些良好的中国家训，我们特别在下面将原文刊出：家宝吉征日，家人见客至，低声缓答，小心婉容，门前见客过皆起身直立，遇诸途皆侧立让行，如至其家问话，皆低声缓答，此虽小事，主人之忠厚不忠厚，家人之生事不生事，俱因此而可知也。②

在这里可见，"中国家训"表面上是向英美人士推介中国的"家训"，实际上是为外国人提供教导其中国人家仆会见客人时应有礼仪的中文材料。

另一则比较特别的内容是刊于第二期的中文"劝世文"——"消灾增福良方"。马礼逊在以英语引介该文时说，那是由一个福建人印制的。那个人在一次风暴中向上天祈祷，如果能避过风暴再见家人，便会印制一万张劝世文以答谢上天，当中的内容，是自古传下来的，以"消灾增福良方"这种将其比喻为药方的方式，列出"孝顺""慎言""安分"等十八种可以"消灾增福"的"药材"③，这当中的"药材"皆为导人向善的内容，可见是以"消灾增福"为饵，劝导世人要"孝顺""慎言""安分"等。

---

① *The Evangelist and Misellanea Sinica*, Vol. Ⅱ, p. 5,《传教者与中国杂报》第二期，第1页。
② *The Evangelist and Misellanea Sinica*, Vol. Ⅲ, p. 9,《传教者与中国杂报》第三期，首页。该文刊出时无标点，引文标点为笔者所加。
③ *The Evangelist and Misellanea Sinica*, Vol. Ⅱ, p. 8,《传教者与中国杂报》第二期，第4页。

从这些内容可以推断，当时的《传教者与中国杂报》是同时以中国人和当时在华的外国人为读者对象的。

二、宗教知识及教义讨论

这部分内容占据了《传教者与中国杂报》各期的近半篇幅，当中包括基督宗教发展史、基督宗教历史人物介绍、在华传教工作的历史和现状简介，以及以"读者来信"或署名文章名义刊登的宗教评论。这些内容，除了在介绍基督教成功将"天主"名字"JEHOVAH"翻译为"爷火华"的第三期文章中出现"爷火华"三个中文字以外，其余均以英语写成，可见这些内容的目标读者绝非一般华人。

《传教者与中国杂报》就是因为这些宗教性质的内容，触怒了当时澳门的天主教人士而被勒令停刊的。可是，至今没有找到关于是何种具体内容引起天主教不满的记载。从各期刊出的这些宗教内容看，也确如马礼逊所言，没有直接攻击罗马天主教教义的言论①，连像其在《杂闻篇》中暗讽天主教教派的"是皆虚妄之词，虽众人皆悦从信奉，惟辩正会则知其自作聪明，负罪神天"② 一类的言论也没有。就笔者所见，比较有可能被天主教视为攻击的，其实只有《传教者与中国杂报》第二期和第三期的部分文章。

第二期的《传教者与中国杂报》刊登了一篇标题为"INFIDELITY"（无神论）的读者来信，信件署名"DR. PHILIP"（菲力博士），文中罗列了众多对无神论者的批评，但在结语时说："因为这样，人们可能会反对我的这个声明：那些自认信奉基督宗教（Christianity）的人，通常会被发现不会比无神论者好多少。"③可是，文中的"Christianity"（基督宗教）是一个集合概念，包含了罗马天主教和新教——基督教，因此，上述引文批评的其实是所

---

① 见本章第七节。

② 《杂闻篇》第一号，1833 年 4 月 29 日，第 2 页。

③ *The Evangelist and Misellanea Sinica*，Vol. Ⅱ，p. 6，《传教者与中国杂报》第二期，第 2 页。

有信奉基督宗教（Christianity）的人，包括了天主教和基督教，并不是只批评了信奉天主教的人。

第三期的《传教者与中国杂报》刊登了一篇题为"JEHOVAH"（耶和华）的文章，从其行文推断，应该是马礼逊的作品。文中介绍"天主"名字的由来和在基督宗教不同派别典籍中的表示方式，文章最后指出基督教已经在南中国海各地介绍了天主的名字是爷火华（即今"耶和华"），但"天主教传教士仍没有将天主名字中译"①。这段文字，是目前从该报中发现的最具有攻击天主教意味的，可是，它攻击的不是天主教教义本身，而是天主教在华传播工作的缺失。

如果引起天主教不满的不是上述两则内容，那么，当时澳门天主教反对的，可能是更广泛的基督教的宣教工作，因为基督教确是从反对天主教的部分教义发展而来的，两派的教义和宣讲的重点的确有所不同。

三、各地消息及评论

如果根据标题来划分，在四期《传教者与中国杂报》存报中刊登的消息共有八则。可是，因为像"中国"一类的标题之下，其实是包含了多则消息的，所以《传教者与中国杂报》刊出的消息数量，实际上远比这"八则"要多。从地域而言，《传教者与中国杂报》各期刊登的新闻或消息的来源地，有澳门、香山、广州、广东其他地区、台湾、四川、北京、朝鲜以及英国，可以说包含了本土、区域和国际的消息。就消息采集的方式而言，既有报社人员自己采集的，也有译自其他报刊或私人信件等文件的。

《传教者与中国杂报》刊载的消息，除了刊于该报第三期的"孔夫子"一文以中文"孔夫子"三字为标题外，其余的无论标题还是内文均为英语，可见当时这些新闻的读者对象主要是在华外

---

① *The Evangelist and Misellanea Sinica*, Vol. Ⅲ, p. 11,《传教者与中国杂报》第三期，第3页。

国人。

这些新闻消息，除了有助于我们了解《传教者与中国杂报》的内容特点和该报特色以外，也是了解当时澳门以及中国社会的传播活动以及社会生活的重要历史文献，下文将逐一简述。

（一）第一期的"中国新闻"

刊载于《传教者与中国杂报》第一期的新闻，按标题划分只有"中国"① 一则，但"中国"的标题之下，其实包含了多条消息，以下将该则新闻全文翻译。为便于叙述，译文将在各完整段落前加入序号。兹录译文如下：

一、这个大帝国四周被朝鲜、日本、琉球和交趾支那等古老国家包围，加上大量群岛，这些地方，被基督宗教的传道人注视着。最近这里发生的政治和（字体不可辨）事件，可能会有一些宗教和道德的影响，这些事件应该由那些希望福音可以传遍世界的人监视。

二、我们听到谣言说朝鲜发生了叛乱，这个国家比中国和日本更闭关自守，拒绝与欧洲交往。我们还没有收到有关这次事件的细节消息。

三、台湾是个不安的社会，过去数月有（数字，不可辨）送去欧洲的长篇急件说战争胜利了，我们看了这些急件，但认为消息不可信。

四、有一些不幸的被指派为领袖的人被皇朝捉拿了，他们一部分被凌迟处死，一部分被斩首。这些叛变者当中，一个佛教僧人被指是这次军事叛乱的谋划人。

五、中国的报人（newsmen）在街上贩卖一张铜钱报（Farthing Paper），该报声称有最近叛变的山贼（或山地人，Highlanders）首领提出的可以让他们归顺的条件。首领说他的

---

① *The Evangelist and Misellanea Sinica*, Vol. I, p. 4,《传教者与中国杂报》第一期，第4页。

山头就是一个小国，中国是一个大国，如果大国不善，那小国就不会尊重大国；如果大国出兵，那小国不会不计划击退这些军队，如果大国进攻那当然会有所满足，但只要小国赢得其中一场仗，便可以令其他人羞耻。他因而提出最好的方法是双方缔造和平，他愿意称自己为皇上的奴仆，每年进贡，但留在他自己的几个山头里。文件中多次提及了古代的经典和古代的君王是如何的仁慈，文章最后以两句可笑的打油诗结束。（诗略去）

六、在江南（Keang-nan），一千名士兵分成八队，正在横过扬子江南下。最后一师有两连的军人为回教人，他们不吃军队派发的军粮，要求军队给军饷让他们自己买食物，将军答应了他们的要求，但因为仍然有迟发军饷的事情发生，加上有另一队人强迫他们吃军粮，结果出现打斗，造成一人死亡四人受伤。

七、两广总督卢坤要求嘉奖最近抗击山贼叛乱的英雄，他的嘉奖推荐名单已经呈送皇上。他又请求皇上恩恤最近在海上巨风中死亡的军官家属。

以上七个译自"中国新闻"内文的段落，第一个没有实际消息性的内容，只是说明中国的各个方面都在发生变化，应该属于整则内容的引言，以此引起读者对中国新闻的关注。第二段和第三段分别是来自朝鲜和中国台湾的消息，其中第三段清晰说明了其新闻来源是"送去欧洲的长篇急件"。这两则消息都是当时的地区消息。

译文中的第四段到第七段则属于中国各地的消息。第四段很明显是来自北京的消息，有可能来自"京报"的内容。第五段应该是来自澳门、香山或广东一带的消息，但消息中说的这个"山贼"叛乱事件究竟是什么事件，目前无法考证。值得注意的是，这段消息中提到的"中国的报人（newsmen）在街上贩卖一张铜钱报"，这除了是这段新闻的消息来源外，也是说明当时华南地区有新闻出版活动的记载，有在街上叫卖报纸的"报人"（newsmen），而且他们叫卖的是价格便宜的"铜钱报"（farthing Paper），报上的内容则是叛乱发展的最新消息。从内容推断，这张"铜钱报"应该是华南地区出版的一种"号外"或新闻单张。这段记载，对补充近代以来华南地区的新闻出版活动有重要的意义。

译文的第六段、第七段消息均没有说明消息来源，但从内容推断，都是发生在两广地区特别是广东地区的，很可能是该报自己采集的消息。

（二）　第二期的"广州新闻"及其他

第二期《传教者与中国杂报》可以归入新闻消息类的内容共有三则。第一则以"广州"（Canton）为标题①，文中包含了多段独立的消息，下文将另行说明。第二则是以"季节"（Seasons）②为标题的，当中包含了数段应该是译自"京报"的消息，下文再另行说明。第三则紧接在第二则后，以"年迈国家官员退休"（Retirement of and Aged Statesman）③为标题，由于原件的这一部分纸张发黑，部分内容不可辨别，未能通读全文，就当中可见的内容看，内文记录了一个满族的清朝官员请求皇上让其告老归田的故事，文中记录了该名官员早年视力不佳，"现时已经双目失明"，"他在宫廷叩头感谢皇上"。从这些内容推断，这则消息应该为译自"京报"的内容。

以"广州"（Canton）为标题的一则内容，均是发生在广东的消息，谨加上序号中译如下：

一、广东的水师提督或海军提督，数月前南下海南追捕海盗的时候，在当地海岸发现了一座佛教庙宇。在庙宇内，

①　*The Evangelist and Misellanea Sinica*, Vol. Ⅱ, p. 7,《传教者与中国杂报》第二期，第3页。

②　*The Evangelist and Misellanea Sinica*, Vol. Ⅱ, p. 8,《传教者与中国杂报》第二期，第4页。

③　*The Evangelist and Misellanea Sinica*, Vol. Ⅱ, p. 8,《传教者与中国杂报》第二期，第4页。

部分海盗首领的名字出现在感谢神灵庇佑的香客名单上。提督一怒之下，下令将庙宇夷为平地。之后，他的水师遇上了巨风，几个将军提醒他曾经将庙宇夷为平地是对神灵不敬，并提出应该做一些供奉神灵的事。他听后取笑那些将军，但仍然允许他们自行处理供奉的事，然后自己走进另一艘战舰。其后，巨风变得更大，一艘战舰被巨风卷走，此后全无音讯。而提督所在的那一艘和另外一艘，被巨风打成碎片，船上有一百人被淹死。巨风过后，那些幸存者修理残破的战舰时，发现应该有三眼钉或三个螺栓的地方只有一个，其余两个应该装有钉子的地方只有两个用船缆塞着的洞，他们已经带回了这些恶毒欺诈的证据，现在官府的木匠正在为此事被起诉。

二、关于同一事件，我们从另一个消息来源听到的是，用来造战船的成百上千两银是由广漕府监管的。水师提督和两广总督收到的秘密消息说，那十只新战舰当中，有五只至六只应该用铁钉的地方用了竹签或木签来代替。广漕府否认有这种情况，但测试显示是真的，水师提督和两广提督非常震怒，要向皇上要求下旨降广漕府之职，一个来说情的朋友缓和了这个风暴一阵子，但两广总督说，除了另外十只更好的战舰，没有任何东西可以令他满足。

三、一个臭名昭著的恶棍方亚子（Fang-a-sze）和他的同党在海岸多个地方作恶后，最近两年失去踪影，直到最近被新的香山县丞田佑基（Teen lao-yay）在悬红三千元给提供情报的人的情况下抓获了。其他几个方亚子及其同党曾经杀人抢劫的村落，也提供了可观的悬赏给那些提供方亚子消息的人。有人说方亚子想去马尼拉但找不到机会，于是他觉得自己时辰已到，不可再逃脱了，于是他叫他的姐夫去举报自己然后取得悬赏，他的姐夫拒绝出卖他，最后方亚子向衙役（police）自首了。在乘坐军舰往香山途中，船上的水师将领（Commodore）从衙役（police）手上带走这个囚犯（方亚子），他们表面上以安全为理由，实际上想为抓获方亚子邀功。衙门官员声明方亚子是他们抓获的犯人，但水师拒绝。结果，衙役和水师一起将方亚子押到广州。消息说，方亚子的两个同犯和他一起自首，希望与他共同赴死。

四、北京作的秋审结果差不多在此时抵达广州，最近经常有刑罚执行。叶言谢（Ye-yin-che），一个有官阶的读书人，因为施暴引致他人自杀被斩首。（下面一句不辨句意，不译①。）

五、广州的商人之间正在流传四川叛乱的谣言，那里有信件来劝阻商人在消息得到确认以前，暂时不要带货物到四川去。

从上述译文可见，这五个消息都是发生在广东或与广东有关的地区。第一段与第二段实质上是同一事件。从中可以看到，当时《传教者与中国杂报》应该有一个非常接近水师提督或两广总督的消息来源，所以才可以采集得到广漕府造船舞弊的内容以及两广总督对事件的反应。第三则的"方亚子"一案显然是采集自华人社区的消息，从"他叫他的姐夫去举报自己然后取得悬赏，他的姐夫拒绝出卖他，最后方亚子向衙役自首了"一句可以看出，这个消息很可能来源于街头巷尾的说谈。上文的第四段消息，很可能来自当时衙门的处决公告，第五段则是在外国商行中间采集得到的来自四川私人信件的消息。

第二期《传教者与中国杂报》刊登的另一则较重要的消息性内容，是以"季节"（Seasons）为标题的一则，当中包含了发生在京城的新闻，以及与广东有关的上谕内容，谨附上段落序号中译该则内容如下：

---

① 该句原文"and opening graves, to extort a ransom for the dead bodies"，从上文下理推断，应为另一则独立的消息。原文载 *The Evangelist and Misellanea Sinica*, Vol. Ⅱ, p. 7,《传教者与中国杂报》第二期，第3页。

一、在接近京城的北方，去年夏天大旱，农作物失收。因为相信这可能是上天谴责人类的讯号，皇上于是下令对京城的囚犯减刑判决，并将这一上谕延伸至吉林省（Chih-le），又对那些牵涉庆宁（Kirin）案的皇族后裔特别减刑。判官于是提交了他的减刑报告，但为了维护皇上的权威，他非常小心地没有将那些原来被判终身监禁的人列在减刑之列。这些人虽然都被认为是非常腐败堕落的，但不建议减他们的刑，仍然是十分坏的事情。

二、我们从几个渠道听说北方非常寒冷，甚至在南面一点的产茶区也一样寒冷。寒冷气候的影响已经可以从植物身上感觉到了。

三、正当北京遭受旱灾，在中部的省份，就因为这个好政府，可怜的穷人正遭受连续暴雨带来的江河泛滥。

四、北京，二月初五（1833年3月25日），收到帝王的一份命令如下：

两广总督卢坤和他的同僚报告说，省内的一些官绅和行商，表示希望捐献镇压莲州（Lëen Chow）所需费用的相同金额，希望皇上可以接受。蒙圣上厚爱，朝廷表示接受他们的捐献。虽然没有命令指示这些人捐献的数目，这个极受赞赏的行为已经令这些人欢欣雀跃地要赶快为公众事务出力。于是，朝廷最后下令将会接受的捐献总数为二十一万两银。

五、高级行商的四儿子，金员号（Jin-yuen-hrod，有官阶名称"Taou eleet"，但词义不辨，不译），不久前才为与回教人的战争捐献了十万两，现在他又捐献十万两。这个官员连续为国家捐献，显示了他巨大的热诚，为此，朝廷特别指令赐予他花翎顶戴，又着吏部擢升他的官位。

六、捐献两万两的卢宏健（行商 Mowqua）重戴几年前被摘的花翎顶戴。其他行商，有的捐献三万两，有的二万两，有的七千两，有的六千两，全部晋爵。

七、原本要求捐献十万两的广东盐商，因为没有钱，要求

　　政府从盐税中借款，然后分五年摊还给政府。皇上说，既然他
自己不能筹得献金，他也不会恩准接受他的捐献。

　　从以上译文可见，第一、二、三个段落实际上是有关北方和中部省
份的气候消息以及皇室面对气候产生的问题所做的反应，其中第二
段说明该报"从几个渠道听说"到这一气候消息，由此可见，这
应该是《传教者与中国杂报》主动采集的消息。比较特别的是，
第一段、第三段内容都加入了像"不建议减他们的刑，仍然是十
分坏的事情"和"就因为这个好政府"这些语句，这应该属于作
者的评论，并非纯粹的消息报道。第四段至第七段内容则明显是有
关行商捐献给朝廷的相关消息，比较值得留意的是，这些内容都是
译自同一个文件的，这说明当时朝廷命令也是《传教者与中国杂
报》采集消息的一个来源。

　　（三）　第三期"京报"摘译及其他

　　第三期《传教者与中国杂报》共有四则可以视为新闻消息的
内容，就篇幅而言，这四则内容比第一、二期的消息要短，下面将
一一分述。

　　标题为"京报"（Peking Gazette）的一则内容，篇幅非常小，
只摘译了"京报"的这一段文字："根据'京报'的一段文字，朝
鲜和琉球群岛的大使在去年的新年日与皇帝一起吃饭，他们跪下来
接受皇上赐给他们的一杯酒。负责礼仪的官员在介绍他们时因为搅
乱了次序而被责备。"① 如果对比前述第一、二期《传教者与中国杂
报》刊载的新闻消息，这段文字应该说完全不是重要的消息。马礼
逊选择摘译这一段内容，很可能与当时中、英两国已经两度因为使
团的跪拜礼仪问题而产生冲突。因此，这则消息应该可以让当时的
英国人或其他在华外国人，从侧面了解清朝接见外国使节的礼仪。

　　标题为"教育"（Education）的一则内容，以"京报"中报道

---

　　①　*The Evangelist and Misellanea Sinica*, Vol. Ⅲ, p. 11,《传教者与中国杂报》第三期，第
3页。

了广东官员提出要建立学校推广公众教育开始，然后评论了中国的教育状况，之后介绍了西方的学校教育观念，并言明希望中国仿效西方国家推行广泛的学校教育①。这应该是中国报刊上刊出的最早的关于西方教育状况的文献，其中也有呼吁中国开办学校的早期呼声。

标题为"和平学会"（Peace Society）的一则内容，介绍的是和平学会1832年5月22日在伦敦召开十六周年年会的消息，文中介绍了这个学会是一个推广和平的组织，会在世界各地召开会议，目的是推广和平讯息，又重申了《圣经》中也有希望世界和平的讯息②。这则消息很短，不明其被选刊的原意，但这是《传教者与中国杂报》刊登的唯一来自伦敦的消息。

标题为"孔夫子"的文章，严格来说是《传教者与中国杂报》上刊登的唯一一篇时人简介。文章先介绍孔子其人，然后报道他的一名后裔"孔昭光"（Kung-chaou-kwang）在最近由山东抵达澳门、出任代理香山县丞（左堂）的消息。文章的中段介绍了这位六品官员如何受到广东官员的礼待，但他不愿意接受任何高于他官阶可享受的待遇。文章后段重新介绍了孔子的学说③。

《传教者与中国杂报》第三期的这四则消息，就内容而言，均没有前述两期的消息重要，内容相对软性。可是，这三则消息也有其重要的意义：第一则说明了当时的"京报"也是《传教者与中国杂报》的消息来源；第二则说明了该报有发自英国的消息；第三则一方面说明了"京报"是《传教者与中国杂报》的消息来源，另一方面，消息当中夹杂的评论，应该是中国报刊上刊出的最早呼吁中国开办西式学校的文字；第四则除了是《传教者与中国杂报》

---

① The Evangelist and Misellanea Sinica, Vol. Ⅲ, p. 12,《传教者与中国杂报》第三期，第4页。

② The Evangelist and Misellanea Sinica, Vol. Ⅲ, p. 12,《传教者与中国杂报》第三期，第4页。

③ The Evangelist and Misellanea Sinica, Vol. Ⅲ, p. 12,《传教者与中国杂报》第三期，第4页。

唯一的时人介绍外，由于其内容过往不见于澳门的其他历史文献，可看作对澳门历史的一点补遗。

（四）第四期的"神功戏"

在没有破损的第四期《传教者与中国杂报》首两页存报中，仅见一则属消息性的内容，那是刊于头版头条，标题为"神功戏"（Religious Play，直译为"宗教戏剧"）的文章。该文篇幅很长，占了头版全版及第二版左边栏的几乎全栏，是各期消息中最长的一则。

文章首先解释了"这个标题的意思不是有宗教色彩的戏剧，而是在宗教节日上演的戏剧"，然后介绍了神功戏的类型、演出场地和功能。比较特别的是，文中特别指出对于那些不识字的人来说，神功戏是他们接受道德教育的渠道。可是，文章也同时指出上演神功戏期间，因为看戏的人太多，戏剧又通宵达旦上演，社会出现种种乱象；之后报道最近香山地区正在大范围演神功戏，因此香山县丞特别发出公告，批评神功戏日夜连场上演，浪费资源且令人民不事生产，促请人民不要沉迷神功戏。文章中间为公告的英译，最后一段对香山县丞语多赞赏，对他呼吁人民不要沉迷神功戏表示认同①。

这则消息，应该是最早向外国人介绍神功戏这种在华南地方流行的节庆戏剧表演形式的文字，也是《传教者与中国杂报》中唯一针对当时社会现象撰写的消息。

综合上面各期《传教者与中国杂报》新闻消息的介绍，我们可以归纳如下两点。第一，《传教者与中国杂报》上刊载的消息，有与意外、罪行、刑罚、动乱、政府丑闻和社会现象等社会新闻有关的；有与皇令、地方政府命令相关的行政类新闻；也有较软性的时人介绍和可能是针对特定读者群（如英国人）的"花边新闻"。这些新闻的性质，应该说已经非常符合现代新

---

① *The Evangelist and Misellanea Sinica*，Vol. Ⅳ，pp. 13 - 14，《传教者与中国杂报》第四期，第 1～2 页。

闻学里的定义。第二，就新闻的采集方式而言，既有由报社自己采集的，也有根据"京报"、"铜钱报"、政府公文和私人信件摘录的内容。那些由报社自己采集的新闻，消息来源并不明确，但从行文推断，既有像"方亚子"一类有"传闻"痕迹的，也有像"广漕府"造船事件一类具有接近官方消息来源性质的。

第六节 《传教者与中国杂报》的意义

正如本章首节所述，中英文合刊的《传教者与中国杂报》（*The Evangelist and Misellanea Sinica*），即过去被翻译为《澳门杂文篇》或《杂文篇》的报刊，是中国历史上出版的首份中英文合刊的报刊。而且，这份刊物也是中国近代以来最早被"查禁"的刊物。

可是，《传教者与中国杂报》是如何被"查禁"的？以往有关《依泾杂说》和《澳门杂文篇》被"查禁"的记录相对模糊。下面，本书将先简述整个《传教者与中国杂报》被"查禁"的经过，再总结该报的意义。

根据澳门议事会的书信档案，《传教者与中国杂报》第二期在 1833 年 5 月 21 日出版以后，当时澳门的天主教教区主教施利华（Ignacio da Silva），便在 5 月 25 日首次致函澳门总督晏德那（Bernardo José de Sousa Soares Andrea），谓马礼逊出版了一些反对天主教教义的书刊，违反了葡萄牙本土的法律，而其用以印刷这些出版物的印刷机，则没有根据澳门法律要求进行登记，违反了澳门"新闻预检制度"，要求澳门立即根据法律采取行动①。

---

① Register of Communications and Letters from 1832 to 1834. Codex 84 of the Macao Senate Archives, ff. 14 – 14v. 转引自 J. M. Braga， "The Beginnings of Printing at Macau," *STVDIA Revista Semestral* No. 12（Separata）（Lisboa：Centro de Estudos Históricos Ultramarinos，Julho 1963），pp. 104 – 105。

可是，澳督晏德那只是口头告知了澳门东印度公司董事会成员，并没有立即采取行动。马礼逊在 5 月 27 日继续出版了第三期《传教者与中国杂报》，此事令施利华于 6 月 1 日致函议事会，要求议事会"作为监管外国人遵守其义务的机构，尽快停止这个出版物，令那个教士（马礼逊）将来再也无法如此攻击我们，同时也禁止其他任何的出版社对我们做同样的事情"①。议事会在 6 月 8 日回函给施利华，谓已经收到他的来信，"立法会（议事会）将根据情况做出必要的行动"②。结果，澳督晏德那在 6 月 20 日致信澳门东印度公司董事会，要求董事会责令马礼逊停止使用他的印刷机出版刊物。该信译文如下：

> 澳门天主教教区主教施利华神父告知本人，马礼逊先生利用他在这个城市家中的印刷机，出版了几种与天主教教义相违的书刊。在葡萄牙国土之内，只有得到葡萄牙国王的许可，同时遵从预检制度的出版工作才是被许可的，否则，所有出版活动都是被禁止的。为此，本人要求在华英国商行大班，指令属于你们商行的马礼逊先生，从今以后放弃在这个城市使用上述印刷机进行任何出版活动。③

澳门东印度公司董事会在收到上述信件后，立即指令公司秘书连同澳督来信副本致信马礼逊，表示希望他停止在澳门家中的所有印刷

---

① Register of Communications and Letters from 1832 to 1834. Codex 84 of the Macao Senate Archives, ff. 14 – 14v. 转引自 J. M. Braga, "The Beginnings of Printing at Macau," *STVDIA Revista Semestral* No. 12 （Separata）（Lisboa: Centro de Estudos Históricos Ultramarinos, Julho 1963）, p. 106。

② Register of Communications and Letters from 1832 to 1834. Codex 84 of the Macao Senate Archives, ff. 15v. 转引自 J. M. Braga, "The Beginnings of Printing at Macau," *STVDIA Revista Semestral* No. 12 （Separata）（Lisboa: Centro de Estudos Históricos Ultramarinos, Julho 1963）, p. 107。

③ 该信原文载于 H. B. Morse, *Chronicles*, Vol. Ⅳ, pp. 346 – 347. 转引自 J. M. Braga, "The Beginnings of Printing at Macau," *STVDIA Revista Semestral* No. 12 （Separata）（Lisboa: Centro de Estudos Históricos Ultramarinos, Julho 1963）, p. 108。

工作。马礼逊收到信后，在信件的不同地方加上了他的反驳，然后将写满他个人意见的原信退回东印度公司。信件及马礼逊回应的译文如下：

> 受东印度公司大班和董事会主席委托，本人将澳门的天主教教区主教施利华致澳门总督的一封信件的复件送上。信件的内容，正如你可以预计到的一样，是指你利用家中的印刷机出版了几种违背罗马天主教教义的刊物（马礼逊回应：我宣讲的教义对罗马天主教廷来说当然不会是令人愉快的，但它们没有攻击罗马天主教，《传教者与中国杂报》也没有）。根据皇家政府规定，葡萄牙领土是禁止使用印刷机的（马礼逊回应：事实完全证明，澳门是属于中国的，它不是葡萄牙王国的领土，所以这样的领土声明其实是在篡夺），除非在出版预检制度的规限之下（马礼逊回应：东印度公司已经在澳门拥有印刷机二十年了，而且现在仍然拥有，这部印刷机，他们喜欢用来印什么便印什么，从来不需要受到出版预检制度的限制），澳督先生要求你接受指令停止继续使用在这个城市的印刷机。
>
> 为了配合葡萄牙政府的这些规定，本人受命于公司大班和董事会，来信希望（马礼逊回应：公司大班和董事会凭什么可以这样希望？难道因为我是英国的臣民，抑或我是公司的雇员？如果是配合这些规定，需要的是预检制度而不是停止出版，委员会会将他们的印刷机交给预检制度抑或停止出版？两者都不会）你不会再利用家中的印刷机继续出版任何刊物（马礼逊回应：为此，我抗议整个程序，因为它是一个伪政权受命于一位罗马天主教士而对英国人和葡萄牙人做出的专横压制行为）。①

---

① Eliza A. Morrison, *Memoirs of the Life and Labours of Robert Morrison'D. D.* （Vol. Ⅱ）（Longdon: Longman, Orme, Brown, Green, and Longmans, 1839）, pp. 481－482.

这封信发出以后，根据目前查得的档案资料，其实当时的东印度公司、澳葡政府和澳门天主教教区主教都没有任何的行动，倒是马礼逊自己有两个行动：一是决定将马家英式印刷所搬到广州，二是在《广州纪录报》（*Canton Register*）上刊登了题为《论出版自由》的文章，引用法国宪法内容捍卫出版自由的权利，并且说：

> 中国人已经准许欧美各国人士侨居中国沿海一带，他们可以根据各自的习惯穿衣、吃喝、跳舞或享受其他娱乐。在外国人当中，没有哪一部分人可以限制其他部分外国人的权利。他们没有权利禁止一部分外国人阅读英文书刊和报纸，因为澳门是中华帝国的一部分。中国人没有禁止，难道葡萄牙人可以禁止吗？①

这篇文章，是最早在中国出版的报刊上捍卫言论自由的文字，有特别的历史价值。它也同时反映了当时在华外国人对澳门领土所属权的看法，这与其他澳门政情的发展，应该说有很大的关系。

马家英式印刷所搬到广州的具体日期，目前无法查证，但按马礼逊日记的记载，应该是在 1833 年 12 月 21 日到 1834 年 1 月 31 日之间②。如果对照《传教者与中国杂报》与《杂闻篇》各期的出版日期，可见马礼逊在停止出版《传教者与中国杂报》以后，还在同年的 8 月和 10 月出版了两期《杂闻篇》。也就是说，马家英式印刷所其实不是在上述要求查封印刷所的事件发生后立即停止运作的。

无论如何，《传教者与中国杂报》最后还是停刊了。这份从 1833 年 5 月 1 日创刊到 1833 年 6 月 3 日停刊的报刊，虽然只存在了一个月的时间，可是，它还是一份别具意义的报刊。

首先，正如本章第四节求证所得，不定期出版的《传教者与

---

① Eliza A. Morrison, *Memoirs of the Life and Labours of Robert Morrison'D. D.* （Vol. Ⅱ）（Longdon: Longman, Orme, Brown, Green, and Longmans, 1839）, pp. 458 – 474.

② Eliza Morrison: 《马礼逊回忆录》, 顾长声译, 广西师范大学出版社, 2004, 第 289 ~ 292 页。

中国杂报》（*The Evangelist and Misellanea Sinica*）是中国历史上首份中英双语报刊，也是澳门历史上第一份中英文合璧的刊物，它就是过去被翻译为《依泾杂说》《杂文篇》《澳门杂文篇》《传教者与中国杂报》等多个名称的刊物。本书的求证，厘清了有关《依泾杂说》的种种历史疑团。

其次，从《海国图志》记录的"此书初出时，中国人争购之"看，《传教者与中国杂报》应该是当时对中国人就有影响的报刊，与当时的其他在华外报相比，它对华人的影响力应该更大。而且，从《传教者与中国杂报》刊登的内容看，这份报刊确实同时以中国人和外国人为目标对象。只是，对外国人而言，这份报刊更多是了解当时中国消息和中国文化的出版物，而对中国人而言，除了可能因为中英文夹杂而具备的语言教学功能引起他们的兴趣以外，像"妇女教育"一类文章，很可能是一种宣传新观念的手段。无论如何，中英文合刊出版报刊，在历史上是一种新的尝试，在当时在华外国人所办报刊的清一色外语报刊中，《传教者与中国杂报》是最早接触华人读者的一个尝试。

最后，《传教者与中国杂报》的出版和停刊经过，记录了中国近代史上首次报刊被"查禁"的事件。事件最终以马礼逊将马家英式印刷所搬到广州而结束，而这一过程中的多种文件则是中国近代史上最早讨论出版自由的文献，别具历史意义。

第六章　鸦片战争前澳门的译报活动

自取代《蜜蜂华报》（*A Abelha da China*）出版的《澳门钞报》（*Gazeta de Macau*）在 1826 年底停刊以后，澳门的葡文报刊业经历了八年多的真空期，一直到 1834 年 10 月《澳门纪事半月刊》（*Chronica de Macao*）创刊，澳门的葡文报业才再度活跃起来。这八年多的葡文报刊真空时期，却是在华外国人报刊的创始期，由在华英国人和美国人创办的英语报章纷纷在广州和澳门出版。从 1827 年 11 月《广州纪录报》（*Canton Register*）在广州创刊开始，到 1839 年鸦片战争开始以前，连同马礼逊创办的中英合刊报刊——《传教者与中国杂报》（*The Evangelist and Misellanea Sinica*），在华外国人在澳门和广州一共出版了六种英语报刊。

受语言障碍影响，当时这些英语报刊的华人读者并不多，其主要读者对象是在华的英美人士。可是，正如我们后来所得知的，因为林则徐曾经将这些报刊视为搜集情报的渠道，并由此而编译了被命名为"澳门新闻纸"的译报资料辑录。林则徐的译报活动，也就成了与这一时期在华外报发展史密切相关的活动，见证了鸦片战争前东、西方从交流到冲突的一段历史。

以往的中国新闻史研究，都会视林则徐的"澳门新闻纸"译报资料辑录为鸦片战争前中西交往的重要文献，是中国报刊史上别具意义的译报活动。可是，根据本书的研究，早在林则徐译报以前，马礼逊也曾经系统地翻译了当时的"京报"内容，还曾经将他摘译的"京报"，辑录成《中文原本翻译》（*Translations from the Original Chinese, with Notes*）一书，在 1815 年出版，成为东印度公司印刷所成立后的最早出版物之一。马礼逊的译报工作，以往未引起新闻史学者注意，迄今没有任何相关的研究，本章试图在填补这一历史空白的同时，透过比较马礼逊和林则徐的译报活动，分析这些译报活动背后所代表的意义，以及当时中、西方的报刊功能观。

第一节　马礼逊译报与《中文原本翻译》的出版

本节探讨的是马礼逊1815年初在澳门东印度公司出版的英语著作——《中文原本翻译》（*Translations from the Original Chinese, with Notes*）。根据笔者研究，该书是迄今发现的以西方读者为对象的最早的"京报"英译出版物。已出版的中国新闻史研究都没有记述马礼逊曾经将"京报"翻译为英语并且出版的活动，目前可考的相关记述仅见于白乐嘉（J. M. Braga）的《澳门出版的开端》（*The Beginnings of Printing at Macau*）和苏精的《马礼逊与中文印刷出版》这两本专著。不过，白乐嘉和苏精只是将《中文原本翻译》作为东印度公司印刷所的出版物进行了简单的介绍，并没有就该书的具体内容及其出版意义做进一步的分析。

早在马礼逊以前，欧洲已有书籍介绍中国的"京报"，俄罗斯也有人曾经将"京报"内容摘译。据史媛媛的考证，介绍"京报"的记载，最早见于法国学者弗朗索瓦·魁奈在十八世纪出版的《中华帝国的专制制度》及雅克·菲利贝尔·德·苏尔热的《杂录与奇谈》。而魁奈的《中华帝国的专制制度》中有关"京报"的介绍，实际上摘自苏尔热的《杂录与奇谈》一书，其全文如下：

> 帝国的官方公报是进行教育的另一种方式。这个公报刊载历史上的教训，介绍各种各样的例证，以此激励人们尊崇美德，热爱民主，厌恶陋习；它向人民通报各种法令，各种正义行为和政府需要加以警戒（诫）的事项。在那里可以看到被解职官吏的名单，并附有他们遭此羞辱的原因：一种是过于严厉，一种是过于宽容，再一种是玩忽职守，还有一种是疏于判

断。这个公报对于准予支付的款项和必须紧缩的费用等等，也加以报道。它详尽叙述朝廷的判决，各省发生的诸种灾害，以及当地官吏按照皇帝的饬令所采取的各种赈灾措施。统治者的经常性和非经常性经费支出的摘要、高级官员们就统治者的所作所为而给予他的规劝、皇帝对其臣属所做的表彰或谴责等，通通包括在公报里面。简而言之：公报忠实、具体和详细地报道了帝国内的一切事务。它每天在北京刊印，发行到帝国内的所有省份。尽管它尚未将该帝国以外所发生的事情包括在内，但已构成了一本70页的小册子。负责编撰公报的人在公开出版公报以前，总是必须将它送呈皇帝御览，其主管官员严禁在公报中添加哪怕是具有些微疑问或会引起点滴责难的内容。1726年，两位编撰者因为刊登了某些经证实是不确切的报道，结果被判处死罪。①

上引苏尔热在《杂录与奇谈》当中介绍"京报"的文字，是苏尔热根据当时的传教士报告撰写的，苏尔热本人并没有阅读过引文中的"京报"。也就是说，最早见诸西方文字的"京报"记载，应该出现在十七世纪至十八世纪来华传教士的工作报告当中。

除了介绍"京报"的文字以外，十八世纪也出现了俄国人翻译"京报"的活动。"在这些来华的外国人中，比较早翻译报房《京报》的是俄国人伊·罗索欣。此人是俄国第一个中国学家和满学家。他在1729年参加东正教驻北京第二届传教士团来到北京。作为学员，曾经在国子监学习满文、汉文和蒙文。1741年回国，任科学院通译，从事大量翻译工作，其中就有他整理、翻译的京报《1730年京报摘抄》，即将1730年（雍正八年）《京报》中的一些重大新闻，进行摘录和翻译。该摘抄叙述了该年度的日蚀、月蚀等天文景观、9月19日大地震以及地震中死亡七万多人，和黄河泛

---

① 弗朗索瓦·魁奈：《中华帝国的专制制度》，转引自史媛媛《清代前中期新闻传播史》，博士学位论文，中国人民大学新闻学院，2003，第53页。

滥等重要事件。"① 可是，伊·罗索欣的《1730 年京报摘抄》详情如何，目前未能考证。

最早介绍"京报"的英语著述，则出于在马礼逊之前担任东印度公司译员的斯当东（Gorge Staunton）之手。他在《英使谒见乾隆纪实》一书中有这样的记载：

> 它的内容主要登载全国的重要人事任免命令、豁免灾区赋税的命令、皇帝的恩赐、皇帝的重要行动、对特殊功勋的奖赏、外番（藩）使节的觐见、各处的进贡礼物等等。皇室的事务和私人日常起居很少登在邸抄上。邸抄上还登载一些全国发生的特殊事故，如老年人瑞、违法失职的官吏处分，甚至于奸淫案件也登在内。登载后的用意在防微杜渐、以儆效尤。在战争时期，军事上的胜利、叛乱的镇压也登在邸抄上。邸抄内容只限于国内事务，国外事务一概没有。
>
> 中国官员在运载使节团的船和车上，插着旗子，用中国字书写"英国特使进贡"字样。……这几个字的意义是惹人注意的，它会一再登载在中国政府的邸抄上，登载在实录中，通过住在这里的俄国人和其他国传教士们传到欧洲去。②

从这些内容可见，早在马礼逊来华以前，在华的外国人，包括"负责政治使命的使团人员、传教士、商人、来华留学生等"③，都已经阅读"京报"。而且，从这一段记载可以推知，当时像史当东一类的欧洲人，已经得知传教士和俄国人曾经记载过"京报"的内容。马礼逊早年来华到去世以前的日记里，也有阅读"京报"的记载。

---

① 史媛媛：《清代前中期新闻传播史》，博士学位论文，中国人民大学新闻学院，2003年，第 76～77 页。
② 斯当东：《英使谒见乾隆纪实》，转引自史媛媛《清代前中期新闻传播史》，博士学位论文，中国人民大学新闻学院，2003 年，第 77～78 页。
③ 史媛媛：《清代前中期新闻传播史》，博士学位论文，中国人民大学新闻学院，2003年，第 76 页。

从马礼逊的日记推断，阅读"京报"应该是他出任东印度公司译员后养成的习惯，而且很可能是他在东印度公司的工作之一。

马礼逊在 1813 年 7 月 25 日的日记中，首次明确记录了他有阅读"京报"的活动：

> 今天我在《京报》上读到中国皇帝下诏。他命佛道教的和尚和道士在靠近河边的山上建造一座特别的祭坛，以便向上天求雨。皇帝已命数名皇子前往献祭。有一位佛教的和尚在北京已被拘捕投入监狱，因他胆敢张贴告示，要求皇帝修复全国所有的庙宇。①

马礼逊在《中文原本翻译》的序言中，则是这样介绍他所翻译的"京报"（*Peking Gazette*）的：

> 中国各地上呈给皇帝的报告以及天朝发出的谕令，每日都会在北京出版。这些在北京出版的内容，会传送给各省官员，各省官员会将他们喜欢的内容抄录后向人民出售。②

对照《中国新闻事业通史》一书的内容，上述记载中的"中国各地上呈给皇帝的报告以及天朝发出的谕令，每日都会在北京出版"，具有当时北京提塘报房发行的邸报的特点。"这些在北京出版的内容，会传送给各省官员"则概括了省塘发行邸报的工作。而"各省官员会将他们喜欢的内容抄录后向人民出售"一句，显示的应该是当时不为朝廷所知悉的非法邸钞传抄及出售行为，又或是以图利为目标的报房"京报"发行到广东地区的证据③。可是，

---

① Eliza Morrison：《马礼逊回忆录》，顾长声译，广西师范大学出版社，2004，第 91 页。

② Robert Morrison, *Translations from the Original Chinese*, *with Notes*（Canton, China：Printed by Order of the Select Committee；at the Hon. E. I. Co's Press, By P. P. Thomas, 1815），p. 1. 该书无页码，上述页码为笔者所加。又，上文为笔者所译。

③ 有关清代邸钞发行及报房"京报"发行的情况，见方汉奇主编《中国新闻事业通史》（第一卷），中国人民大学出版社，1992，第 187～208 页。

马礼逊阅读的究竟是报房"京报"抑或邸钞，本书未能做进一步考证①。马礼逊在日记中，就曾经用"官报"和"北京快报"来形容他所阅读的"京报"：

> 今天读到一份官报，皇上指定日期要百姓向关帝、孔夫子、土地公公、南海菩萨、海龙王、风火神、天后娘娘和神农氏献上春祭。②

> 今天收到北京快报，上载有命令在澳门要搜索皈依天主教或参加天地会和三合会等秘密会社的中国人。③

为此，本书将根据马礼逊自己的记录，将其翻译的统称为"京报"，并以引号（""）代替书刊名号（《》）以示区别。

现存于大英图书馆的《中文原本翻译》为八开小本，全书共四十四页④，分成十一则，除第一则外，其余各则均有独立标题。表6－1为《中文原本翻译》各则内容简介。

从表6－1可见，《中文原本翻译》所载的十一则内容，第一则虽然没有注明出处，但从其内容推断，应该是来自当时邸报上的皇帝"起居注"内容。第二则为嘉庆上谕，似乎为独立文件，不一定是马礼逊从"京报"上摘译而来的。最后一则为唐代诗人杜牧的《九日齐山登高》律诗的英译。全书仅第三则至第十则以"京报"（*Peking Gazette*）为标题。

---

① 根据史媛媛的考证，当时在华外国人阅读的可能是北京的报房"京报"，也可能是邸报，"因翻译和理解的差异，会将邸报译作《京报》，也会将《京报》误译为邸抄等。因此，不能单独根据表面字眼，来断定他们说的是邸报还是报房《京报》，要有分析和判断。"史媛媛：《清代前中期新闻传播史》，博士学位论文，中国人民大学新闻学院，2003，第76页。

② 马礼逊"1814年2月24日"日记，载 Eliza Morrison《马礼逊回忆录》，顾长声译，广西师范大学出版社，2004，第107页。

③ 马礼逊"1814年4月19日"日记，载 Eliza Morrison《马礼逊回忆录》，顾长声译，广西师范大学出版社，2004，第109页。

④ 该书实际上没有页码，此页数为笔者根据该书原件计算所得。

第六章　鸦片战争前澳门的译报活动

表 6 - 1　《中文原本翻译》内容简介

	标题	内容简介
1	无标题	1813 年 10 月 18 日中国皇帝(即嘉庆)前往热河(Jě-ho)的消息,文中以注释的方式介绍了清代皇朝王族每年到热河避暑的传统,全文只占一页的篇幅
2	PROCLAMATION BY HIS Imperial Majesty KEA-KING, Emperor of China. Receive in Canton, Nov. 5th, 1813. (1813 年 11 月 5 日在广州收到的中国皇帝嘉庆的上谕)	内容是嘉庆评论同年发生在京城的天地会之乱以及嘉庆初年的白莲教活动,内容似为嘉庆的"罪己诏"
3	PEKING GAZETTE. Kea-king, 18th Year, 10th Moon, 6th Day. October 29, 1813. (嘉庆十八年十月初六"京报")	内容为地方官上奏文件,文件说已经报告了抓获的罪犯的供词,这些抓获的罪犯就是与太监刘德财(Lew-tě-tsae)合谋策动林清(Lin-tsing)叛乱的人[①]。文件中又要求处死更多罪犯
4	PEKING GAZETTE. Kea-king, 19th Year, 1st Moon, 1st Day. JANUARY 21, 1814. (嘉庆十九年一月初一"京报")	内容是一个上谕的译文,文中说官员张宇(Chang-Yu)已经报告了在天阁寺(Těen-kē-che)等地发生的叛乱的过程,还有在牢狱中的囚犯李景(Le-King)在监狱中散发叛军旗号的事件[②]。上谕对事件做了判决
5	PEKING GAZETTE. Kea-king, 19th Year, 1st Moon, 15th Day. FEBRARY 4, 1814. (嘉庆十九年一月十五日"京报")	上谕译文,嘉庆在其中谓,在最近发生的叛乱期间,因为关帝两次显灵帮助平乱,为感谢关帝,决定下旨重建关帝庙
6	PEKING GAZETTE. Kea-king, 19th Year, 1st Moon, 15th Day. FEBRARY 4, 1814. (嘉庆十九年一月十五日"京报")	上谕译文,谕旨中提及有人建议以捐献的方式解决因为天灾和叛乱导致的国家财政问题

	标题	内容简介
7	PEKING GAZETTE. Kea-king, 19th Year, 1st Moon, 20th Day. FEBRARY 9, 1814. （嘉庆十九年一月二十日"京报"）	上谕译文,内容为一个叫秦元黄（Chin-yung-wang）的儒生（YU-SHE）,上书提议清朝检查是否每年均需要这么多维修费用,提出皇室应该节省这些费用,同时雇人开垦广宁（Kwang-ning）等地区的荒地,若成功可在西北的省份施行。嘉庆驳斥儒生的理据,谓其建议含糊不合理,不可实行,无须考虑③
8	PEKING GAZETTE. Kea-king, 19th Year, 1st Moon, 20th Day. FEBRARY 9, 1814. （嘉庆十九年一月二十日"京报"）	内容是官员上奏建议以募捐方式解决国家财政困难。此段译文后有马礼逊按语:"还有其他文件都是讨论这个问题的。皇上极为不愿意接受这个计划,但这是唯一一个可以即时解决问题的方案,最终,计划还是获得接纳。政府的高级官员、行商和其他富绅,其后被要求向国家捐献"
9	PEKING GAZETTE. Kea-king, 19th Year④, 1st Moon, 26th Day. FEBRARY 15, 1814. （嘉庆十九年一月二十六日"京报"）	内文为官员的上奏,马礼逊在译文前有按语解说,指上奏内容是希望皇上下令禁止非法抢掠人口的活动,这样才能国泰民安。按语中特别指出中国官员会用谦卑的语言撰写奏章
10	PEKING GAZETTE. Kea-king, 19th Year⑤, 3nd Moon, 17th Day. MARCH 6, 1814. （嘉庆十九年三月十七日"京报"）	内文为官员奏疏,指协助抗击山东叛乱的鞑靼（Tartar）军队在山东强抢了大批当地的少男少女作为奴隶。叛乱平息后,由于鞑靼军队平乱有功,被安排在北京休息一两个月后再回鞑靼。他们留京期间,有人上奏,谓鞑靼兵在山东进入民居强抢当地人民的子女。皇上知情后,立即正视事件,即时对强抢人口者执行严刑,以防止将来再有类似事件发生。奏章正文译出后,马礼逊又加按语交代事件的发展:"皇上下令找出被拐少年的父母,以助他们团聚。皇上谕旨显示了这个皇帝是一个慈悲的人,这也是人民对他的评语。不过,他的人民也投诉说,他没有把国家机关管理好"

	标题	内容简介
11	TANG-KAOU； Or Ascending the Hills on the 9th Day of the 9th Moon. （登高，或九月初九上山去）	内文为重阳节的起源和中国人在每年九月初九登山的习俗。文中在简介重阳节以后，以中英对照的方式，刊出了杜牧的《九日齐山登高》七律。这是目前发现最早的唐诗英译文献

注：①以上据《清史编年》（第七卷）"嘉庆十八年九月十五日条"核实，见《清史编年》（第七卷），中国人民大学出版社，2000，第655页。

②以上的人名及地名为笔者根据英语原文音译推测，目前未能核对其中文名称是否正确。

③以上的人名及地名为笔者根据英语原文音译推测，目前未能核对其中文名称是否正确。

④这个年份刊出时为"18th"，应为排版之误，笔者据其西历"1814"年更正为"19th"。

⑤这个年份刊出时为"18th"，应为排版之误，笔者据其西历"1814"年更正为"19th"。

这八则摘自"京报"的内容，连同第二则嘉庆的"罪己诏"，其实都是围绕着当时北方发生的天理教暴乱及其他地方的零星叛乱而来的。第二则至第五则为与叛乱直接相关的内容，包括叛乱及平乱经过、抓获的叛徒及其供词，以及相关判决和嘉庆帝在事件发展过程中的看法。第六则至第八则内容，围绕的是因为平乱国库支出大增，各地官员及儒生为此而上疏建议解决财困的方法及其后事态的发展。第九则、第十则内容都是针对叛乱期间出现的抢掠人口事件及嘉庆帝采取的措施。由此我们可以概括，《中文原本翻译》基本上是就1813年发生的起义及叛乱事件进行的"京报"摘译，其内容主要是交代事件的来龙去脉，以及嘉庆帝为此采取的种种措施和对整个事件的看法。

至于马礼逊为何会将其翻译的"京报"内容出版，以及为何以此次叛乱为主题，他在《中文原本翻译》一书中并没有解释。不过，根据他的日记推断，这可能与从1814年至1815年期间，东印度公司曾经一度要解除马礼逊译员职务的事件有关。

从1813年开始，因为北方持续发生的民间起义，嘉庆曾经多次发布上谕镇压白莲教、天理教和天地会等秘密会社发动的暴乱。
"有一个叛乱分子说他是信奉天主教的，说此次叛乱是由罗马天主
教神父策划的，因此在广州的中国总督相信此次叛乱可能是由罗马
天主教神父们鼓动的，他便派遣下属官员前往澳门进行秘密调查葡
萄牙人和天主教主教和神父们的行径。"① 此次事件，令嘉庆重申
禁教命令，而广东当局则多次出动到澳门搜捕认为与作乱有关的华
人天主教徒，以及被认为与天地会有关的三合会成员，令广州和澳
门局势一度紧张。

当时，东印度公司认为此事的起因是马礼逊出版和散发中文
圣经的工作已经为清廷知悉。早已不满马礼逊在华传教工作的东
印度公司伦敦总公司，为避免马礼逊的传教事业影响公司在华的
利益，于1814年初致函马礼逊表示要解除其公司译员职务。可
是，因为当时史当东已经返回英国，澳门东印度公司没有其他人
可以担当译员，马礼逊的译员工作只能继续。1815年，史当东才
致函马礼逊，正式通知他东印度公司总公司和澳门东印度公司的
决定：

> 我们认为有必要通知你，伦敦东印度公司总部因得到消息
> 称，在中国印刷的中文《新约全书》和数种中国读物，都是
> 由你翻译和散发的，这就构成了违抗中国皇帝的禁令的行为，
> 出版者会被判处死刑。
>
> 东印度公司认为，你的这些翻译作品，势必严重危害英国
> 对中国的贸易，为此作出决定：你与公司的关系必须终止……
>
> 尽管我们无保留地通知你上级的命令，然而我们认为你对
> 公司的重要性是无可比拟的。……为此，澳门东印度公司作出
> 决定：推迟执行伦敦公司总部免除你职务的命令，等待伦敦方
> 面进一步的命令。
>
> 我们作出留用你的决定，是因为伦敦公司总部得到的消息是

---

① Eliza Morrison：《马礼逊回忆录》，顾长声译，广西师范大学出版社，2004，第93页。

不正确的。为此，我们请你容许等待伦敦方面进一步的消息和解释，以便我们在考虑对你的处理时，能有一个公正的看法。①

马礼逊在收到史当东这封信后，当天即回信解释，并指出当时清廷针对的是天主教的活动。信中的相关内容如下：

> 伦敦公司总部的通知内容使用了强烈的"违抗"一词，指责我所做的事是反对中国皇帝的禁令，这表明是出现了某种程度的误会。中国皇帝的禁令乃是指责在中国的天主教传教士"违抗"了中国政府的命令，威吓将给他们严厉的刑罚，那才是事实。但是，中国政府完全不知道我的名字和职业（仅仅是英国商行的一个译员）；中国皇帝从来没有颁发谕旨直接反对过我，我并不是天主教徒，也不印刷出版任何天主教的宗教书籍。
>
> 即使中国政府知道我所做的事，他们可能也不会准许，但我的中国教师读了我翻译的《新约全书》后对我说，中国政府的高级官员如果读了这部书，也不会找到反对我的依据；至于散发我所译的宗教书籍，那是在绝对保密和谨慎之下去做的，中国政府很难追踪到我，即使发觉了，我也绝不要求东印度公司的保护。迄今为止，我相信我并未为公司制造过一分钟的麻烦。②

从上述往来信件的文字可知，当时清朝针对作乱而对澳门天主教做出的指控，被东印度公司误认为是针对马礼逊而来的，并由此提出要解雇马礼逊。事件最后虽然不了了之，但结合《中文原本翻译》的内容推断，该书的出版，很可能是因为马礼逊想清晰交

① Eliza Morrison：《马礼逊回忆录》，顾长声译，广西师范大学出版社，2004，第114～115页。
② Eliza Morrison：《马礼逊回忆录》，顾长声译，广西师范大学出版社，2004，第115页。

待叛乱事件的来龙去脉和嘉庆对事件的评论，以此澄清自己与事件无关。

无论《中文原本翻译》一书出版的背景为何，该书的出版都是具有特殊的历史意义的。首先，正如前述，《中文原本翻译》是迄今发现的以西方读者为对象的最早的"京报"英译出版物，从书中大部分内容所具有的关联性看，《中文原本翻译》其实像对一个事件进行连续报道的新闻书。其次，该书的内容，是当时马礼逊一类英国人系统阅读"京报"的一个证明。他们从"京报"以及其他清朝的公文书中，了解皇室动向、各地消息、政府政策、官员上疏行为及内容、皇帝对不同事件的看法与言论，等等。由此可见，对十九世纪来华的外国人来说，"京报"是他们了解中国社会状况和政府动态的一个重要窗户，与他们对本国媒体所具有的"监察社会"功能观相同。最后，《中文原本翻译》对后来的在华外国人所办的报刊，很可能有某种示范作用。该书虽然不是报刊，可是，它那种翻译"京报"内容及清廷公文然后出版的模式，与其后在华外报那种以"京报"和清廷公文作为重要消息来源的做法如出一辙，仅就这种处理方式而言，《中文原本翻译》和其后的《蜜蜂华报》《广州纪录报》《中国丛报》等报刊，应该说具有明显的继承关系。

第二节　外国人社区的形成与英文报刊的出版

正如前述，《澳门钞报》（*Gazeta de Macau*）在 1826 年底停刊以后，澳门的葡文报刊业开始进入长达八年多的静止期，但在同时，在华的其他外国人，特别是英国人和美国人，却开始了他们的新闻出版事业。在华英语报章的出现，在很大程度上与当时中西方贸易的迅速增长有关。

十九世纪初，对华贸易增长得最快的是英国，而英国在华贸易的最重要代表则是东印度公司（East India Company）。东印度公司成立于 1600 年（明万历二十八年），成立后不久，它就以殖民机构的模式夺取了印度，同时垄断了印度贸易，其后逐渐开拓其他东方贸易据点。早在 1689 年（康熙二十八年），英国商船已抵达广州，借清廷开放海禁之便，开展对华贸易。1715 年，英国在广州设立商馆，并开始在广州、澳门和定海、宁波之间进行贸易[①]。"十八世纪时，英国的纺织业飞跃发展，其对中国之贸易很快便达居首席之地位。如乾隆二十九年（1764 年），欧洲国家通过海上贸易，对华输入总值银一九一万两，英国占 63.3%（一二一万两）；自华输出总值三六四万两，英国占 46.7%（一七〇万两），足见英国已执对华贸易之牛耳。到了十八世纪末，英国对华输入值及自华输出值分别占欧美国家两项总值的 90% 和 70%。乾隆五十二年（1787 年）英国驶往广州之商船计六十二艘，及至道光六年（1826 年）竟达八十五艘。"[②]

贸易迅速增长的直接影响是人口激增和对商业讯息的需求。自十九世纪二十年代中期起，英国在广州的势力迅速发展，至三十年代初期，三百名在广州定居的外国人当中，有一半为英国人，于是，"出版英文报刊成为迫切需要"[③]。1827 年 11 月，《广州纪录报》（Canton Register）在广州出版，成为中国的第一份英文报纸。

《广州纪录报》为商业性质报纸，初为双周刊，后改为周刊，每逢星期二出版。该报创刊时曾声称："我们的主要目标是发表丰富而准确的物价行情。"[④] 尽管该报强调自己的商业讯息，但实际上，《广州纪录报》也非常重视新闻讯息，刊载过众多与中国和中国人以及澳门和葡萄牙人有关的消息，并因此成为了解当时社会动向的重要文献[⑤]。《广州纪录报》不像葡文周报《蜜蜂华报》和《澳门钞报》，它的最主要内容不是当时各国报章的摘要，而是该

---

① 以上东印度公司来华贸易经过，参见陈佳荣《中外交通史》，香港学津书店，1987，第 563 页。

② 陈佳荣：《中外交通史》，香港学津书店，1987，第 564 页。

③ 方汉奇主编《中国新闻事业通史》（第一卷），中国人民大学出版社，1992，第 272 页。

④ 方汉奇主编《中国新闻事业通史》（第一卷），中国人民大学出版社，1992，第 273 页。

⑤ J. M. Braga, "The Beginnings of Printing at Macau," *STVDIA Revista Semestral* No. 12 (Separata)（Lisboa: Centro de Estudos Históricos Ultramarinos, Julho 1963), p. 89.

报自行采集的内容，因此，它是当时广州影响最大的外文报纸，对关心中国贸易的海外读者也有相当的吸引力。"它也有不少海外订户，据 1836 年统计，每期有 280 份运往南洋、印度地区和英、美一些主要商业城市。该报馆还附出有《广州行情周报》（*Canton General Price Current*），1836 年每期印 320 份。"①

《广州纪录报》由英国大鸦片商马地臣（James Matheson，1796—1878）创办，第一任编辑为美国商人伍德（William W. Wood），后因伍德与马地臣意见分歧，编辑先后由济廷（Arthur S. Keating）和史雷得（John Slade）接任②。马礼逊从该报创刊开始，便获得 75 英镑的年薪作为该报的主要撰稿人③，既为该报摘译"京报"以及清廷的公文，也曾经在该报发表他反驳澳葡政府有权取缔其在澳门出版《传教者与中国杂报》一事的《论出版自由》一文。

值得一提的是，以往的中国新闻史专著均认为，《广州纪录报》从创刊开始一直在广州出版，直到鸦片战争爆发前夕才迁往澳门，又在鸦片战争结束后，迁往香港，改名《香港纪录报》（*Hong Kong Register*）继续出版。可是，根据白乐嘉的考证，《广州纪录报》在创刊以后，只是每年广州的贸易季节才在广州出版，交易会过后，则会随同回澳暂居的商人一起迁往澳门出版，即使在贸易季节，如果广州局势紧张或出现中英冲突，该报也会改在澳门出版④。根据马礼逊日记推断，当时外商回澳居住的时间约在每年三月至八月，也就是说，从创刊开始，《广州纪录报》每年的三月至八月在澳门出版，每年的九月至翌年二月则在广州出版。白乐嘉

---

① 方汉奇主编《中国新闻事业通史》（第一卷），中国人民大学出版社，1992，第 274 页。

② 方汉奇主编《中国新闻事业通史》（第一卷），中国人民大学出版社，1992，第272～273 页。

③ J. M. Braga，"The Beginnings of Printing at Macau," *STVDIA Revista Semestral* No. 12（Separata）（Lisboa：Centro de Estudos Históricos Ultramarinos, Julho 1963），p. 89.

④ J. M. Braga，"The Beginnings of Printing at Macau," *STVDIA Revista Semestral* No. 12（Separata）（Lisboa：Centro de Estudos Históricos Ultramarinos, Julho 1963），p. 89.

还考证了当时每年三月至八月《广州纪录报》在澳门的社址，认为位于澳门白马行一号的麦尼克洋行（Magniac & Co.），该洋行也就是 1832 年起改称渣颠洋行（Jardine, Matheson & Co.）的鸦片商马地臣洋行①。因此，《广州纪录报》虽然不是在澳门创刊的，但它仍然是首份在澳门出版的英语报刊。

《广州纪录报》的创刊，开启了在华外国人办报史上的英文报刊史的重要一章，在其带动下，定位和立场与之不同的英语报刊，在其后几年陆续在澳门和广州出现。1831 年 6 月，澳门东印度公司创办了其印刷所成立后的第一份报刊——英文月刊《广州杂志》（The Canton Miscellany）。该刊与《广州纪录报》最不同的是以文化历史为卖点，而不强调经济实用性。《广州杂志》以丝绸作封面，刊出时所有文章均是匿名的，但实际上均由当时知名的在华外国人撰稿，包括前述英国东印度公司的德庇时和后来著有《早期澳门史》的瑞典东印度公司大班龙思泰（Andrew Ljungsetdt）②。据白乐嘉记载，该刊共出版了十期，但笔者在大英图书馆仅见其中的五期。与《广州纪录报》不同，《广州杂志》从创刊到终刊，一直在澳门出版，它也是首份在澳门创刊的英语报刊。

《广州杂志》创刊后的一个多月，1831 年 7 月 28 日，曾经在《广州纪录报》工作的美国商人伍德（W. W. Wood）在广州创办了《中国差报与广州钞报》（Chinese Courier and Canton Gazette）。该报重视欧洲新闻和地区消息，致力于提供消闲的内容，所以常常有介绍中国工艺品等内容③。不过，该报最重要的特色是其辛辣的评论。在创刊号上，该报声称："在像广州这么小的社会再另办一种报纸可能是多余的。但是，我们深信，我们非常需要传播媒介，

---

① J. M. Braga, "The Beginnings of Printing at Macau," *STVDIA Revista Semestral* No. 12（Separata）（Lisboa: Centro de Estudos Históricos Ultramarinos, Julho 1963），p. 89, footnotes（100）.

② J. M. Braga, "The Beginnings of Printing at Macau," *STVDIA Revista Semestral* No. 12（Separata）（Lisboa: Centro de Estudos Históricos Ultramarinos, Julho 1963），p. 95.

③ J. M. Braga, "The Beginnings of Printing at Macau," *STVDIA Revista Semestral* No. 12（Separata）（Lisboa: Centro de Estudos Históricos Ultramarinos, Julho 1963），p. 96.

以传达别人无意谈论的意见和政策。"① 这里的"别人无意谈论的意见和政策"中的"别人"，显然是指《广州纪录报》。实际上，《中国差报与广州钞报》就是以《广州纪录报》的对手的形象出现在广州舆论界的。"报纸创刊后积极鼓吹自由贸易政策，反对东印度公司和为美国利益辩护，并和《广州纪录报》进行激烈争论。"② 其抨击东印度公司，最终导致该公司取消每期订阅该报 24 份③。失去东印度公司这个订户后，《中国差报与广州钞报》很快面对经济困难，并在 1833 年 10 月停刊。与《广州纪录报》相同，《中国差报与广州钞报》在出版期间，每年有一半时间随同外商回澳定居并在澳门出版。

《中国差报与广州钞报》的出版，是美国人在华出版英文报刊的开始。"美国商船进入广州是在 1784 年。此后美国对华贸易发展迅速，至 1800 年，进入广州的船只数目首次超过英国，至 1817 年对华贸易总额首次超过英国东印度公司。随后这种发展趋势下降。但在十九世纪三十年代，无论是进入广州的船只数目和对华贸易总额，都仅次于英国，居西方世界第二位。从出版英文报纸的要求看，美国人没有英国人那么强烈。这首先是因为在实际生活中，他们还没产生像英国人那样的迫切需要；再者，在对华关系、扩大对华贸易问题上，他们和英国人存在着一致性，英国人所办的报纸在很大程度上也反映了美国人的要求。不过，在很多具体问题上美商和英商的利益不尽一致，意见存在分歧；正是这种矛盾，推动了美国在华第一家英文报纸的诞生。"④

---

① 《中国差报与广州钞报》（1831 年 7 月 28 日），转引自引方汉奇主编《中国新闻事业通史》（第一卷），中国人民大学出版社，1992，第 277 页。
② 方汉奇主编《中国新闻事业通史》（第一卷），中国人民大学出版社，1992，第277～278 页。
③ J. M. Braga, "The Beginnings of Printing at Macau," *STVDIA Revista Semestral* No. 12 (Separata) (Lisboa: Centro de Estudos Históricos Ultramarinos, Julho 1963), p. 96, footnotes (120).
④ 方汉奇主编《中国新闻事业通史》（第一卷），中国人民大学出版社，1992，第276～277 页。

《中国差报与广州钞报》创刊后不到一年，另一份美国人创办的英语报章在广州出现。1832 年 5 月，由首个来华的美国基督教传教士裨治文（Elijah Coleman Bridgman, 1801—1861）创办的月刊《中国丛报》（*Chinese Repository*）在广州出版。"和英文商业报纸之间那种相互争吵的情况不大相同，《中国丛报》的出版体现了西方在华各界人士的通力合作。向这位美国人裨治文提议创办这一刊物的是英国人马礼逊，他还是该刊的主要撰稿人。美国在广州的巨贾奥立芬则在经济方面给予积极支援，并免费提供一栋楼房作为编辑与印刷的用途。广州基督教联合会也给予资助。普鲁士人郭士立与裨治文交往密切，在这个刊物筹办之际，他决意献出他那惊动一时的在中国沿海航行的日记，供该刊公开发表。许多在华的西方外交官、商人和传教士也对该刊表示支持。它拥有一支具有相当文化素养的、由各方人士组成的作者与通讯员队伍。"①

《中国丛报》由传教士创办，但它的主要内容不是传教讯息②，其宗旨是提供"有关中国及其邻邦最可靠、最有价值的情报"③。该报"大量发表的则是有关中国的政府机构、政治制度、法律条例、文武要员、军队武备、中外关系、商业贸易、山林矿藏、河流海港、农业畜产、文化教育、语言文字、宗教信仰、伦理道德、风俗习惯等等方面的情况材料"④。与同期的其他在华英语报刊相比，《中国丛报》有更大的影响力，受到在华外国人和西方社会的广泛欢迎。"第 1 卷印 400 册，很快销完。印数后逐渐增加，至第 5 卷超过 1000 册。1836 年以固定销数计，中国 200 册，美国 154 册，英国 40 册，马尼拉 15 册，新加坡 18 册，马六甲 6 册，槟榔屿 6

---

① 方汉奇主编《中国新闻事业通史》（第一卷），中国人民大学出版社，1992，第278~279 页。

② J. M. Braga, "The Beginnings of Printing at Macau," *STVDIA Revista Semestral* No. 12（Separata）（Lisboa: Centro de Estudos Históricos Ultramarinos, Julho 1963），p. 100.

③ 方汉奇主编《中国新闻事业通史》（第一卷），中国人民大学出版社，1992，第 279 页。

④ 方汉奇主编《中国新闻事业通史》（第一卷），中国人民大学出版社，1992，第 279 页。

册，巴达维亚 21 册，孟买 11 册，孟加拉和尼泊尔等地 7 册，悉尼等地 6 册，汉堡 5 册……"①

《中国丛报》刊有各地新闻消息，也有论文、游记、书信、大事记、调查材料、书刊评介和档案资料，等等②。"《中国丛报》还为西方人士讨论对华政策问题提供舆论阵地。它不断发表讨论如何认识中西关系形势、如何对付中国的文章，为入侵中国出谋划策。它甚至还提供奖金开展这种讨论。该刊主张对华采取强硬政策，还公开鼓吹武力侵华。《中国丛报》上的言论受到西方社会重视，对英国和美国政府曾产生实际影响。为了集思广益和引起讨论，也刊载过一些不同意见的文章。"③

《中国丛报》是早期外国人在华所办报刊中最长寿的，从 1832 年 5 月创刊到 1851 年底停刊，共出版了近二十年。根据白乐嘉考证，该报早在 1835 年因为广州局势紧张而迁往澳门出版④，鸦片战争后于 1844 年 10 月曾迁往香港，其后迁回广州至停刊为止。从 1833 年起，另一位著名的美国基督教传教士卫三畏（Samuel Wells Williams）便开始参与该报的编辑工作。

1833 年 5 月 1 日，马礼逊在澳门创办不定期刊物《传教者与中国杂报》（*The Evangelist and Miscellanea Sinica*）。该报名义上以其子马儒翰为编辑，实际上仍由马礼逊操作，是中国历史上首份中英合刊的报刊。该报除了刊载传教内容以外，也刊有中国各地的消息，同时以中英文对照的形式介绍中国文化知识与民间用语。有关该报的详情，见本书第五章。

---

① 方汉奇主编《中国新闻事业通史》（第一卷），中国人民大学出版社，1992，第280~281页。

② 方汉奇主编《中国新闻事业通史》（第一卷），中国人民大学出版社，1992，第280页。

③ 方汉奇主编《中国新闻事业通史》（第一卷），中国人民大学出版社，1992，第279~280页。

④ J. M. Braga，"The Beginnings of Printing at Macau，" *STVDIA Revista Semestral* No. 12（Separata）（Lisboa：Centro de Estudos Históricos Ultramarinos，Julho 1963），pp. 100 - 101.

第六章　鸦片战争前澳门的译报活动

1835 年 8 月 12 日,《广州周报》(*Canton Press*) 在广州创刊。该报"被认为是英商自由贸易派的报纸"[①],是鸦片战争前在华外国人创办的另一份有重要影响力的报刊。《广州周报》(*Canton Press*) 的首任编辑是弗兰克林 (W. H. Franklyn),1836 年 2 月起改由普鲁士人摩勒 (Edmund Moller) 继任。

《广州周报》的创刊,可以说是当时在华外国人因为中英贸易关系改变而进一步分化的直接体现。虽然英国政府早在 1834 年已经废除东印度公司对华贸易的垄断,改为派出驻华商务监督主理对华贸易,使中英贸易关系由中国官方对英国东印度公司,变成清朝政府对英国政府的局面。但是,由于当时东印度公司在华势力仍然强大,对在华英商领袖有强大影响,引起了希望进一步推动自由贸易的其他英商的不满。《广州周报》在颠地洋行 (Thomas Dent and Company) 等英商的直接支持下,出现了"反东印度公司,鼓吹自由贸易的倾向。"[②] "摩勒接编后的《广州周报》曾不断对东印度公司进行攻击,并和亲该公司的《广州纪录报》进行猛烈的争论。该报同时还反对在广州的外商商会组织与英商的领导成员。"[③] 可是,在对华问题上,《广州周报》和《广州纪录报》的立场却相对一致,两报对当时已接管对华贸易主导权的英国政府均有所批评。"《广州纪录报》批评了英国官方的对华政策,要求对中国采取更为严厉的措施。《广州周报》则提出不顾清廷各种限制以推进对华贸易的主张。"[④]

和《广州纪录报》一样,《广州周报》非常重视贸易资讯,曾经独立出版《商业行情报》(*Commercial Price Current*)[⑤]。另外,《广州周报》比当时的其他在华外报刊载的中国消息都要多,"我

[①]　方汉奇主编《中国新闻事业通史》(第一卷),中国人民大学出版社,1992,第 274 页。
[②]　方汉奇主编《中国新闻事业通史》(第一卷),中国人民大学出版社,1992,,第274 ~ 275 页。
[③]　方汉奇主编《中国新闻事业通史》(第一卷),中国人民大学出版社,1992,第 275 页。
[④]　方汉奇主编《中国新闻事业通史》(第一卷),中国人民大学出版社,1992,第 275 页。
[⑤]　方汉奇主编《中国新闻事业通史》(第一卷),中国人民大学出版社,1992,第 276 页。

们所要特别注意的是发表中国当地的新闻，以便读者认识中国人的态度"①。因此，该报不仅成了当时外国人了解中国的渠道，也是今天我们了解十九世纪外国人眼中的中国的一个窗口。据考证，魏源《海国图志》中所载"澳门月报"五辑有关中国的材料，就大多是译自该报的②。

因为中英关系进一步紧张，《广州周报》在 1839 年开始迁往澳门出版，直至 1844 年 3 月停刊③。

上述的英语报刊连同中英合璧刊物《传教者与中国杂报》，都是鸦片战争前在澳门和广州这些外国人社区中流行的刊物。应该指出的是，根据白乐嘉的考证④，这些刊物，除了《传教者与中国杂报》和《广州杂志》（The Canton Miscellany）一直在澳门出版以外，其他的如《广州纪录报》《中国差报与广州钞报》《中国丛报》《广州周报》，虽然都在广州创刊，可是，由于当时外国人只有在每年的九月到翌年二月期间允许以贸易的理由在广州居住，其余时间必须返回澳门，因此，这些报刊每年均约有一半时间在澳门出版，一半时间在广州出版。遇上广州局势紧张，像1839 年初林则徐要求鸦片商缴烟及虎门销烟前后，这些英语刊物都会迁到澳门出版。正是因为这种出版状况，当鸦片战争前林则徐抵达澳门的时候，才会有"澳门地方，华夷杂处，各国夷人所聚，闻见较多。……又有夷人刊印之新闻纸，每七日一礼拜后，即行刷出"⑤ 之语，才会出现流传至今的"澳门新闻纸"译报资料辑录。

---

① 《广州周报》（1835 年第一卷第 22 号），转引自方汉奇主编《中国新闻事业通史》（第一卷），中国人民大学出版社，1992，第 275 页。
② 方汉奇主编《中国新闻事业通史》（第一卷），中国人民大学出版社，1992，第 275 页。
③ 方汉奇主编《中国新闻事业通史》（第一卷），中国人民大学出版社，1992，第 276 页。
④ J. M. Braga, "The Beginnings of Printing at Macau," STVDIA Revista Semestral No. 12 (Separata)（Lisboa: Centro de Estudos Históricos Ultramarinos, Julho 1963）, pp. 88 – 89.
⑤ 林则徐：《答奕山将军防御粤省六条》，转引自方汉奇主编《中国新闻事业通史》（第一卷），中国人民大学出版社，1992，第 449 页。

第三节 林则徐译报与"澳门新闻纸"的辑录

中国人自办报刊的历史是从十九世纪五十年代第一次鸦片战争以后开始的，比外国人在中国办报的历史晚了二十多年。早在第一次鸦片战争以前，"中国先进分子就对近代报刊的作用开始重视"①，最早重视近代报刊作用的是林则徐。林则徐在鸦片战争期间为了"探访夷情"，将得自澳门的报纸翻译成中文，作为了解夷情的参考资料，这些内容后来分别被整理成译报资料汇编"澳门新闻纸"，以及被收入魏源《海国图志》的《澳门月报》一文。不过，"澳门新闻纸"和《澳门月报》只是名称像报刊，实际上并不是曾经在澳门出版过的报刊，而是当时林则徐将外文报刊的资讯和评论进行翻译和整理的译报活动，不是办报活动②。从林则徐组织翻译的"澳门新闻纸"可以看到，在中国近代史上，人们如何应用报纸的消息了解外界，并将其作为制定策略的情报依据。因此，"澳门新闻纸"虽然不是正式出版的报刊，更非在澳门出版的报纸，可是，它与中国近代新闻史和澳门新闻史还是相关的。

以往有关林则徐译报活动的研究，散见于对林则徐的研究和中国新闻史的研究中。根据宁树藩的考证，最早论及林则徐译报活动的是戈公振的《中国报学史》，但戈氏的记述并不准确③。目前，对"澳门新闻纸"及《澳门月报》最重要的研究，当推陈原的

---

① 方汉奇主编《中国新闻事业通史》（第一卷），中国人民大学出版社，1992，第447页。

② 过往有研究者认为林则徐组织翻译的"澳门新闻纸"是正式出版的报纸，甚至有论者认为"《澳门新闻纸》是中国近代史开端时期，由中国人创办的第一份官方报纸，受中国古代报纸传统的影响，它又是一份带参考资料性质的内部报纸"，并由此推论出林则徐是"中国近代第一报人"［朱健华：《林则徐：中国近代第一报人》，《贵州师范大学学报（社会科学版）》1994年第3期，第22～25页］，也有澳门研究者认为"澳门新闻纸"是澳门创办的第一份报纸。可是，由于"澳门新闻纸"不仅从未出版，也不具备任何近代报刊的主要特征，因此，目前学界已普遍确认"澳门新闻纸"只是林则徐的译报活动产物，不是报纸。

③ 宁树藩：《关于"澳门新闻纸"和〈澳门月报〉》，载《宁树藩文集》，汕头大学出版社，2003，第356～364页。

《林则徐译书》和林永俣的《论林则徐组织的绎译工作》两篇论文，以及参考了陈、林二文而编写的《中国新闻事业通史》。本章就是在《中国新闻事业通史》相关内容的基础上进行分析的。

早在明朝万历年间，鸦片已经作为药材被少量征税进口中国。当时鸦片也被一些西洋国家作为贡品进贡给明朝①。"十八世纪初，为了挽回澳门海外贸易的衰颓形势，葡萄牙有人开始往中国贩卖鸦片，从1729年至1772年的几十年间，是葡萄牙不法商人独操走私鸦片进入中国的时期。他们以澳门为据点，从印度洋西北岸的葡属租借地果阿（Goa）和达曼（Daman）源源不断地贩卖鸦片至澳门，再由澳门走私入大陆内地，初时每年约二百箱之数，供中国人吸食之用，实为开毒化中国之先河。"② 当时，葡萄牙借着其在澳门的地位，对鸦片贸易进行了垄断经营，一直到1794年，随着英国东印度公司第一艘鸦片船进入黄埔开始，鸦片走私的中心才由澳门转移到黄埔，葡萄牙垄断中国鸦片贸易的地位也逐渐被英国取代③。至鸦片战争前，参与鸦片贸易的国家包括英国、葡萄牙、美国和荷兰等西方国家。国人吸食鸦片的现象日渐普遍，致使"流毒中国，为害最深"。

清廷方面，早在1729年已经颁令禁烟，1780年（乾隆四十五年）又下诏禁食鸦片和禁止贩卖鸦片，"其后虽则三令五申，惟是鸦片走私，烟商贩卖遍及全国，迨至道光年间，鸦片问题日益严重。道光十六年有太常寺少卿许乃济奏请弛禁鸦片。复于道光十八年鸿胪寺卿黄爵滋奏请重典严禁鸦片贩卖，形成'弛禁'与'严禁'两派争端的对峙"④。1838年8月，时任湖广总督的林则徐上

① 黄启臣：《鸦片战争前澳门的走私贸易与林则徐在澳门禁烟》，载《林则徐与澳门》，澳门"纪念林则徐巡阅澳门一百五十周年学术研讨会"筹备会，1990，第113～114页。
② 黄启臣：《鸦片战争前澳门的走私贸易与林则徐在澳门禁烟》，载《林则徐与澳门》，澳门"纪念林则徐巡阅澳门一百五十周年学术研讨会"筹备会，1990，第114页。
③ 黄启臣：《鸦片战争前澳门的走私贸易与林则徐在澳门禁烟》，载《林则徐与澳门》，澳门"纪念林则徐巡阅澳门一百五十周年学术研讨会"筹备会，1990，第114页。
④ 李志刚：《林则徐禁烟与澳门基督教教士关系之探讨》，载《林则徐与澳门》，澳门"纪念林则徐巡阅澳门一百五十周年学术研讨会"筹备会，1990，第141页。

奏鸦片导致清廷白银外流的看法，获道光重视。同年 12 月 31 日，林则徐被任命为钦差大臣，负责前往广东主持禁烟工作。

林则徐被任命为钦差大臣以后，于 1839 年 1 月 8 日从北京南下，同年 3 月 10 日抵达广州，1840 年 2 月 3 日接任两广总督，同年 10 月 20 日被革职。从被任命为钦差大臣不久至被革职后的一个月，共计不到两年的时间内，林则徐都在组织译报工作。不过，译报工作应该被视为林则徐禁烟政策中的"夷情"调查工作的一个部分。早在抵达广东以前，"林则徐已经选派马辰'兼程先付海口代访夷情'，又委派彭凤池在粤，'就近代查鸦片根株'，还密札广东布按两司，派员'改装易服，分投查探'包括在澳门的烟犯"①。1839 年 3 ~ 4 月（道光十九年二月）间，林则徐在致怡良的信中已经写道："新闻纸零星译出，前本散漫，兹令统订数本，奉呈台览。惟其中颇多妄语，不能据以为实，不过借以采访夷情耳。"② 说明林则徐在抵达广州后，已经开展了译报工作，而且也有将译报"统订数本"送阅的做法。最重要的是，"新闻纸零星译出"是林则徐"借以采访夷情"的一个渠道。

林则徐的译报工作思想，主要来自他对当时澳门社会现象的认识。1841 年在给奕山将军的一封信中，林则徐写道：

> 澳门地方，华夷杂处，各国夷人所聚，闻见较多。尤须密派精干稳实之人，暗中坐探，则夷情虚实，自可先得。又有夷人刊印之新闻纸，每七日一礼拜后，即行刷出。系将广东事传到该国，并将该国传至广东。③

---

① 陈胜磷:《〈澳门新闻纸〉的翻译与林则徐走向"近代"的开端》，载《林则徐与澳门》，澳门"纪念林则徐巡阅澳门一百五十周年学术研讨会"筹备会，1990，第 39 页。

② 《"林则徐致怡良"信》，转引自《林则徐与澳门》，澳门"纪念林则徐巡阅澳门一百五十周年学术研讨会"筹备会，1990，第 243 页。

③ 林则徐:《答奕山将军防御粤省六条》，转引自方汉奇主编《中国新闻事业通史》（第一卷），中国人民大学出版社，1992，第 449 页。

当时，林则徐认为这种"将广东事传到该国，并将该国事传至广东"的外国报纸，"彼此互相知照，即内地之塘报也。本不与华人阅看，而华人不识夷字，亦即不看"①。面对这种被他类比为"塘报"的"夷字"报刊，林则徐的反应是"近年雇有翻译之人，因而辗转购得新闻纸，密为译出。其中所得夷情，实为不少。制驭准备之方，多由此出"②。

在林则徐译报期间曾经在澳门流通的报刊，包括在澳门出版的葡文报刊《商报》（*O Commercial*）③、《澳门报》（*Gazeta de Macau*）④、《在华葡人周报》（*O Portuguez na China*）⑤；英文报刊则有《中国丛报》（*Chinese Repository*）月刊、《广州周报》（*Canton Press*）和《广州纪录报》（*Canton Register*）周报。"澳门新闻纸"的内容，除了少数译自当时在澳门和广州"辗转购得"的伦敦、孟买、孟加拉和新加坡等处的报纸以外，其余的大部分均是译自在澳门和广州出版的报纸。究竟"澳门新闻纸"最主要的内容是译自当时出版的何种外文报纸，目前还有不同说法。以往不少学者认为是《中国丛报》，可是，经不同学者对照了"澳门新闻纸"上所载的日期与当时出版的英语报刊的出刊日期后，目前较通行的说法是：《广州周报》是"澳门新闻纸"译稿的主要资料来源，《广州纪录报》也是其来源之一。至于葡文报刊，由于《澳门钞报》已散佚，《商报》仅存第三十四期副刊，未能进一步查证，《在华葡人周报》在周四出版，与"澳门新闻纸"中译自周二和周六出版的报刊不符，因此，目前未能确定"澳门新闻纸"当中是否有译自葡文报刊的内容。

---

① 转引自林岷、林坚《读先祖林则徐巡阅澳门前后的遗稿》，载《林则徐与澳门》，澳门"纪念林则徐巡阅澳门一百五十周年学术研讨会"筹备会，1990，第19页。
② 转引自林岷、林坚《读先祖林则徐巡阅澳门前后的遗稿》，载《林则徐与澳门》，澳门"纪念林则徐巡阅澳门一百五十周年学术研讨会"筹备会，1990，第19页。
③ 1838年创刊，1842年停刊，刊期不详。
④ 周报，1839年1月17日创刊，1839年8月29日停刊。
⑤ 为《澳门钞报》社长彼亚度（Manuel Maria Dias Pegado）在结束《澳门钞报》后创办，周报，1839年9月2日创刊，1843年停刊。

第六章　鸦片战争前澳门的译报活动

林则徐在 1839 年 3 月抵达广州以后，立即着手进行译报工作，罗致译报人员。《中国新闻事业通史》（第一卷）综合不同学者的研究结果认为，目前可考姓名的译报人员有以下四人。

（1）袁德辉。原籍四川，曾在槟榔屿一所罗马天主教所办学校学习，习拉丁文。后在 1825 ~ 1827 年，就学于马六甲英华书院，成绩优秀。他因参加秘密组织三合会见忌于当地政府，遂返广州居住。他的中、英文水平均佳，又能讲一口流利的中国官话，其英华书院同学亨德（William C. Hunter）将他介绍给广州的中国买办伍浩官任英文翻译。大约在 1829 年前后，他被招去北京任理藩院拉丁文翻译。1838 年他回到广州，次年被林则徐聘为译员。

在林的译员班子中，袁是主干成员之一。除译英文书报外，他还常负责将中文要件译成英文。他曾将林则徐的重要文告译成英文，刊登在 1839 年 7 月号的《中国丛报》上。他还译过林则徐、邓廷桢、怡良三人致英女王的信。

（2）梁进德。广东人，1820 年生，是伦敦传教会的刻工、中国第一个基督教传教士梁发的儿子。经常往还于马六甲、新加坡与广东、澳门之间，和英、美人士有广泛的接触。13 岁时，他被父亲委托给裨治文教养。裨治文对他寄予很大的期望，多方教育，以期大成。他曾学习过英文、中文、希伯来文和基督教义。麦都思称赞说：“他的英文已研究得很好了，同时他并不荒废他的国文，他是一个沉静、谨慎和富于服务精神的青年。”1837 年自新加坡回到广州，仍在裨治文那里学英文。1839 年 3 月林则徐下令在外国馆所的中国工人全部撤退时，梁进德潜往澳门。林得知这一情况后，大约在 1839 年 5 月间设法将梁招聘来广州参加他的翻译班子。他被认为是这个班子中水平最高的译员。他的“一种工作是将那在澳门出版的英文周报译为华文，而将其中重要部分转达北京政府”[1]。

---

[1]　方汉奇主编《中国新闻事业通史》（第一卷），中国人民大学出版社，1992，第 454 页。

（3）亚林。音译为林阿适（Uaou Ahsee），英文姓名为威廉·波特尔和（William Botelho）。1822～1825 年，先后在美国康涅狄格州康沃尔的教会学校和费城的教会学校读书。1825 年来到广州，曾在外国商行里教中国职工英文。1839 年被林则徐聘为译员。

（4）亚孟。父亲是中国人，母亲是孟加拉人。曾在印度塞兰普尔一所教会学校读书十多年。英国浸礼会传教士麦西曼（Dr. Marshman）① 是他的老师。麦西曼的中文修养甚佳，他在印度和马礼逊在中国几乎同时开始进行《圣经》的中译工作。亚孟曾在塞兰普尔用中文《圣经》协助麦西曼进行传教工作。他约在1830 年来到广州。1839 年春为林则徐所聘②。

据《中国新闻事业通史》（第一卷）所载，除此四人外，"当时参加翻译工作的还有一些外国传教士和商人。林则徐请他们译稿、审稿和提供材料。他们大多为美国人，如美国传教士伯驾（Peter Parker）、勃朗（S. R. Brown）和美国旗昌洋行的商人亨德等"③。其中美国商人威廉·亨德（William C. Hunter）在 1825 年至 1827 年间曾经在英华书院就读，是袁德辉的同学，他在当时已经被视为汉学家。

林则徐的这个翻译班子，除了从事译报的工作以外，还曾经协助林则徐将重要告示和给英女王的照会翻译成英文，同时协助林则徐翻译《四洲志》④《各国律例》⑤《对华鸦片贸易罪过论》⑥，

---

① 港台书籍将其名通译为马殊曼，谨作说明。

② 以上四名译员资料引自方汉奇主编《中国新闻事业通史》（第一卷），中国人民大学出版社，1992，第 452～454 页。

③ 方汉奇主编《中国新闻事业通史》（第一卷），中国人民大学出版社，1992，第 454 页。

④ 又译《世界地理大全》（*The Encyclopaedia of Geography*），原作者为英国慕瑞（Hugh Murray），1836 年在伦敦出版。后来魏源把《四洲志》一书的 1841 年刊本与林则徐交给他的其他译稿汇编为《海国图志》，在 1842 年出版。

⑤ 或译《万国律例》（*Law of Nations*），原作者为瑞士法学家滑达尔（Emericide Vattel）。

⑥ 即 *The Iniquities of the Opium Trade with China* 一书。该书 1839 年在伦敦出版，原作者为英国僧侣地尔洼（A. S. Thelwall），"澳门新闻纸"曾翻译该书出版的消息。

又将从书刊所翻译的与中国有关的内容编订成《华事夷言》一书。他们的工作一直维持到 1840 年 11 月，因林则徐被革职而终止①。

第四节　"澳门新闻纸"的内容特点

现存的"澳门新闻纸"共有六册，"原为邓廷桢曾孙邓邦述家藏。从抄本'间有驳语，遇钦差亦抬头写'等内容考证，似系林则徐命人'抄齐统订数本'中之一本，送邓廷桢参阅者"②。这六册收录了自 1838 年 7 月 16 日至 1840 年 11 月 7 日，历时一年三个多月的译报内容。可是，对比"林则徐致怡良"信件所述的译报工作是从 1838 年 3 ~ 4 月开始的，"自 1840 年 9 月 19 日后至 11 月 7 日前近 50 天中，竟然没有一篇译稿，不合常情"③。因此，现存的这六册很明显并非译稿的全部，只是林则徐所组织的译报材料部分汇编，由后人整理而成，而且，"澳门新闻纸"这个名称也大致可以肯定是后人加上去的④。

从现存的"澳门新闻纸"看，林则徐当时的译报内容广泛，既有消息性的，也有评论性质的，当中有对林则徐禁烟活动的报道和评论、对中英数次军事冲突的报道、英国人由要求通商到提出以武力强行通商再到为通商开战的言论、外国人对中国历史和现状的简介，等等。这些内容，后来经林则徐分类整理，改编选写为《澳门月报》五辑，分别是：《论中国》《论茶叶》《论禁烟》《论

---

① 方汉奇主编《中国新闻事业通史》（第一卷），中国人民大学出版社，1992，第 454 页。

② 陈胜磷：《〈澳门新闻纸〉的翻译与林则徐走向"近代"的开端》，载《林则徐与澳门》，澳门"纪念林则徐巡阅澳门一百五十周年学术研讨会"筹备会，1990，第 40 页。

③ 方汉奇主编《中国新闻事业通史》（第一卷），中国人民大学出版社，1992，第 455 页。

④ 方汉奇主编《中国新闻事业通史》（第一卷），中国人民大学出版社，1992，第 456 页。

用兵》《论各国夷情》①。《澳门月报》的内容，据考证是林则徐呈送道光皇帝阅览的，所以加工后"稿子和原来的译稿相比，质量有明显的提高"②。而《澳门月报》的内容，又在其后以署"林则徐译"的方式收入魏源的《海国图志》。

现存六册的"澳门新闻纸"共收入消息和评论一百七十六则。本书尝试就各条内容的特性进行分类和内容分析，分析结果将在下文一一分述。

首先，从译报内容的性质看，"澳门新闻纸"更注重消息性的内容，资料汇编中的约六成半内容属于消息的翻译，而评论性质的则占近三成半。见表6－2。

表6－2　"澳门新闻纸"消息与言论比例

项　目	消息	言论	总数
数量（则）	116	60	176
百分比（%）	65.91	34.09	100

从上面的数据可知，林则徐在整理"澳门新闻纸"的时候，既关注外报上刊载的消息，也关心外国人的言论，但以消息，也就是他所说的"夷情"为主。而"夷情"的内容，则包含了鸦片和茶叶的价格、世界各地消息、英国消息、中国消息、广东和澳门一带的地区消息、中英冲突和林则徐虎门销烟（禁烟事件）的后续报道、林则徐以及英国人对俄国在阿富汗出兵的报道这一类"其他"消息。比较特别的是，林则徐还特别翻译了当时外资保险公司的广告，相信这与他需要了解英国人认为中国应该为缴烟一事赔偿烟商的言论有关。从各种消息性内容所报道的主体看，

① 陈胜磷：《〈澳门新闻纸〉的翻译与林则徐走向"近代"的开端》，载《林则徐与澳门》，澳门"纪念林则徐巡阅澳门一百五十周年学术研讨会"筹备会，1990，第41页。
② 方汉奇主编《中国新闻事业通史》（第一卷），中国人民大学出版社，1992，第457页。

林则徐明显最重视与他的禁烟活动相关的报道，该类报道占各类消息的四成多，其次是英国和其他海外地区的消息，分别占一成二和近两成。各种消息的具体比例见表6-3。

表6-3　"澳门新闻纸"各类消息比例

项目	鸦片和茶叶的价格	世界各地消息	英国消息	中国消息	地区消息	禁烟事件后续报道	广告	其他	总数
数量（则）	5	14	22	9	5	51	2	8	116
百分比（%）	4.31	12.07	18.97	7.76	4.31	43.97	1.72	6.90	100.00

评论性质的内容，大部分均直接与鸦片贸易引起的中英冲突有关。其中有直接评论鸦片贸易的，也有评论驻华商务监督义律、林则徐和邓廷桢的行为的；有主吹攻打中国的，也有提出中国应就缴烟事件赔偿英国的。其具体比例如表6-4所示。

表6-4　"澳门新闻纸"言论主题比例

项目	鸦片贸易	义律行为	林则徐、邓廷桢行为	攻打中国	赔偿英国	其他	总数
数量（则）	14	5	6	15	6	14	60
百分比（%）	23.33	8.33	10.00	25.00	10.00	23.33	100.00

上述这些不同主题的评论，在倾向上不是一面倒的，像对鸦片贸易，"澳门新闻纸"上编译的内容所显示的，就是既有赞成也有反对还有中立的。对林则徐和邓廷桢当时发布的命令和相关行动，也有不同的取向。只有在中国应否就缴烟销烟事件赔偿英国的问题上，编译资料中的言论都认为中国应该做出赔偿。如果"澳门新闻纸"的内容已经涵盖了当时主要报刊的言论，那这些资料对我们了解当时外国人社区对事态的舆论便有相当重要的作用。上述的言论取向，请见表6-5。

表6－5 "澳门新闻纸"言论取向

单位：则

项目	鸦片贸易	义律行为	林则徐、邓廷桢行为	攻打中国	赔偿英国
中立	2	0	0	0	0
赞成	8	0	3	12	6
反对	4	5	3	3	0
总数	14	5	6	15	6

这些言论的取向，也从一个侧面反映了当时在华的外国人对鸦片贸易以至中国的态度是有分歧的。林则徐后来的"制驭准备之方"，如直接照会英女王，利用外国人反对鸦片贸易的言论说明清廷的立场，应该说，都是了解到外报上也有反对鸦片贸易言论的结果。从这个角度看，"澳门新闻纸"的确是当时林则徐整个禁烟行动的一部分，是他制定工作方略的资料搜集工作。

第五节 马礼逊和林则徐译报活动比较及国人早期的报刊功能观

本节探讨的是林则徐和马礼逊二人在十九世纪初中期分别进行的译报活动及其背后的意义。下面，笔者将首先从动机和结果两个层面，对林则徐和马礼逊的译报工作进行比较。

就动机而言，马礼逊翻译"京报"的原因，由于缺乏马礼逊本人的解说，我们只能从侧面去推断，那可能是他向西方读者介绍中国文化的众多工作之一，也有可能如本章第一节所推断的，是澄清他个人与当时中国北方的叛乱无关的一个行动。相对来说，林则徐编译"澳门新闻纸"的动机则相当明晰，正如前文多次引述的，那是林则徐禁烟工作的一环，目的是采集"夷情"。

就结果而言，马礼逊翻译"京报"以后，将内容印刷出版为

第六章　鸦片战争前澳门的译报活动

《中文原本翻译》一书，成为当时外国人了解"京报"以及中国社会状况的又一个文本，而且是一个当时已经可以公开流通的文本。应该说，该书连同马礼逊其他有关中国文字和文化的作品以及马礼逊在华传教的工作，对后来英国剑桥大学的"剑桥七教士"运动有一定的影响，从而间接推动了英国剑桥汉学的出现①。

　　作为林则徐禁烟工作的一个环节，"澳门新闻纸"在编译完成后，只是作为情报资料为林则徐"制驭准备之方"所用。因此，林则徐的译报活动几近情报工作，译报材料除供他本人参考以外，只是曾经将其中的内容"统订数本"，将部分内容呈送给道光皇帝和相关官员参阅。林则徐的译报活动在当时绝对不是公开的行为，其最直接的影响，首先是在军事上的，也就是林则徐所说的"其中所得夷情，实为不少"以及"制驭准备之方，多由此出"。其次，林则徐在译报活动实践的那种将"夷情"作为"制驭准备之方"的做法，对与其同代的知识分子放眼世界有直接的启发和促进作用。目前研究林则徐译报活动意义的论著，也多以此为重点，并以林则徐对最早翻译"夷书"的一批知识分子，如魏源、徐继畬和梁廷楠等人的影响为例，确认魏源的译报思想和"师夷长技以制夷"主张与林则徐思想的继承关系②。

　　不过，林则徐译报活动在反映从经世致用之学到洋务运动主张这一近代思想流变个中关系的同时，也反映了当时国人对近代报刊

---

①　有关剑桥汉学的形成，参见阙维民《剑桥汉学的形成和发展》，《汉学研究通讯》第81期，2002，第31～43页。本书参阅的为其网上版：http://ccs.ncl.edu.tw/Newsletter_81/p031–043.pdf。

②　这方面的论著相当多，除前引《中国新闻事业通史》（第一卷）和《林则徐与澳门》两本书以外，本书还参阅了下列论著：王艳玲：《简论魏源对林则徐开放思想的继承与发展——以军事和经济两方面为中心》，《长沙大学学报》第17卷第3期，2003；傅乐吉：《外国历史学家论林则徐》（二），杜家驹译，《福建学刊》第2期，1995，第74～76页；张登德：《晚清国人译书与社会进步》，《山东师范大学学报（社会科学版）》第3期，2000，第51～53页；田永秀、刘斌：《经世致用思想由传统向近代的转变》，《四川师范大学学报（社会科学版）》第21卷第3期，1994，第120～128页；李颖姿：《梁廷楠与林则徐"夷情观"之比较》，《广东大学学报（社会科学版）》第3卷第4期，2004，第46～50页。

的理解。这种理解，虽然对其后国人自办报刊没有直接作用，却是国人报刊功能观念的一个具有时代意义的特征。而且，这些国人的早期报刊功能观，应该说，或多或少对其后的知识分子有某种报刊功能认知的启蒙作用。

综合林则徐在编译"澳门新闻纸"时的言论，可见他对外报有如下三点认识：第一，性质上是"塘报"，也就是提塘报房发行的邸报；第二，内容上有"夷情"，甚至是敌情，"凡以海洋事进者，无不纳之；所得夷书，就地翻译"①；第三，功能上是"将广东事传到该国，将该国事传至广东"，有跨地域的沟通作用。这说明，对以林则徐为代表的国人来说，报刊既有情报作用，也模糊地有了可以助人了解新世界、新事物的功能。

从这些观念分析，我们大致可以明白，为何当时林则徐没有仿效外国人办报而只是译报。首先，因为报刊对林则徐来说不是新事物，只是"塘报"的外国人版本，面对外报，除了译报，他的第一反应是将之比拟为中国已有事物。其次，因为将外报比拟为"塘报"，林则徐也用他对当时的"塘报"和"京报"的观念来研判外报的内容，即认为外报是具有发布政令性质的官报。从"澳门新闻纸"的内容看，当时外报有呼吁英国出兵攻打中国的言论，这本可说明当时在华外国人出版的报章不是官报，所以才会有批评英国政府对中国不够强硬的言论。但因为当时"塘报"和"京报"上也会刊载官员对政事进行建议的奏章，所以，从外报上所得知的英国官民言论与行动的差异，应该说并不足以让林则徐认识到西方报刊的拥有权属问题。

为此，与其说"澳门新闻纸"是国人自办报刊的雏形，不如说是当时国人认为自己没有必要仿效外报自行办报的国人报刊观念的一个例证。这也解释了为何在西方报刊最早传入中国以后，国人没有立即办起自己的近代报刊。而且，从其后道光知悉外国人早已阅读"京报"的反应可知当时流行的是"报刊情报观"，因此，对

---

① 《林则徐与鸦片战争论稿》（增订本），中山大学出版社，1990，第211～212页。

于生怕外夷可以从报刊了解到中国情况的清朝皇帝和士大夫来说，办报是不可能仿效的事情：

> 道光二十二年六月初七日，钦差大臣耆英在奏折中反映："英逆每日阅看京报。江浙官吏皆有所闻。究由何辗转递送，尤难测度。"道光朱批为："可恨可恶之至！"遂下令各省彻查。浙江巡抚刘韵珂在覆奏中说："伏查京报恭录皇上每日明降谕旨，并附载中外诸臣奏折，原以使各省臣工周知天下情形，凡有关涉事件，可以随时办理，是以未经禁止。惟一切机务均皆详载其中，必须秘密。英逆非我族类，现又称兵犯顺，岂容令其私自阅看，致使得知国家政令。至臣等每日所阅京报，系由坐京提塘抄记坐省提塘转送。惟闻此外尚有良乡报、涿州报名目，其所载事件较详于提塘之报，递送亦较为迅速。闻良乡、涿州等处专有经理此事之人，官绅人等多有以重赏购阅此报。故各省之事，有臣等未知而他人先知者，亦有臣等不知而他人竟知者。伏查为逆夷递送京报固系外省奸民之所为，而代为传抄京报之人，恐亦不止一处。并请敕下步军统领，五城暨直隶总督、顺天府尹一体严拿。如有为该逆抄送京报之人，并即从重惩办。如此则各省查递送之犯以绝其流，在京查传钞之犯以杜其源。似办理较为周密，京报或不敢再为逆夷窥阅。"①

从这一段文字可见，当了解到外国人阅读"京报"以后，道光帝和朝廷士大夫都认为应该禁绝这种行为。正如前述，如果再与马礼逊翻译"京报"然后出版的行为比较，更能说明当时马、林二人其实都没有将自己读到的其他语言的报刊视为新鲜事物。马礼逊只

---

① 《鸦片战争档案史料》（第五册），上海人民出版社，1987，第 760 页，转引自史媛媛《清代前中期新闻传播史》，博士学位论文，中国人民大学新闻学院，2003，第 59～60 页。

是把"京报"比拟作当时西方的其他报刊，是了解社会的一个渠道，不是什么特别的情报，所以他会在摘译"京报"的内容后将之公开出版；林则徐在摘译外报的内容后，只是将之视为军机夷情，所以只会"统订数本"，交给道光帝、邓廷桢和留给自己作为参考的情报。

最后，必须一提的是，马礼逊和林则徐阅报以及译报活动的一个历史插曲。虽然在林则徐出任钦差大臣到达广东和澳门之时，马礼逊早已作古，可是，巧合的是，根据美国基督教传教士卫三畏的记载，马礼逊生前曾经在"京报"上认识了林则徐，并对其欣赏有加："林则徐被任命为反鸦片的钦差大臣，在此之前他是江苏巡抚，他在《京报》上的文章已经使人注意到这位才能卓越的人物。马礼逊博士曾经告诉我，林关于洪水对江苏影响的报告是他读过的最切中肯綮的公文之一。"[1] 魏源的《海国图志》所收入署名为林则徐翻译的《澳门月报》一文中，也有关于马礼逊的记载："马礼逊自言只略识中国之字，若深识其文学，即为甚远。在天下万国中，惟英吉利留心中国史记言语，然通国亦不满十二人。而此等人在礼拜庙中，尚无坐（座）位。故凡撰字典、撰杂说之人，无益名利，只可开文学之路，除两地之坑堑而已。"[2] 原来，林则徐和马礼逊二人在译报时均曾经在报刊上认识了对方。这一段历史插曲，应该说也是鸦片战争前译报活动史上的一桩佳话。

---

[1] 卫斐列（Frederick Wells Williams）：《卫三畏生平及书信——一位美国来华传教士的心路历程》（*The Life and Letters of Samuel Wells Williams*），顾钧、江莉译，广西师范大学出版社，2004，第50页。

[2] 魏源：《海国图志》（下），岳麓书社，1998，第1960页。

第七章　结论

正如本书开始所引学者姜义华的分析，十九世纪七八十年代以后，香港和上海等地逐渐取代了澳门新闻中心的地位，在许多中国新闻事业史或中国近代报刊史研究者的心目中，澳门报刊的重要地位逐渐消失，于是出现了"对于近代澳门曾经产生了重要影响的报刊，几乎所有研究新闻发展史的著作都语焉不详"[①]的现象。本书的主旨，就是要重新发掘这些报刊，希望厘清历史疑团，既为近代，特别是鸦片战争以前的澳门新闻出版业描绘一个更清晰的轮廓；也为中国新闻史上这一段时期的记载，做出必要的补遗和修正；同时，将比近代更不为人注意的澳门开埠前期的新闻出版事业做一次整理，希望交代澳门这个最早的中西文化交流平台，曾经如何透过新闻出版的渠道，完成其文化交流的使命；更重要的是，希望通过对中国近代新闻出版事业的源头——澳门的追寻，找到更清晰的中国近代新闻出版事业早期发展的脉络。

下面，本书将结合前述各章的分析，从澳门新闻出版史上的疑团开始，对澳门新闻出版史在不同层面上的历史意义进行总结。

第一节　澳门新闻出版史上的疑团

本书参照了多种档案资料和历史文献，将澳门在鸦片战争前的新闻出版史进行了一次梳理，并在其间订正了包括澳门出版史开

---

① 姜义华：《序》，载《镜海丛报影印本》，澳门基金会、上海社会科学院出版社，2000，第1~2页。

端、澳门最早的出版物、澳门以至中国最早的近代报刊、最早的中文报刊和中英合璧刊物等多个历史疑团。兹将这些发现概述如下。

第一，根据本书第二章的考证，澳门的新闻出版史，最早可以追溯到 1581 年至 1584 年，它的起源，与天主教耶稣会士东来传教有密切的关系。目前可考的澳门最早的出版物，是耶稣会传教士罗明坚以中式木刻雕版印刷的《祖传天主十诫》及《新编西竺国天主实录》等中文传教刊物和中欧文字并行的罗马字母表。这个发现的重要性在于说明了以印刷术为代表的一种中西方文化交流，并不是以传教士引入西方活字印刷术为开始的，而是以传教士利用中式木刻雕版开始的。这有别于以往我们所认知的中西方文化交流模式：西方技术的传入立即为中国人应用。反过来，原来在第一波的中西方文化交流中，首先在印刷术的层面出现了"中学西渐"，耶稣会士对中式木刻雕版印刷术的利用，就像利玛窦后来确立的"适应政策"的传教策略一样，是以自身的改变来成就传教理想的一种方式。至于在此之前，澳门特别是澳门的华人有没有其他出版活动，目前还没有找到相关的文献记载。因此，本书仅以 1581 年至 1584 年为澳门出版史的开始，这也是欧洲人出版中文书籍的开始，外国人在中国境内进行出版活动的开始。

澳门除了是天主教传教士最早使用中式木刻雕版印刷术的地方之外，也是西方近代活字印刷术最早传入中国的地方。1588 年在澳门出版的拉丁语书籍——《基督儿童教育》（*Christiani Pueri Institutio*），就标志着澳门使用活字印刷术的开端，也是西方近代活字印刷术传入中国后出版的第一部作品。不过，此时的西式印刷术主要应用于外文书籍的出版，并没有直接用于传教士的中文出版，对中国的新闻出版事业没有直接的带动效应。因此，这个时期的澳门新闻出版史，代表的更多的是以宗教为媒体的中西方文化交流现象。

第二，澳门的近代出版史，应该以 1807 年基督教传教士马礼逊来华以后从事的中、英语出版活动为起点，而不是以《蜜蜂华报》的出版为起点。西方活字印刷术最早用于中文印刷是从东印度公司出版的《华英字典》等中英对照的工具书开始的。马礼逊在华的出版工作，涵盖了中、英语的图书、字典、工具书和报刊，这是以往的研究者忽略了的一个澳门新闻出版史重点。这些出版活动，除了在技术上完成了西方印刷术应用于印刷中国文字（如《华英字典》中的中文部分）的最早尝试以外，还从软件上培养了中国第一批懂得活字印刷术的印工。这些人员，后来随着广州、香港、上海以至宁波等地区报刊出版活动的相继出现而转移到这些城市，成为中国最早推动近代印刷的前线技术人员，为带动中国的近代新闻出版业做出了自己的贡献。

第三，根据笔者考证，早在 1822 年《蜜蜂华报》出版以前的 1807 年，圣若瑟修院曾经出现了存续了三十七年的《消息日报》（*Diário Noticioso*）编写活动。只是，《消息日报》的原件还没有找到，目前没法确定其具体特点，相信其为在修道院内流通的手稿。为此，本书认为《蜜蜂华报》的历史定位应该修正为"目前可找到原件的澳门出版的第一份报章"和"1820 年葡萄牙立宪派革命以后在澳门出版的首份报刊"。不过，《蜜蜂华报》仍然是别具意义的报刊，因为它的出版，标志着澳门从由天主教和基督教传教士主导出版事业的宗教文化出版年代，过渡到政治功能影响新闻出版业发展的新时代。

第四，根据笔者考证，马礼逊在 1833 年创办的《杂闻篇》是中国境内出版的第一份近代化中文报刊、第一份用铅活字排印的报刊、澳门历史上第一份中文报刊。而马礼逊在 1833 年创办的《传教者与中国杂报》（*The Evangelist and Miscellanea Sinica*）则是中国历史上出版的首份中英文合刊的报刊。《传教者与中国杂报》也就是历史上曾经记载的《依泾杂说》和《澳门杂文篇》。为此，本书廓清了以往误认为《依泾杂说》是中国最早的中英文合刊刊物，而《澳门杂文篇》则是马礼逊创办的英语报刊的记载，确认了《传教者与中国杂报》与《依泾杂说》和《澳门杂文篇》实为同一份刊物。

第五，本书也发现，早在林则徐编译"澳门新闻纸"前二十多年，马礼逊曾经从事译报活动，将其翻译的"京报"内容编辑出版了《中文原本翻译》（*Translations from the Original Chinese, with Notes*）一书，说明早期在华外国人不仅阅读"京报"，还有将之摘译出版的活动。

概括而言，上述有关澳门早期的出版物《蜜蜂华报》《消息日报》《杂闻篇》《传教者与中国杂报》的考证，对我们订正中国近代新闻出版史的记载有很大的作用，对我们重新认识澳门新闻发展史的历程和各个过程的特征也有非常重要的意义。

第二节　近代澳门新闻出版史的意义

廓清了这些历史疑团后，我们可以得到一个更清晰的澳门近代新闻出版事业发展的图谱。首先，澳门的新闻出版史在澳门开埠的早期便已逐渐形成。早在十六世纪中后期，因应天主教耶稣会在华的传教工作，天主教传教士开始在澳门以中式木刻雕版印刷术和西式活字印刷术进行出版工作，因此，澳门的早期出版史，可以说是一个中西印刷术共同写就的天主教传教与中西文化交流故事。此时的出版物数量不多，几乎都是配合耶稣会在华传教、开办学校和记录行程需要而印刷的读物。这种情况，一直维持到十七世纪初中期，因为 1737 年葡萄牙发布的禁止海外出版法令，澳门的出版事业进入了长达八十年的真空期。

进入十九世纪，随着基督教来华，澳门的新闻出版业再度活跃起来。早在 1809 年，马礼逊就以中文雕版印刷传教书刊，这些中文书刊，连同其后由他所主持的东印度公司印刷所和马家英式印刷所的出版物，说明澳门的近代出版业开端仍然是一个中西印刷术合璧写成的传教与中西文化交流的故事，只是，此时的故事主角由天主教传教士变成了基督教传教士。受到马礼逊可以在出版禁令实行期间出版刊物的影响，澳门的天主教会也在 1820 年以前，重新开展其停顿已久的出版工作，于是出现了《消息日报》的编写工作。1822 年《蜜蜂华报》出版以后，澳门的新闻出版史进入了真正多元化的阶段。《蜜蜂华报》标志着澳门出版史由纯粹的宗教文化出版物过渡到具有政治功能的出版物的年代。从 1824 年的葡文周报《澳门钞报》开始，商业、政治和社区资讯需求的元素逐渐与传教需要一起，成为主导新闻出版业的因素。《广州纪录报》等六种英语报刊，即使不是在澳门创刊的，也曾经利用澳门的特殊政治环境而在此长期出版。

这种种主导澳门新闻出版业发展的因素，反过来见证了澳门社会的特殊变化。首先，澳门史上最早的出版物是以中文刻印的，但从罗明坚的《新编西竺国天主实录》到马礼逊的中文报刊《杂闻篇》，内容都以传教讯息为主，与澳门本地华人没有任何直接关系。正如本书导论所言，澳门本土华人基于社区需要而出版的报刊迟至 1893 年才出现，那是土生葡人飞南地创办的《镜海丛报》。在《镜海丛报》以前，澳门的出版物，除了以外文为主以外，即使是以中文出版的，就内容而言，其实也与本土华人没有多少关系。因此，鸦片战争前的澳门新闻出版史，就像当时的澳门是一个西方人的合法居留地一样，是借予来华的各种外国人的。其时在澳门的华人，在法律上归广东香山管辖，在身份认同上也以明清两朝的中国臣民自居，不像《蜜蜂华报》的创办人土生葡人巴波沙等人那样，具有强烈的澳门社区认同，认为自己是世居于此的澳门人，与葡萄牙本土或葡属印度派来的统治者有本质的区别。因此，鸦片战争前澳门的新闻出版史，更像是传教士和在华外国人在借来的时间、借来的地方创造的一段在华外国人出版史、基督宗教在华传播史和中西文化交流史。

也正是出于这个原因，从中西文化交流的角度检视这一段历史，我们可以发现研究澳门新闻出版史的更多的价值。"从宏观上考察，历史上传统中国和西方文明的关系模式，大体可以分为三个大的历史阶段。截至郑和下西洋时代即 15 世纪以前为第一个时段，可称为古典时期；鸦片战争前后到 1949 年中华人民共和国建立可算第三个时段，是近代时期；而 1500～1800 年中间的这三个世纪可以算是第二个时段。"① 学者张国刚将第二个时段称为启蒙时期，认为："只有在第二个时段，即晚明和前清这个特殊的历史时期，也就是 16 世纪至 19 世纪初叶，中国与西方的关系基本上处在政治上对等的地位，虽然中国在经济和科学领域已经逐渐落伍，但西方文明的东渐和中国文化的西传却保持着一个互惠和平等的格局。"②

张国刚所谓的启蒙时期的中西文化"互惠和平等的格局"，首先可以从澳门新闻出版史上出版技术的互相适应、植入和推广上得到印证。一如前文所述，从罗明坚到马礼逊，他们来到澳门以后，都是首先采用中式木刻雕版印刷术的，而不是在来华后即时引入西方技术。而且，二人在澳门具备了西式活字印刷的条件以后，都没有放弃对雕版印刷术的使用，西方印刷术只是用于印刷西方文字的出版物。这种情况，一直到马礼逊成功结合中式活字与西式活版技术以后才有所改变。1833 年，马礼逊以新的技术印刷每期印量达到两万份的中文报刊《杂闻篇》，也就是从这个时候，西方的印刷术才真正开始其应用于中文报刊印刷的使命。从 1588 年耶稣会传教士带来首部西式活字印刷机开始到 1833 年《杂闻篇》出版，西方活字印刷术经历了超过两个半世纪的时间，才首次正式地应用在全中文的出版物当中，才正式应用在中文报刊的出版上，这个缓慢的演进过程，就是在澳门新闻发展史上所体现出来的。

可是，马礼逊在《杂闻篇》上的尝试，显然不为当时的中国人注意，他们也没有要仿效马礼逊的意图。在鸦片战争前的一段时期，西方印刷术在中华土地上的使用，一直掌握在外国人的手中，而且即使有《杂闻篇》的尝试，当时的西方印刷术还是主要应用在西方文字上。这当中的原因，应该是中西双方都曾经长时间认为，本国的印刷术最适合印刷本国文字。这种情况一直维持到鸦片战争后三十年才有了变化。"1860 年代中国因为内忧外患产生师夷

① 张国刚：《从中西初识到礼仪之争——明清传教士与中西文化交流》，人民出版社，2003，第 1 页。
② 张国刚：《从中西初识到礼仪之争——明清传教士与中西文化交流》，人民出版社，2003，第 1 页。

长技的自强运动，一些比较开明的官绅注意到欧洲印刷术的长处。"① 此后，中国人才开始采用西式印刷术出版自己的刊物，完成了整个西方印刷术植入中文出版的过程。也就是说，西方印刷术经过了两个半世纪才应用到中文印刷中去，由其传入到为中国人所用经过了二百八十年。驱动中国人最终对西方印刷术采用的，不是纯粹的技术采纳，而是国人"自强运动"的思潮。

如果从出版史的角度看中西文化的交流、冲突和相互影响，出版技术的互相适应、植入和推广只是当中的一个层次，另一个层次是这些技术产生的出版物所代表的思想交流。在十六、十七世纪天主教来华的高潮中，以利玛窦为代表的天主教传教士，既用中文写作和出版了天主教的教义问答，又翻译了《四书》等中国经典，这是以出版手段达成思想交流的一个代表。这次中西方的初识和初次交会，应该说，对中国社会没有实际的显著的巨大影响，像天主教士这一时期的传教工作成果一样，其影响是潜在的、缓慢的。因为主导这一时期中西交往的主体是传教士和中国少数的知识分子以及中国皇帝。对西欧各国而言，这一时期的一个重要的影响，是建立了西方的汉学（Sinology）传统，而且，此时的西方汉学，几乎都以一种仰视的角度来观照他们眼中的"大中华"文化。如果对照十九世纪以前西方汉学以及天主教在华的出版物，可以发现，这次中西文化在文献上的交流，几乎是在"经典"的互相推介当中进行的，双方对另外一方的兴趣，在很大程度上集中在哲学、科学、道德伦理、价值观念这些思想上层物件之中，双方的出版物中很大部分是经典的翻译。

十九世纪随着基督教入华，这种经典互译的工作更进了一步，马礼逊就是在天主教传教士已经中译的部分圣经的基础上，完成了旧约和新约圣经的全文中译。当时来华的英美人士，像本书第三章提及的东印度公司人员汤姆斯和德庇时，就英译了中国的一些文学作品。可是，与之前天主教传教士主导的中西交往进程最不同的

---

① 苏精：《马礼逊与中文印刷出版》，台北学生书局，2000，第 262～263 页。

是，十九世纪以来，随着来华贸易的各国商人趋增，为了更好地了解中国以及中国人这个重要的贸易伙伴，此时主导中西交往的，已经不再局限于传教士和少数中国知识分子，而是扩展到在华外商以及与这些商人有交往的华人，再后来，由于中英关系恶化，冲突当中的往来，又直接牵涉到两地的政府。而见证了这个中西交往变化过程的，就是外国人在带来出版技术的同时，利用这些技术所出版的另一类重要文献——近代化报刊。

正如本书第六章所言，在面对外国人在中国创办的近代报刊的时候，因为鸦片贸易的影响，林则徐编译了"澳门新闻纸"，而译报也成为中国人针对外报时所做的一个具有文本意义的反应。通过对马礼逊和林则徐译报工作的比较，我们发现，中英双方均是以对本国媒体的认知为参照来认识他国报刊的，即透过类比的方式认识舶来的新事物。马礼逊以本国报刊看待"京报"，于是公开出版了他的"京报"英译作品《中文原本翻译》。林则徐则将外报比拟为"塘报"，于是既没有仿效外国人办报的想法，也只是以"情报观"看待外国人所办报刊上刊载的内容，译报内容只是作为拟定制夷方略的依据。这种"情报观"，应该说也是一个别具时代特色的观念。而报刊互译所代表的，从视角到内容，均是与经典全然不同的另一个层次的中西文化交流。

为此，本书认为，澳门近代新闻出版史，至少具有下列意义。

第一，因为独特的葡萄牙管治地区性质和外国人居留地、贸易点性质，澳门成为外国人在中国最早的长期定居点和进入中国的门户，也因此成为欧洲人出版中文书刊的历史发源地、利用中式雕版印刷术的最早地方，澳门的早期新闻出版史也因而是外国人在中国进行中文出版的起点。

第二，澳门是欧洲近代活字印刷术传入中国的地方，经过两个半世纪，西方印刷术在传教士的努力下，完成了应用于中文印刷出版的过程。这个过程的成果，最终在中国士人开始愿意学习外国技术的"自强"思潮的影响下为国人所采纳，在十九世纪六十年代，国人开始自行以西方活字印刷术出版中文书报。因此，这一段澳门

第七章 结论

新闻出版史，实际上是整个西方印刷术从传入到植入中国土地的过程，也就是中国进入近代新闻出版史的过程。在这个过程中，澳门最早出版的报刊，不管是葡语的、中文的抑或中英合刊的，都同时享有中国新闻史上的"第一"称号。作为"第一"，这些报刊的首要意义在于对其后中国报业的带动作用。这方面，正如本书第三章和第四章的研究显示，澳门新闻业对其后中国新闻出版业的带动，一方面在硬件上，也就是前述的西方印刷术的引入上面；另一方面则是在软件上，也就是东印度公司印刷所、印刷《蜜蜂华报》的澳门政府印刷所和马家英式印刷所培养的中国最早的活字印刷术技工，他们后来都为香港以及内地的新闻出版业做出了贡献，以技术带动了中国近代报业的发展。澳门对中国近代新闻出版业的带动作用也彰显在这一个漫长的时期里。

第三，正如前文多次提及的，从最早期的天主教中文出版物开始，澳门的新闻出版史就处处展示着中西文化交流的痕迹和成果。因此，鸦片战争前的澳门新闻出版史，就是一段中西文化交流史，见证了中国在从强大走向衰落的过程中，面对西方技术、文化以至西方人而进行调整适应的过程，对了解中国社会以及国人观念在整个时期的转变，有非常重要的意义，对了解早期的"中学西渐"以及"西学东传"，都有别具一格的意义。

第四，"研究新闻史，离不开各时期的阶级斗争史、政治运动史和政党史……也离不开各时期的生产斗争史和经济发展史"[①]。反过来，一个地区的新闻出版发展史，也可以反映一个地区的各个层次的社会演变史。本书研究的澳门新闻出版史，就反映了澳门作为西方传教士进入中国门户的一个漫长时期的演变，以及澳门长期作为传教士跳板的一个社会功能；反映了澳门本土政治发展与葡萄牙政局发展的关系；反映了鸦片战争以前，中国的对外贸易观念和设立贸易点等政策；反映了鸦片战争前后中国政府以

---

① 方汉奇：《新闻史是历史的科学》，载方汉奇《报史与报人》，新华出版社，1991，第1～2页。

至国人对外国人的态度和观念的转变；反映了早期在华外国人在澳门和广州的生活状态、对华的认识和态度；反映了对中国影响深远的中英冲突和鸦片战争是在何种因素下酝酿并最终被激化的。因此，澳门的新闻出版史，既是澳门社会发展史的一个组成部分，也是中国近代社会发展史乃至对外交往史的重要组成部分。

参考文献

一、档案资料

- Archive of the London Missionary Society（LMS），SOAS Library，University of London，London.（伦敦大学亚非学院图书馆伦敦传教会档案）

- Council for World Mission Library（CWML），SOAS Library，University of London，London.（伦敦大学亚非学院图书馆海外传教议会档案）

- Isaú Santos（山度士）ed.，*Macau eo Oriente no Arquivo Histório Ultramarino*（Volume I）（Macau：Instituto Cultural de Macau，1997）.（《葡萄牙海外历史档案馆馆藏澳门及东方档案》）

- Japoniae Annuae（Jap. Sin.），Archivum Romanum Societatis Iesu（ARSI），Rome，Italy.（意大利罗马耶稣会档案馆日本教区档案）

- Jesuitas na Asia Collecção，Biblioteca da Ajuda，Lisboa，Portugal.（葡萄牙阿儒达图书馆耶稣会亚洲事务档案）

- Pe. Manuel Teixeira，*Arquivos da Diocese de Macau*（Volume I）（Macau：Tipografia Da Missão do Padroado，1970）.

- Robert Morrison Collection，British Library，London.（大英图书馆马礼逊中文档案）

- Robert Morrison Collection of Chinese Books（RM），SOAS Library，University of London，London.（伦敦大学亚非学

215

院图书馆马礼逊中文图书档案）

- 刘芳编《汉文文书：葡萄牙国立东波塔档案馆藏澳门及东方档案文献》，澳门文化司署，1997。
- 《清史编年》，中国人民大学出版社，2000。
- 中国第一历史档案馆、澳门基金会、暨南大学古籍研究所合编《明清时期澳门问题档案文献汇编》（一），人民出版社，1999。

二、报刊原件及影印本

- *A Abelha da China*（《蜜蜂华报》重印版），澳门基金会，1994。
- *Canton Register*（《广州纪录报》），Hathi Trust's Digital Library，网址：http：//catalog. hathitrust. org/Record/000542801。
- *Chronica de Macao*（《澳门纪事半月刊》），澳门民政总署图书馆。
- *Gazeta de Macau*（《澳门钞报》），澳门民政总署图书馆。
- *O Comercial*（《商报》），澳门民政总署图书馆。
- *O Macaísta Imparcial*（《澳门帝国人报》），澳门民政总署图书馆。
- *O Portuguez na China*（《在华葡人周报》），澳门中央图书馆。
- *The Canton Miscellany*（《广州杂志》）Hathi Trust's Digital Library，网址：http：//catalog. hathitrust. org/Record/008608347。
- *The Evangelist and Misellanea Sinica*（《传教者与中国杂报》），伦敦大学亚非学院图书馆，档案号：CWM/LMS. China. Personal Box. Robert Morrison Paper. Box 1。
- 《镜海丛报影印本》，澳门基金会、上海社会科学院出版社，2000。

- 汤开建、吴志良编《澳门宪报中文资料辑 1850～1911》，澳门基金会，2002。

- 《杂闻篇》（*Tsŭ -wăn-pien*），伦敦大学亚非学院图书馆，档案号：CWM/LMS. China. Personal Box. Robert Morrison Paper. Box 1。

三、古籍及单张原件

- *A Catalogue of the Library Belonging to the English Factory at Canton*, *in China*（《广州英国商行图书馆目录》）（Macao：The Honorable East India Company's Press，by P. P. Thomas，1819）.

- Daniello Bartoli, *La Cina*, *Terza Parte dell'Asia*, Roma, 1663.

- Henry James Coleridge, *The Life and Letters of St. Francis Xavier*（Two Volumes）（London：Burns and Oates，1872）.

- H. H. Lindsay（Secretary of the British Factory），*Notice Com* ⟨*The President*, *etc.*, *Select Committee on the 20th Ultimo gave public notice⋯*⟩（关于上月二十日委员会通告的通知）（Macao：The Honorable East India Company's Press，June 10th，1831）.

- J. F. Davis, *San Yu -Low*：*or the Three Dedicated Rooms. A Tale Translated from the Chinese*（《三与楼》）（Macao：East India Company's Press，by P. P. Thomas，1815）.

- John Francis Davis, *Hien Wun Shoo*：*Chinese Moral Maxims*, *with a Free and Verbal Translation*：*Affording Examples of the Grammatical Structure of the Language*（《贤文书》）（Macao：The Honorable East India Company's Press，by P. P. Thomas，1823）.

- John Francis Davis, *Poeseos Sinensis Commentarii. On the Poetry of the Chinese*, (*From the Royal Asiatic Transactions*) *To Which are Added, Translations & Detached Pieces* (《汉文诗解》) (Macao: the Honorable East India Company's Press, by G. J. Steyn and Brother, 1834).

- *Observations on the Expediency of Opening a Second Port in China, Addressed to the President and Select Committee of Supercargoes for the Management of the Affairs of the Honourable East India Company in China* (《观察记——开放中国第二个通商口岸的良策》) (Macao: Printed by Permission of the Select Committee; at the Honorable East India Company's Press, by P. P. Thomas, 1817).

- Peter Perring Thomas, *Chinese Courtship. In Verse. To Which is Added, An Appendix, Treating of the Revenue of China*, &c. &c (《花笺》) (Macao: The Honorable East India Company's Press, 1824).

- Resolutions of the British Merchants of Canton, Canton (广州英国商行的决议) (Macao: The Honorable East India Company's Press, 30th May, 1831).

- R. Hudleston (Secretary of the British Factory), Notice. Com. 〈Several recent acts of the Chinese Government have compelled the President…〉 (1831 年 5 月 20 日英国商行公告) (Macao: The Honorable East India Company's Press, 20th May, 1831).

- R. Morrison, *A Grammar of the English Language: for the Use of the Anglo-Chinese College* (《英国文语凡例传》) (Macao: The Honorable East India Company's Press, by P. P. Thomas, 1823).

- R. Morrison, *A View of China, for Philological Purposes; Containing A Sketch of Chinese Chronology, Geography,*

Government, Religion & Customs Designed for the Use of Persons Who Study the Chinese Language (《中国一览》) (Macao: Printed at the Honorable East India Company's Press, by P. P. Thomas. Published and sold by Black, Parbury and Allen, Booksellers to the Honorable East India Company, London, 1817).

- R. Morrison, *Vocabulary of the Canton Dialect* (《广东土话字汇》) (Macao: the Honorable East India Company's Press, by G. J. Steyn, and Brother, 1828).

- Robert Morrison, *A Grammar of the English Language: for the Use of the Anglo-Chinese College* (《英国文语凡例传》) (Macao: The Honourable East India Company's Press, by P. P. Thomas, 1823).

- Robert Morrison, *A View of China, for Philological Purposes* (Containing A Sketch of Chinese Chronology, Geography, Government, Religion & Customs Designed for the Use of Persons Who Study the Chinese Language) (《中国一览》) (Macao: the Honorable East India Company's Press, by P. P. Thomas; Published and sold by Black, Parbury and Allen, Booksellers to the Honorable East India Company, London, 1817).

- Robert Morrison, *A Vocabulary, Containing Chinese Words and Phrases Peculiar to Canton and Macao, and to the Trade of Those Places* (Together with the Titles and Address of All of the Officers of Government, Hong Merchant, &c. &c. Alphabetically Arranged, and intended as and Aid to Correspondence and Conversation in the Native Language) (《单词集——广州及澳门贸易专用》) [Macao: the Honorable (East India) Company's Press, 1824].

- Robert Morrison, *Dialogues and Detached Sentences in the*

Chinese Language; *with a Free and Verbal Translation in English* (Collected from Various Sources; Designed as An Initiatory Work for the Use of Students of Chinese) (《中文对话与单句》) ［Macao: The Honorable (East India) Company's Press, by P. P. Thoms, 1816］.

- Robert Morrison ed. , *A Dictionary of the Chinese Language*, *in Three Parts. Part the First*; *Containing Chinese and English*, *Arranged According to the Radicals*; *Part the Second*, *Chinese and English Arranged Alphabetically*; *and Part the Third*, *English and Chinese* (《华英字典》) (Macao: the Honorable East India Company's press, by P. P. Thomas, 1815 – 1823) .

- Robert Morrison, *Translations from the Original Chinese*, *with Notes*《中文原本翻译》（书本的印刷地资料原文为 "Canton, China: Printed by Order of the Select Committee; at the Hon. E. I. Co's Press, by P. P. Thomas, 1815", 经考证本书为 1815 年在澳门东印度公司印刷）.

- The Public are hereby respectfully informed that there is now published at Macao, in China, a Dictionary of the Chinese Language; to consist of three parts…The Author of the above work, the Rev. Robert Morrison, has directed his attention to the collection of materials for it during the last ten years (《华英字典》的广告宣传单张) (Macao: The Honorable East India Company's Press, by P. P. Thomas, 1817), 伦敦大学亚非学院图书馆, 档案号: CWM/LMS. China. Personal Box. Robert Morrison Paper. Box 1。

- W. H. Medhurst, *A Dictionary of the Hok-këèn Dialect of the Chinese Language*, *According to the Reading and Colloquial Idioms*: *Containing about 12000 Characters*, *the Sounds and Tones of which are Accurately Marked*; *– and Various*

参考文献

Examples of Their Use, Taken Generally from Approved Chinese Authors. Accompanied by a Short Historical and Statistical Account of Hok-këèn; A Treatise on the Orthography of the Hok-këèn Dialect; the Necessary Indexes, &c（《福建方言字典》）（Macao: The Honorable East India Company's Press, by G. J. Steyn and Brother, 1832）.

- 罗明坚:《新编天主圣教实录》, 罗马耶稣会档案馆, 档案号: ARSI, Jap. -Sin. , I, 189。

- 马礼逊编译《古时如氏亚国历代略传》, 1814, 大英图书馆藏本, 没有注明出版地, 据本书考证, 应在澳门出版。

- 马礼逊编译《神道论赎救世总说真本》, 1811, 大英图书馆藏本, 没有注明出版地, 据本书考证, 应在澳门出版。

- 马礼逊编译《圣路加氏传福音书》（The Gospel according to St. Luke'to the Missionary Society）, 1812, 剑桥大学图书馆藏本, 据本书考证, 应在澳门出版。

- 马礼逊编译《问答浅注耶稣教法》, 1812, 伦敦大学亚非学院图书馆藏本, 英文题记说明在广州出版, 据本书考证, 应在澳门出版。

- 马礼逊编译《养心神诗》, 1814, 大英图书馆藏本, 英文题记为1818年在广州出版, 据本书考证, 应在澳门出版。

- 马礼逊编译《耶稣基利士督我主救者新遗诏书》, 1813, 大英图书馆藏本, 没有注明出版地, 据本书考证, 应在澳门出版。

- 马礼逊编译《耶稣基利士督我主救者新遗诏书》, 1813, 大英图书馆藏本, 没有注明出版地, 据本书考证, 应在澳门出版。楷体大字, 蔡轩所书。

- 马礼逊编译《耶稣救世使徒行传真本》（Acts of the Apostles in Chinese）, 1810, 剑桥大学图书馆藏本, 英文题记说明在广州出版, 但据本书考证, 应在澳门出版。

- 马礼逊编译《厄拉氏亚与者米士及彼多罗之书》, 1813,

剑桥大学图书馆藏本，英文题记说明在广州出版，据本书
考证，应在澳门出版。

- 马礼逊：《西游地球闻见略传》，1819，大英图书馆藏本。

四、外文专著

- Andrew Steinetz, *History of the Jesuits: From the Foundation of Their Society to its Suppression by Pope Clement XIV* (Vol I) (London: Lea and Blanchard, 1848).

- Beatriz Basto da Silva, *Cronologia da História de Macau, Século XIX*, Volume 3 (Macau: Direcção dos Serviços de Educação Juventude Macau, 1995).

- C. Silvester Horne, *The Story of the L. M. S 1795 – 1895* (London: London Missionary Society, 1894).

- Eliza A. Morrison, *Memoirs of the Life and Labours of Robert Morrison* (Vol. I&II) (Longdon: Longman, Orme, Brown, Green, and Longmans, 1839).

- Franco Mormando and Jill G. Thomas edited, *Francis Xavier and the Jesuit Missions in the Far East: An Anniversary Exhibition of Early Printed Works From the Jesuitana Collection of the John J. Burns Library* (Chestnut Hill, Massachusetts: The Jesuit Institute of Boston College, 2006).

- G. B. (Giovanni Battista) Nicolini, *History of the Jesuits: Their Origin, Progress, Doctrines, and Designs* (London: Henry G. Bohn, York Street, Covernt Garden, 1854).

- Isaú Santos, *Macau e o Oriente no Arquivo Histório Ultramarino* (Volume I) (Macau: Instituto Cultural de Macau, 1997).

- José Augusto dos Santos Alves, *A Opinião Pública em Macau: A Imprensa Macaense na Terceira e Quarta Décadas do Século XIX* (Macau: Fundação Oriente, 2000).

- Josef Franz Schütte, *Monumenta Historica Japoniae I：Textus Catalogorum Japoniae Aliaeque de Personis Domibusque S. J. in Japonia Informationes et Relationes 1549 - 1654* (Rome：Monumenta Historica Societatis Iesu, 1975).
- Joseph Gerson da Cunha, *The Origins of Bombay* (Facsimile of 1900 edition) (New Delhi：Asian Educational Services, 1993).
- Lin Yutang, *A History of the Press Public Opinion in China* (Shanghai：Kelly & Walsh Limited, 1936).
- Luís G. Gomes, *Bibliografia Macaense* (Macau：Instituto Cultural de Macau, 1987).
- Pe. Manuel Teixeira, *A Imprensa Periódica Portuguesa no Extremo-Oriente* (Macau：Notícias de Macau, 1965).
- Pe. Manuel Teixeira, *Arquivos da Diocese de Macau* (Volume I), (Macau：Tipografia Da Missão do Padroado, 1970).
- Roswell S. Britton, *The Chinese Periodical Press 1800 - 1912* (Shanghai：Kelly & Walsh Limited., 1933).
- Sanjay Subrahmanyam, *The Portuguese Empire 1500 - 1700* (London：Addison Weslety Longman Limited, 1993)
- Tara Alberts, *Conflict and Conversion：Catholicism in Southeast Asia* (New York：Oxford University Press, 2013)
- Walter Henry Medhurst, *China. Its State and Prospects* (London：Boston, Crocker & Brewster, 1838).
- William Milne, *A Retrospect of the First Ten Years of the Protestant Mission to China* (Malacca：Anglo-Chinese Press, 1820).

五、外文论文

- C. R. Boxer, "Some Sino-European Xylographic Works, 1662 -

1718," in *Journal of the Royal Asiatic Society* (London: Royal Asiatic Society, December, 1947), pp. 199 – 215.

- C. R. Boxer, "The Portuguese Padroado in East Asia and the Problem of the Chinese Rites, 1576 – 1773, " *Boletim do Instituto Portuguese de Hong Kong* (No. 1) (Macau: Composto e Impresso na Imprensa Nacional de Macau, Julho 1948).

- Gabriel Fernandes, "Journalismo em Macau," *Boletim da Sociedade de Geografia de Lisboa*, série 8 (5) (Lisboa: Sociedade de Geografia de Lisboa, 1888).

- J. M. Braga, "O Início da Imprensa em Macau," separate do *Boletim Eclesiástico* (Lisboa: Boletim Eclesiástico, 1938).

- J. M. Braga, "The Beginnings of Printing at Macau," *STVDIA Revista Semestral*" (No. 12 Separata) (Lisboa: Centro de Estudos Históricos Ultramarinos, Julho 1963).

- Pasquale M. d'Ella, "Quadro Storico Sinologico del Primo Libro di Dottrina Cristiana in Cinese," *AHSI* (*Archivum Historicum Societatis Iesu*) III (1934): 193 – 222.

- Pasquale M. d'Ella, "Storia dell'introduzione del Christianesimo in Cina," *Fonti Ricciane* (Volume 1, Parte 1: Libri I – III, Da Macao a Nanciam 1582 – 1597) (Rome: La libreria dello stato, 1942).

- Wieger Léon, "Notes sur la première catéchèse éscrite en chinois, 1582 – 1584," *AHSI* (Archivum Historicum Societatis Iesu, Vol. 1 1932), pp. 72 – 84.

六、中文专著及中译专著

- Eliza Morrison（马礼逊夫人）:《马礼逊回忆录》, 顾长声译, 广西师范大学出版社, 2004。

参考文献

- J. H. 萨拉依瓦：《葡萄牙简史》，李均报、王全礼译，花山文艺出版社，1994。
- 彼得·克劳斯·哈特曼（Peter C. Hartmann）：《耶稣会简史》，谷裕译，宗教文化出版社，2003。
- 布鲁斯．雪莱（Bruce Shelley）：《基督教会史》，刘平译，北京大学出版社，2004。
- 陈佳荣：《中外交通史》，香港学津书店，1987。
- 陈胜粦：《林则徐与鸦片战争论稿》（增订本），中山大学出版社，1990。
- 陈树荣、黄汉强等编《林则徐与澳门》，澳门"纪念林则徐巡阅澳门一百五十周年学术研讨会"筹备会，1990。
- 程曼丽：《蜜蜂华报研究》，澳门基金会，1998。
- 邓聪、郑炜明：《澳门黑沙——田野考古报告专刊》，澳门基金会、香港中文大学，1994。
- 方汉奇：《报史与报人》，新华出版社，1992。
- 方汉奇、李矗主编《中国新闻学之最》，新华出版社，2005。
- 方汉奇、张之华主编《中国新闻事业简史》（第二版），中国人民大学出版社，1995。
- 方汉奇主编《中国新闻事业通史》（第一卷），中国人民大学出版社，1992。
- 方豪：《中西交通史》（上、下册），台北，中国文化大学，1983。
- 方积根、王光明编著《港澳新闻事业概况》，新华出版社，1992。
- 费赖之：《在华耶稣会士列传及书目》，冯承钧译，中华书局，1995。
- 戈公振：《中国报学史》，三联书店，1955。
- 顾卫民：《中国天主教编年史》，上海书店出版社，2003。
- 黄启臣：《澳门历史（自远古－1840年）》，澳门历史学会，1995。

- 老冠祥、谭志强编著《变迁中的香港、澳门大众传播事业》，台湾行政主管部门新闻局，1996。
- 李长森：《近代澳门外报史稿》，广东人民出版社，2010。
- 李淑仪：《碰撞与交流——澳门中央图书馆外文古籍提要》，澳门文化局，2013。
- 李志刚：《基督教与近代中国文化论文集》，台北宇宙光出版社，1989。
- 利玛窦、金尼阁：《利玛窦中国札记》，何高济、王遵伸、李申译，广西师范大学出版社，2001。
- 《利玛窦书信集》（上、下册），《利玛窦全集》（3～4），《利玛窦中国传教史》（上、下册），《利玛窦全集》（1～2），刘俊余、王玉川译，台北光启出版社、辅仁大学出版社，1986。
- 龙思泰（Anders Ljungstedt）：《早期澳门史》，吴义雄、郭德焱、沈正邦译，章文钦校注，东方出版社，1997。
- 《民国丛书》（影印版）第一编（11）"哲学·宗教类"卷，上海书店，河北省献县天主堂，1931。
- 裴化行（H. Bernard）：《天主教十六世纪在华传教志》，萧浚华译，商务印书馆，1936。
- 戚印平：《日本早期耶稣会史研究》，商务印书馆，2003。
- 《清史编年》（第七卷），中国人民大学出版社，2000。
- 荣振华：《在华耶稣会列传及书目补编》，耿昇译，中华书局，1995。
- 施白蒂（Beatriz Basto da Silva）：《澳门编年史》，小雨译，澳门基金会，1995。
- 世界宗教研究所研究室编《中国基督教基础知识》，宗教文化出版社出版，1999。
- 苏精：《马礼逊与中文印刷出版》，台北学生书局，2000。

参考文献

- 汤开建：《澳门开埠初期史研究》，中华书局，1999。
- 汤开健、陈文原、叶农：《鸦片战争后澳门社会生活记实——近代报刊澳门资料选粹》，花城出版社，2001。
- 汤森（William John Townsend）：《马礼逊——在华传教的先驱》（*Robert Morrison：The Pioneer of Chinese Missions*），王振华译，大象出版社，2002。
- 唐文雅等编《广州十三行沧桑》，广东地图出版社，2001。
- 卫斐列（Frederick Wells Williams）：《卫三畏生平及书信——一位美国来华传教士的心路历程》（*The Life and Letters of Samuel Wells Williams*），顾钧、江莉译，广西师范大学出版社，2004。
- 魏源：《海国图志》（下），岳麓书社，1998。
- 吴相湘主编《天主教东传文献续编》，台北学生书局，1966。
- 吴志良：《东西交汇看澳门》，澳门基金会，1996。
- 吴志良：《生存之道——论澳门政治制度与政治发展》，澳门成人教育学会，1998。
- 谢和耐：《中国与基督教——中西文化的首次撞击》（增补本），耿昇译，上海古籍出版社，2003。
- 徐萨斯（Montalto de Jesus）：《历史上的澳门》（*Historic Macau*），黄鸿钊、李保平译，澳门基金会，2000。
- 张国刚：《从中西初识到礼仪之争——明清传教士与中西文化交流》，人民出版社，2003。
- 张隆栋、傅显明：《外国新闻事业史简编》，中国人民大学出版社，1994。
- 张西平：《传教士汉学研究》，大象出版社，2005。
- 张秀民：《中国印刷史》，人民出版社出版，1989。
- 赵春晨、雷春雨、何大进：《基督教与近代岭南文化》，人民出版社，2002。

七、中文论文

- 查灿长：《抗日战争时期的澳门报业》，《贵州社会科学学刊》总 183 期（2003 年第 3 期），2003 年 5 月，第 103 ~ 106 页。

- 邓开颂：《鸦片战争前澳门的走私贸易与林则徐在澳门禁烟》，载《林则徐与澳门》，澳门"纪念林则徐巡阅澳门一百五十周年学术研讨会"筹备会，1990，第 113 ~ 140 页。

- 傅乐吉：《外国历史学家论林则徐》（二），杜家驹译，《福建学刊》第 2 期，1995，第 74 ~ 76 页。

- 黄正谦：《十六、十七世纪罗马耶稣会之教育及范礼安（Alessandro Valignano，1539 – 1606）主导下之东方教士培训》，《汉学研究集刊》第十一期，2010 年 12 月，第 159 ~ 210 页。

- 科塞依罗（Gonçalo Couceiro）：《澳门与耶稣会艺术在中国的发展》，载"澳门文物网"，网址：http://www. macauheritage. net/info/HTextC. asp? id = 5。

- 李颖姿：《梁廷枏与林则徐"夷情观"之比较》，《广东大学学报（社会科学版）》第 3 卷第 4 期，2004 年 4 月，第 46 ~ 50 页。

- 李毓中：《葡萄牙与西班牙所藏耶稣会有关中国之史料概况》，载"汉学研究网站"，文章网址：http://ccs. ncl. edu. tw/Newsletter_75/75_06. htm 。

- 李志刚：《林则徐禁烟与澳门基督教士关系之探讨》，载《林则徐与澳门》，澳门"纪念林则徐巡阅澳门一百五十周年学术研讨会"筹备会，1990，第 141 ~ 158 页。

- 林东阳：《有关利玛窦所著天主实义与畸人十编的几个问题》，《大陆杂志》第 56 卷第 1 期，第 26 ~ 44 页。

参考文献

- 林岷、林坚：《读先祖林则徐巡阅澳门前后的遗稿》，载《林则徐与澳门》，澳门"纪念林则徐巡阅澳门一百五十周年学术研讨会"筹备会，1990，第 14～21 页。

- 林玉凤：《澳门葡文报章的发展特点》，《澳门研究》第十辑，第 117～163 页。

- 马拉特斯塔（Edward Malatesta）：《圣保禄学院：宗教与文化的研究院》，张廷茂译，载《澳门圣保禄学院 400 周年纪念（1594－1994）"宗教与文化国际研讨会"论文集》，1994 年 11 月 28 日～12 月 1 日，载"澳门文物网"，文章网址：http：//www. macauheritage. net/info/HTextC. asp？id＝9。

- 宁树藩：《关于"澳门新闻纸"和〈澳门月报〉》，载《宁树藩文集》，汕头大学出版社，2003，第 356～364 页。

- 阙维民：《剑桥汉学的形成和发展》，《汉学研究通讯》2002 年，第 81 期网上版，网址：http：//ccs. ncl. edu. tw/ Newsletter_ 81/p031－043. pdf。

- 史媛媛：《清代前中期新闻传播史》，博士学位论文，中国人民大学新闻学院，2003。

- 谭志强、吴志良：《中国领土上的第一份外文报纸：澳门的葡文〈蜜蜂华报〉1822～1823》，《新闻学研究》第 57 期，第 213～228 页。

- 汤开建：《明清之际澳门与中国内地天主教传播之关系》，《汉学研究》第 20 卷第 2 期，2002 年 12 月，第 35～36 页。

- 田永秀、刘斌：《经世致用思想由传统向近代的转变》，《四川师范大学学报（社会科学版）》第 21 卷第 3 期，1994 年 7 月，第 120～128 页。

- 王艳玲：《简论魏源对林则徐开放思想的继承与发展——以军事和经济两方面为中心》，《长沙大学学报》第 17 卷第 3 期，2003 年 9 月，第 43～46 页。

- 吴伯娅：《关于清代天主教研究的几个问题》，《史苑》第
  六期网上版，网址：http：//www. qinghistory. cn。

- 张登德：《晚清国人译书与社会进步》，《山东师范大学学
  报（社会科学版）》第 3 期，2000，第 51～53 页。

- 张西平：《西方汉学的奠基人罗明坚》，《历史研究》2001
  年第 3 期，第 101～115 页。

- 钟紫：《澳门的新闻传播事业》，载广东省政协文史资料
  研究委员会编《香港报业春秋》，广东人民出版社，
  1991。

- 朱健华：《林则徐：中国近代第一报人》，《贵州师范大学
  学报（社会科学版)》1994 年第 3 期，第 22～25 页。

八、互联网数据（电子资料库）

- Hathi Trust's Digital Library，网址：https：//www.
  hathitrust. org/home。

- 澳门文物网，网址：http：//www. macauherittage. ne。

- 汉学研究网站，网址：http：//ccs. ncl. edu. tw。

- 清史网，网址：http：//www. qinghistory. cn。

- 《中华印刷通史》网上版，网址：http：//www. cgan. net。

图书在版编目（CIP）数据

中国近代报业的起点：澳门新闻出版史：1557~
1840/林玉凤著.—北京：社会科学文献出版社，
2015.12

ISBN 978-7-5097-8596-6

Ⅰ.①中… Ⅱ.①林… Ⅲ.①新闻事业史-澳门-
1557~1840 ②出版事业-文化史-澳门-1557~1840
Ⅳ.①G219.276.59 ②G239.276.59

中国版本图书馆 CIP 数据核字（2015）第 312847 号

中国近代报业的起点——澳门新闻出版史（1557~1840）

著　　者／林玉凤

出 版 人／谢寿光
项目统筹／沈　艺　高明秀
责任编辑／沈　艺　许玉燕

出　　版／社会科学文献出版社·当代世界出版分社（010）59367004
　　　　　　地址：北京市北三环中路甲29号院华龙大厦　邮编：100029
　　　　　　网址：www.ssap.com.cn
发　　行／市场营销中心（010）59367081　59367018
印　　装／三河市尚艺印装有限公司

规　　格／开本：787mm×1092mm　1/16
　　　　　　印张：15.5　插页：0.5　字数：217千字
版　　次／2015年12月第1版　2015年12月第1次印刷
书　　号／ISBN 978-7-5097-8596-6
定　　价／59.00元